LE MAGASIN DU BON DIEU

DES MÊMES AUTEURS

Pierre Potier :
12 clés pour le médicament, avec Emile Noël, 1996, Belin.

François Chast :
Histoire contemporaine des médicaments, 1995, La Découverte.
Cinq siècles de pharmacie hospitalière, en coll. avec P. Julien, 1995, Hervas.
De l'élixir au génie génétique, en coll. avec O. Lafont, N. Taggiasco, *et al.,* 1995, Cie d'Hauteville.
Virus Herpès et pensée médicale, en coll. avec A. Chastel, G. Elion *et al.,* 1997, Maloine.
Histoire de la pensée médicale en Occident, sous la direction de M. Grmek, *et al.,* 1999, Le Seuil.

Pierre Potier avec François Chast
et la collaboration de Cécile Guérin

LE MAGASIN DU BON DIEU

Les extraordinaires richesses thérapeutiques des plantes et des animaux

JC Lattès

Aux Professeurs Maurice-Marie Janot (1903-1978) et Jean Le Men (1926-1978) qui m'ont mis sur la route de l'étude des substances naturelles et à tous ceux qui m'ont accompagné sur cette route.

Introduction

Ce matin d'été 1940, les chuchotements emplissent la classe élémentaire du village de Gouville, face aux îles Chausey. Je dois avoir dans les cinq ans. Les Allemands viennent à peine d'arriver dans le village à grands renforts de chevaux tirant des charrettes.

A cet âge, qu'est-ce que cela signifie fusiller quelqu'un ?

« Les Allemands parlent d'un sabotage. Leurs chevaux sont morts. Ils vont fusiller des gens du village. » La rumeur circule le long des pupitres, dans la bouche des enfants que l'événement fascine et terrorise à la fois.

Le verdict du vétérinaire allemand chargé de l'autopsie des chevaux est sans appel : « *Eibe* », conclut-il. L'if, coupable, est découvert. Les chevaux se sont gavés de feuilles de ce conifère. Le poison violent contenu dans les aiguilles de cet arbre a précipité leur fin. Les habitants de Gouville, disculpés, sont sains et saufs.

« A la suite de ce choc, chaque fois que je voyais de l'if quelque part je criais : n'y touchez pas. »

Arbre millénaire, ce conifère toujours vert a un statut ambigu. Symbole d'immortalité, il pousse dans les cimetières et près des églises. Individu funeste, il entraîne la mort des animaux qui succombent à la tentation de croquer ses aiguilles tendres et d'un vert attirant. Poison mortel, l'if a su montrer l'autre face de sa personnalité aux hommes. Il participe aujourd'hui à la lutte contre le cancer : les molécules naturelles de ses feuilles et de son écorce combattent la prolifération des cellules tumorales. En 1979, j'entrepris des études avec mon équipe de recherche à l'Institut de chimie de substances naturelles, I.C.S.N., de Gif-sur-Yvette qui mettaient en évidence l'intérêt thérapeutique de l'if. Quarante ans après son irruption au cœur de mon enfance, l'arbre confiait ses derniers secrets.

Cette histoire illustre le rapport étroit que l'Homme entretient avec la nature. Source de poison autant que de médicament, l'environnement naturel possède les armes pour tuer mais aussi les remèdes pour combattre la douleur et le mal. A force d'expériences et d'observations successives, les hommes ont sélectionné qui la morphine, qui la quinine, qui l'artémisinine pour se soigner. Pour autant, les innombrables substances cachées au cœur de la biodiversité n'ont pas révélé tous leurs mystères. Chaque jour, des espèces nouvelles sont recensées. Chaque décennie, des méthodes scientifiques dévoilent plus finement la complexité du monde vivant. Lancée au XIXe siècle par des pharmaciens et des chimistes français et allemands, la recherche sur les principes actifs issus du monde naturel se poursuit. L'inventaire des substances naturelles contenues dans les plantes est loin d'être arrivé à son terme : sur les deux à trois mille structures chimiques découvertes chaque année, les deux tiers proviennent du monde vivant, notamment végétal. Munis d'outils sophistiqués, nous ne regardons plus seulement en direction des plantes. L'univers des insectes, le monde invisible des micro-organismes ou les espèces méconnues d'origine marine sont autant de mondes à découvrir patiemment. Entre la cueillette en forêt et la mise au point d'un médicament, chimistes, pharmaciens et médecins s'élancent dans une course d'obstacles sur une quinzaine d'années.

Connaissez-vous le *Panax ginseng* ? Cette plante, à l'origine d'une préparation médicale chinoise, a donné son nom à la fameuse panacée. Remède universel, censé soigner tous les maux, ce Graal du pharmacien a bel et bien vécu. Désormais, il faut continuellement découvrir des traitements novateurs pour des maladies émergentes ou résistantes. Les besoins sont conséquents. Selon l'Organisation Mondiale de la Santé, en 2020, les trois-quarts des décès seront dus à des maladies non transmissibles, avec des problèmes de santé publique prioritaires tels que les maladies cardiovasculaires (14 millions de morts par an), le diabète (300 millions de personnes atteintes en 2025 dont l'essentiel dans des pays peu industrialisés), la dépression, les cancers. Le cas des maladies infectieuses reste aussi une préoccupation grave. Le sida aura atteint 30 à 40 millions de personnes en l'an 2000. La tuberculose, qui frappe indifféremment le jeune enfant et le vieillard, les déshérités de Bombay ou les cadres supérieurs des grandes métropoles occidentales, conduit à elle seule à trois millions de morts par an. Le paludisme fait un à deux millions de victimes par an. Les pneumonies à pneumocoque, les hépatites virales, la grippe posent, comme toutes les autres maladies transmissibles, le problème de la prévention par la vaccination, mais aussi l'emploi et la disponibilité d'antibiotiques ou d'antiviraux lorsque ces instruments thérapeutiques existent.

La tâche des pharmacologues, des médecins, des chimistes et des biologistes, est de taille. Elle se révèle autrement plus complexe qu'au début du XIXe siècle. A l'époque, tout restait à découvrir. Aujourd'hui, il existe une multitude de médicaments. Mais il reste à combler les manques par des remèdes plus efficaces et moins coûteux. Autrement dit, la sélection devient rude. Les travaux de recherche fondamentale sont donc essentiels. Il s'agit de comprendre au mieux les mécanismes internes de l'organisme, les modes d'action des substances thérapeutiques pour les faire agir le plus directement possible sur la bonne cible. Nous sommes entrés dans l'ère de la pharmacie « high tech ».

Face à ce besoin manifeste, la situation française soulève plusieurs questions. La recherche publique connaît une crise sans précédent : les jeunes scientifiques bien formés partent exercer à l'étranger, les budgets de recherche fondent comme neige au soleil... Du côté du développement, ce n'est guère mieux. La France, longtemps considérée comme un pays découvreur de médicaments, n'est plus à la hauteur. Les laboratoires pharmaceutiques sont entrés dans une valse d'achats et de prises de participations industrielles sans grand rapport avec la mise au point de médicaments. Que faut-il faire pour relancer le moteur de l'innovation ? Les bons leviers existent. Ils se nomment formation, interdisciplinarité, « starts-up », politique de recherche, laboratoires mixtes... Nous verrons comment les actionner les uns après les autres.

Pour développer de nouveaux traitements et mieux comprendre les mécanismes des maladies, la piste des substances naturelles est riche d'enseignements. Dans la touffeur des forêts primaires, le long des bancs coralliens, sous la terre ou au fond des océans, les formes vivantes, innombrables, survivent grâce à leurs armes chimiques. Un arsenal de molécules demeure dissimulé dans notre environnement proche. Cet entrepôt bien fourni a été lentement constitué : plusieurs milliards d'années ont été nécessaires. Peut-on parler du *Magasin du Bon Dieu* ? Il permit aux premiers hommes de se soigner. Il reste encore à explorer. Rien n'est étiqueté d'avance : « ceci soigne cela ». Nous avons beaucoup à découvrir. Sans pour autant agir comme des vandales pillant un supermarché. Ce jardin est le bien commun de l'humanité, partagé par des peuples différents qui ont appris à connaître ce trésor. Personne n'a un droit de propriété sur les autres. L'échange des savoirs et des remèdes doit précéder l'exploitation seulement mercantile. D'autant que ce jardin a déjà subi de graves dommages. Les diverses formes de vie y sont sérieusement menacées. Il est urgent de les protéger contre la destruction. Sinon, des espèces précieuses seront perdues avant d'avoir été évaluées et leur emploi potentiel en médecine aura été définitivement compromis. Devenons les dignes gardiens du *Magasin du Bon Dieu* !

Le récit que vous allez lire laisse une large part à l'aventure scientifique vécue dans notre laboratoire de l'ICSN. La découverte et la mise au point de traitements anticancéreux restent une histoire d'hommes et de femmes, engagés dans l'étude des substances naturelles. Il n'y a pas de recette miracle. Les ingrédients sont connus : une dose de confiance mutuelle, un grand verre de volonté, de bons outils de travail, le tout assaisonné par une pointe de chance... Si des cuisiniers parmi vous se sentent l'envie d'élaborer de nouveaux plats, on leur souhaite vivement de réussir à leur tour.

1.

La Nature au chevet de l'Homme

> « Pulvériser de l'écorce de pommier, et de la plante de lune,
> les infuser avec du vin kushumma,
> asperger avec de l'huile d'olive et de l'huile de cèdre,
> Faire boire... »
>
> Nabu-Leu, Codex

L'enfant babille à peine et le voilà déjà qui furète dans la verdure à la découverte du monde. Il place dans sa bouche un brin de pissenlit, le goûte, le mâche, puis le recrache. En revanche, tout heureux, il n'hésite pas à gober des pétales de rose. Instinctivement, ce petit homme utilise sa bouche non seulement pour s'exprimer mais aussi pour connaître son espace de vie. Bien avant les tisanes en infusette et les pilules sous blister, les premiers hommes tâtonnaient de même pour apprivoiser leur univers. Est-ce pour cette raison que les plantes ont vu leurs effets thérapeutiques reconnus et mémorisés par ceux qui touchaient et goûtaient à tout, dans un monde profondément lié à la nature ?

Abrège ma souffrance...

Le B. A.-BA de l'emploi des plantes vertueuses commence auprès des morts. Il y a environ 50 000 mille ans, l'homme de Neandertal cueillait l'achillée, la guimauve, la centaurée ou le séneçon pour garnir les tombes de ses proches. Ces herbes champêtres étaient porteuses d'une énergie nouvelle, permettant de rétablir santé et bien-être. S'agissait-il de renforcer l'âme ou le corps des hommes lors de leur dernier voyage ? Nul ne sait. Dès l'origine de l'humanité les plantes ont été considérées comme bienfaitrices. Elles ont manifesté le pouvoir de guérir ou de soulager les malades. Pour y parvenir, elles arrachent au monde minéral, à la terre nourricière et aux rayons du soleil, les éléments d'équilibre qui manquent aux corps souffrants. Le prodige de la photosynthèse qui utilise cette énergie cosmique pour nourrir la terre fertile et faire naître des plantes protectrices ne sera compris qu'au XXe siècle. Mais l'échange entre le ciel, la terre et la nature apporte aux hommes depuis bien longtemps ce dont ils ont essentiellement besoin : des aliments pour survivre et des médicaments pour ne pas mourir.

Silence dans la sombre cahute. La famille, rassemblée autour de l'enfant malade, attend le verdict. Dans ce village de Mésopotamie, il y a de cela 5 000 ans, deux éminents personnages ont été mandés d'urgence. Le sorcier « Ashipu » vient de diagnostiquer le mal dont souffre l'enfant. Il indique dans un souffle quel dieu ou quel démon est à l'origine de l'affection. Puis il laisse place à son confrère, le « Asu ». Ce dernier, spécialiste des remèdes et notamment des plantes susceptibles d'être utilisées en thérapeutique, donne ses instructions à la mère et lui précise la manière de soigner la blessure de l'enfant : « Lave la plaie, dépose cet emplâtre que je t'ai préparé à base de résine cicatrisante et bande la jambe. » Une recette toujours d'actualité ! Le souvenir de cette pratique médicale demeure écrit sur les tablettes d'argile de la bibliothèque d'Assurbanipal, le dernier roi assyrien de Ninive. Pour la civilisation sumérienne, installée entre le Tigre et l'Euphrate qui baignent le Moyen-Orient, l'écriture cunéiforme a inscrit dans la mémoire des hommes ces formules magico-médicales. Dans l'interminable catalogue du Codex de Nabuleu, figurent l'ase-fétide, le chanvre, le galbanum, l'hellébore, la mandragore, la menthe, la myrrhe, l'opium, la réglisse, le ricin, le storax, le safran et le thym. On utilisait ces plantes fraîches ou desséchées, en décoctions, en tisanes ou en fumigations. Des boissons alcoolisées, vins médicinaux ou potions étaient savamment élaborés à l'aide de formules récemment décryptées.

> « Pulvériser les graines de la plante du charpentier, la gomme-résine de markasi et le thym. Les dissoudre dans la bière. Faire boire... »

Pour ingurgiter le remède, l'extrait de plante était incorporé à du vin, de la bière ou du lait. Impossible de dater précisément le premier emploi thérapeutique de telle espèce végétale. L'usage des plantes a été tenté puis mémorisé, au fil des générations et des lieux, au prix de tentatives vaines, infructueuses et parfois heureusement positives.

Dans la vallée du Nil, la civilisation égyptienne naquit de l'union du Haut et du Bas Empire en 3150 avant J.-C. Médecins, prêtres et sorciers étaient les guérisseurs patentés de l'Empire. Ils consignaient une partie de leurs savoirs sur les longues feuilles de papyrus dont certaines ont été préservées comme le fameux papyrus de Ebers. Ecrit en 1550 avant J.-C., durant la dix-huitième dynastie, le texte débute par un sentencieux : « Ici commence le livre des drogues, préparations destinées à soigner toutes les parties du corps. » Véritable pharmacopée, il renferme 877 prescriptions et formules. Les plantes comme le pavot, le cannabis, la myrrhe, le ricin, le fenouil, le thym, le genièvre, etc. sont mentionnées. Contrairement aux tablettes sumériennes, ce papyrus « médical » traite de la vie et des maladies sans trop se référer à des considérations magiques ou religieuses. On ne relève que douze références aux « esprits » dans le papyrus de Ebers. Les descriptions cliniques et physiopathologiques, précises et justes, reflètent une approche rationnelle de la maladie. Parmi leurs remèdes fétiches, les Egyptiens possédaient un goût prononcé pour... l'ail. Pur, l'ail était fréquemment proposé pour le traitement de l'asthme ou des bronchites. Pelées, écrasées et macérées dans un mélange d'eau et de vinaigre, ou mêlées à de l'huile d'olive, les gousses d'ail faisaient merveille pour guérir les aphtes et les angines. D'autres préparations étaient préconisées dans les affections respiratoires mais aussi dans le traitement de douleurs ou pour stimuler la libido... Les substances soufrées présentes dans l'ail expliquent sans doute l'essentiel de ces vertus. D'ailleurs les pharmacologues aujourd'hui s'y penchent avec intérêt. Toujours à la frontière de la cuisine et de la médecine, la coriandre était employée pour diminuer les fièvres, favoriser la digestion et traiter les infections urinaires. Le cumin (en poudre, en infusion ou sous forme de suppositoire) servait à diminuer les douleurs rhumatismales, les hémorroïdes ou soigner la toux. Moins ragoûtantes, les drogues animales en usage à Thèbes faisaient la part belle aux viscères et aux excréments. L'inventaire est évocateur : viande putréfiée, cerveau de porc, vulve de chienne, pénis d'âne, ver de terre, bouse de crocodile et fiente de mouche... Ces déjections donnaient une odeur nauséabonde aux traitements administrés, gage de leur réussite. Outre le caractère ésotérique de telles formules, l'interprétation des hiéroglyphes reste complexe et aléatoire. Sur les 877 drogues présentées dans le papyrus de Ebers, 358 sont considérées comme définitivement traduites et 167 comme intraduisibles ou douteuses. Comment traduire des évocations telles que « plume de Thôt », « queue de rat » ou « œil du ciel » qui fleurissent dans cette pharmacopée aux accents poétiques ?

Malgré tout, les Egyptiens ont marqué le départ de la bioprospection moderne. Quand nous partons dans les forêts tropicales en quête de plantes vertueuses et inconnues, sommes-nous conscients d'avoir été précédés dans notre aventure par une reine mythique ? Au XVe siècle avant J.-C., la reine Hatshepsout lança une expédition dans le pays de Pount aux confins du Soudan et de l'Ethiopie. Accompagnée de plusieurs médecins, elle revint enrichie d'encens et de drogues inédites en Egypte. C'est le cas de la myrrhe et surtout de l'*Ammi majus* qui protégeaient les caravaniers des brûlures du soleil en favorisant la pigmentation de leur peau. Nous sommes les héritiers de cette expédition scientifique originelle.

Les premiers médecins

C'est le même désir de conquête guerrière et commerciale qui mena Alexandre le Grand vers les contrées irriguées par le Tigre, le Nil et l'Indus. Les échanges entre la Grèce et l'Egypte devinrent incessants. Avant d'entrer en pleine mer Méditerranée, les troupes faisaient escale à Cos, à Cnidos et à Rhodes. Là seront créées les plus anciennes écoles médicales grecques dont celle d'Hippocrate. Ce maître incontesté, habitant de l'île de Cos, était un homme infatigable en quête de savoirs et d'expériences. Pour ses recherches, il voyagea beaucoup en Grèce, en Afrique et en Asie Mineure. Il devint le père d'une médecine rationnelle, quasiment scientifique. D'aucuns le considèrent également comme l'initiateur d'une médecine « naturelle » faisant appel au miel, aux herbes et à un ensemble de plantes. Sur 257 espèces végétales citées dans le *Corpus* hippocratique, 27 seulement ne sont plus considérées comme douées de vertus thérapeutiques. Figure emblématique de l'observation médicale, Hippocrate n'en fut pas moins le créateur de la pharmacologie. Il débarrassa la médecine grecque de ses résidus de magie et joua un rôle fondateur dans la prise en charge des malades. Quand les jeunes médecins prêtent serment, c'est au nom d'Hippocrate qui symbolise les valeurs de l'éthique médicale. Dans le *Corpus* hippocratique rédigé par un groupe de médecins contemporains du maître, le règne végétal tient une place particulière. Selon les auteurs, entre 195 et 400 drogues végétales sont citées. Les méthodes pharmaceutiques décrivent la fabrication de gargarismes, de cataplasmes, de pommades, de collyres, d'inhalations...

Mais, pour Hippocrate, le rôle du régime alimentaire dans la guérison des malades est essentiel. Parmi les innombrables aphorismes de sa doctrine, l'un d'eux indique sagement : « Que ton médicament soit ta nourriture et ta nourriture, ton remède. »

Jusqu'au XIXe siècle, ces aphorismes, de brefs commentaires sur toutes sortes de sujets médicaux, constitueront la base de l'enseignement médical dans les pays occidentaux. L'enseignement d'Hippocrate reflète une modernité sans égale. La rupture entre médecine et religion est consommée, le rapprochement avec la philosophie, la compréhension de la souffrance humaine, l'observation rationnelle des phénomènes naturels... Tout y est. Même le doute : « L'art est long et la vie est brève ; l'occasion est fugace, l'expérience trompeuse, le jugement difficile. »

Conquérants dans l'âme, les Romains, doués d'un sens pratique de l'intégration, assimilèrent rapidement les connaissances des cultures étrangères et des pratiques locales afin d'en faire profiter leur Empire. En 46 avant J.-C., Jules César décida d'accorder la nationalité romaine aux médecins étrangers. Les meilleurs d'entre eux étaient Grecs et n'avaient jusqu'alors que rang d'esclaves. Devant ce nouvel état de fait, les Romains rangèrent complexes et superbe à l'égard du monde hellénistique. Deux figures émergent de la population de médecins : Dioscorides et Galien.

Né à Anazarbus, en Asie Mineure, et médecin des armées sous Néron, Dioscorides écrit une œuvre fondamentale et fondatrice pour les dix-neuf siècles à suivre. L'importance de son *De Materia Medica* (vers 55 après J.-C.) est comparable au *Corpus* d'Hippocrate. L'ouvrage est consacré aux drogues d'origine végétale avec quelques mentions de substances minérales et animales. L'innovation majeure de Dioscorides a consisté à classer les plantes en tenant compte de leur action biologique sur le corps (échauffant, émollient, diurétique, asséchant...) et non pas de leurs caractères botaniques. Ainsi, Dioscorides érigea l'emploi empirique des plantes en un usage raisonné : un remède pour une maladie. Ceci présuppose l'existence d'un système de correspondance entre diagnostic et thérapeutique comme dans la médecine chinoise ancienne. Pour les maladies nerveuses, il préconisa divers traitements spécifiques. La valériane au goût chaud, âcre et désagréable est calmante. La scutellaire est efficace chez les patients souffrant de congestion hépatique. Le carbonate de calcium extrait de divers coquillages dont les huîtres est radical en cas de grande dépression.

Dans l'organisation de sa *Materia medica*, Dioscorides a créé un véritable manuel de pratique clinique. Son approche symptomatique des maladies et de leur traitement fut essentiellement empirique. Comme d'autres médecins grecs, il attachait plus de prix au régime alimentaire, à l'exercice et aux bains qu'aux médicaments eux-mêmes et à la chirurgie. Il fut davantage un praticien qu'un théoricien de la médecine.

Les premiers pas du christianisme encouragèrent la prière plutôt que la médecine. Seule la foi pouvait prendre soin des corps et des âmes. Heureusement les précieux manuscrits de l'Antiquité furent recopiés et conservés dans les monastères, notamment grâce à l'ordre de saint Benoît. A l'opposé d'un Moyen Age enfermé dans ses croyances, la médecine arabe connut un âge d'or sans précédent du IXe au XIIe siècle. De grands médecins arabes, d'origine persane comme Rhazès et Avicenne, ou espagnole comme Abulcassis, Avenzoar et Averroès brillèrent de leurs savoirs. L'arabisation des régions qui allaient de l'Atlantique à l'Indus s'accompagna d'un esprit de tolérance et d'échanges scientifiques favorables à l'épanouissement des connaissances. Les médecins grecs, syriens, persans et juifs parlaient tous une langue commune, l'arabe. Au cours de leurs études médicales, ils apprenaient les fondements non moins communs laissés par Galien et Dioscorides.

Par ailleurs, le Xe siècle marque l'avènement de l'alchimie (*al-kimiya*) arabe en Europe. Notre vocabulaire chimique le plus commun fait référence à cet héritage : la soude (*suwwad*), l'alcalin (*al-kali*) ou l'alcool (*al-kohl*)... *Le Secret des secrets*, premier livre alchimique, imprimé en 1486, sera la traduction de l'encyclopédie de thérapeutique de l'Iranien Rhazès. Décrivant les opérations chimiques, les principes actifs et l'instrumentation, ce savant a bâti la référence pharmaceutique de l'époque. Un autre médecin prestigieux, Avicenne, avait le goût des voyages. Dans son ouvrage-phare *Le Canon de la médecine*, il réalisa en fait une synthèse du savoir galénique et hippocratique. Grand imitateur des anciens, il serait à l'origine des pilules dorées et argentées. C'est peu pour tant de renommée ! Quant à Averroès, grand témoin de la culture médicale islamique, il commenta Aristote et réalisa de pertinentes observations. Six siècles avant Jenner, l'inventeur de la vaccination, il notait qu'un malade atteint de la variole ne pourrait pas l'être une seconde fois... L'Orient byzantin puis arabe apportera une vitalité renouvelée au mouvement monastique essoufflé, si ce n'est asphyxié, par une attitude contemplative et détachée du monde.

Du couvent à l'université

L'essentiel de l'étude pratiquée dans les couvents consistait en une compilation des travaux des anciens. Les retranscriptions ont, au fil des laborieuses entreprises, subi tant d'avatars que peu d'éléments originaux ont été sauvegardés. Aux éléments des pharmacopées issues de la culture méditerranéenne se sont adjointes des informations utiles sur les usages en Irlande, en Angleterre, en Scandinavie... Un des premiers manuscrits médicaux scandinaves connus est le *De virtutibus herbarum.* Ecrits à la fin du XIe siècle par Odon de Meung, clerc et médecin du monastère de Fleury, ses 2 969 vers décrivent les vertus de 88 plantes médicinales. Dans le jardin médicinal attenant au monastère, les religieux s'approvisionnaient en remèdes, et cultivaient également leurs légumes et leurs fruits. *Herbularius* était l'espace consacré aux « simples » — nom donné aux herbes à vertus thérapeutiques — et *hortulus* celui consacré aux légumes. Le *vergier* situé plus loin était séparé des deux premiers par une clôture. Ce voisinage, en un lieu paisible, des remèdes et de la nourriture était interprété comme la reconnaissance des dons du Créateur. Le jardin faisait référence à un plan-type où les espèces étaient impérativement alignées. Les simples étaient traditionnellement au nombre de vingt-quatre : sauge, rue, aurone, bourrache, citrouille, melon, absinthe, marrube, fenouil, glaïeul, livèche, cerfeuil, lis, pavot, sclarée, menthe, pouliot, ache, bétoine, aigremoine, cataire, ambroisie, radis et rose... En se référant aux manuscrits comme le *Tractatus de collectione herbarum,* les moines connaissaient mois par mois l'époque convenable pour la cueillette des plantes vertueuses.

Selon la tradition médiévale

L'absinthe *(Artemisia absinthum)* est digestive, et remédie aux maux de foie, d'estomac, de rate... elle est également insectifuge ;
La bourrache (*Borrago officinalis*) est stimulante ;
Le cerfeuil (*Caerefolium*) est diurétique et stimule la digestion ;
Le fenouil (*Foeniculum vulgare*) est digestif ;
Le lis (*Lilium candidus*) calme les éruptions dermatologiques ;
La menthe (*Mentha officinalis*) est antivomitive, apéritive et digestive ;
La rose (*Rosa gallica*) soigne les malaises, les lourdeurs d'estomac et les maux de tête ;
La rue (*Ruta graveolens*) est diurétique et abortive ;
La sauge (*Salvia officinalis*) est digestive, calmante.

Au Xᵉ siècle, un nouveau personnage, aussi savant qu'inquiétant, apparut. Le moine apothicaire, conservateur de l'armoire aux épices au sein du couvent, jouissait d'un prestige certain. Les Salomon, Rainaldus, Robertus, Aquinus ou Maigandus devinrent, au sein des communautés, des personnages influents au côté du moine prieur. Dans un manuscrit provenant de Jumièges, *Nomina de picmentis,* sont mentionnées les soixante-seize drogues conservées par ces moines pharmaciens, dont trois types d'opium, du camphre, du gingembre, de l'aloès... Dans l'histoire de la médecine médiévale dominée par les hommes, une femme religieuse occupa une place majeure. Hildegarde, abbesse du couvent bénédictin de Bingen, ville du Saint Empire germanique, au XIIᵉ siècle, concocta un traité médico-pharmaceutique intitulé *Physica.* Son œuvre mêle les éléments issus de la théorie d'Hippocrate mais aussi les composantes visionnaires d'un christianisme mystique. Elle recommandait l'emploi du psyllium contre la constipation, de l'aloès contre la jaunisse et du marrube blanc contre la toux. Parmi ses remèdes favoris figuraient le fenouil, le persil et l'ortie mais aussi les châtaignes réputées utiles au traitement des maladies nerveuses. Comme ses prédécesseurs de l'Antiquité, elle insista sur l'importance du régime alimentaire et mit en garde contre l'excès de viande et d'aliments froids. Le jeûne, les saignées et la pratique du sauna complétaient un ensemble d'attitudes proches de l'ascétisme.

Les monastères, longtemps fermés au monde extérieur, subirent malgré tout une évolution intellectuelle souterraine. A Reims, Chartres, Tours, en Provence et en Normandie, les abbayes fondèrent de vraies écoles où l'enseignement de la médecine tenait une large place. Par ailleurs dans les régions où se côtoyaient l'islam et la chrétienté comme en Espagne ou en Sicile, les échanges se multipliaient. A partir du VIIIe siècle, une petite ville située au nord de la Calabre et au sud de Naples fut le théâtre d'un bouleversement intellectuel. C'est dans une abbaye de Salerne que la première école médicale laïque vit le jour. Considérée comme le centre principal de la culture médicale en Europe pendant deux siècles, l'école de Salerne s'enrichit de l'apport des médecins arabes et chrétiens d'Orient. Au milieu du XIe siècle, l'un de ses étudiants, Constantin l'Africain, maîtrisant parfaitement le latin, l'hébreu, l'arabe et le persan entreprit la traduction des anciens. La lecture revisitée des médecins arabes et grecs de l'Antiquité servira de base à l'écriture de sommes médicinales universelles de l'époque. Le *De Simplici Medicina* ou l'*Antidotarium Magnum* de Constantin, le *Doctor Universalis* d'Albert le Grand ou le *Doctor Mirabilis* du moine Roger Bacon en témoignent.

A la fin de la période médiévale, le XIIIe siècle se présente comme une période de « lumières ». De toutes les régions d'Europe parviennent des témoignages des progrès enregistrés dans le domaine de la connaissance et des pratiques. L'enseignement monastique, heureusement influencé par le courant méditerranéen, fit place au mouvement universitaire : Montpellier, Paris et Toulouse, en France ; Bologne, Arezzo, Padoue, en Italie ; Oxford en Angleterre ; Salamanque et Valladolid en Espagne ; Heidelberg, Cologne et Erfurt en Allemagne... Les hommes de science occupaient une place élevée dans la hiérarchie sociale. Ils fréquentaient les rois et la papauté et obtenaient d'eux protection et parfois richesse. Cependant le conformisme aux textes antiques était le plus souvent de rigueur. Il en résulte que l'héritage de la scolastique était toujours pesant : Hippocrate, Galien et Avicenne montaient toujours la garde auprès des connaissances acquises.

A l'éclosion heureuse des universités répondit en écho

la naissance des hôpitaux comme lieux de soins. Car le Moyen Age finissant vécut des heures sombres. Les épidémies dévastatrices, la lèpre et la peste, décimèrent un quart de la population lors des fléaux épidémiques qui s'abattirent sur l'Europe. Médecins et apothicaires étaient totalement impuissants devant la rapidité de la propagation de la peste. Dans les rues, les fumigations d'herbes odoriférantes et de bois aromatiques ; dans les maisons, le saupoudrage d'encens, de benjoin et de résine sur les réchauds, demeuraient les quelques tentatives dérisoires d'éloigner un mal inexorable. Jusqu'à l'eau de Cologne qui fut inventée par Giovanni Maria Farina lors de l'épidémie de peste à Cologne vers 1700...

Une autre endémie marqua l'entrée dans le monde contemporain. La syphilis se propagea à la même époque que les « grandes découvertes ». Le diagnostic de la « grosse vérole de Naples » établi par les médecins parisiens à la fin du XVe siècle reposait sur la rituelle observation des urines. Selon la qualité du mirage, il fallait ou non recourir à la saignée. Parmi les remèdes et les médicaments employés, les onguents et les emplâtres étaient prioritaires. En usage interne « les herbes, les épices de bouche, la moutarde de lin, le safran, le riz, le sucre, le miel, l'alun de glace » étaient préconisés. Giovanni da Vigo vantera les vertus thérapeutiques du mercure sous forme d'onguent dans le traitement de la syphilis. Mais des préparations d'origine végétale s'imposèrent. Observant les pratiques des Indiens caraïbes, Oviedo y Valdés remarqua les propriétés antivénériennes du bois de gaïac. Désormais aucun navire de retour d'Hispañola (Haïti) ne pourrait revenir sans avoir pris en cale un chargement du précieux sudorifique. Le poète allemand Ulrich von Hutten, qui avait expérimenté le gaïac pour son propre compte, en fit, dans son livre, un tel éloge qu'on le considéra comme un bois miraculeux. Il prit le nom de *Lignum sanctum,* Saint-Bois.

Durant les années 1530-1560, le bois de gaïac fit l'objet d'un commerce très lucratif. A défaut d'or, les Conquistadores pouvaient ramener l'écorce précieuse. A la fin de sa vie, François Ier dont l'épouse, Claude de France, souffrait de syphilis, faisait quérir du gaïac jusqu'au Brésil par son galion, *le Saint-Philippe*. La préparation du bois était l'objet de pratiques empruntées aux Indiens d'Amérique. En réalité le coût élevé de l'écorce encourageait à ne l'utiliser qu'en décoctions très diluées (environ douze fois par rapport aux posologies en usage à Hispañola). On préconisait également la *Zarza parilla* (salsepareille), plante si bienfaisante qu'on la divinisa. Un peu plus tard, et bien loin de l'Orénoque, le *Smilax china* (plante voisine de la salsepareille) fut utilisé par les Chinois puis importé comme « racine chinoise ». Il devint une véritable panacée promue par Charles-Quint, en 1535, comme traitement de tous les maux. Les sassafras, également sudorifiques, firent l'objet de prescriptions d'autant plus appréciées que l'odeur très aromatique de l'arbre de Floride embaumait la chambre des malades.

En quête des principes actifs

Jusqu'à présent la thérapeutique reposait sur l'emploi de minéraux, de plantes entières ou de mélanges pharmaceutiques complexes comme les extraits ou les teintures. Une ère nouvelle, celle de la chimie, se dessinait depuis la fin du Moyen Age. Au départ, la chimie était un savoir ésotérique, très influencé par l'approche alchimique voire mystique. Avec le mouvement humaniste de la Renaissance, la chimie reprend à son compte des approches novatrices issues du monde arabe comme la distillation qui permet d'obtenir des substances pures. Au XVIe siècle, l'extraction de « l'âme des végétaux », de leur quintessence (la cinquième essence ou distillation !), devient une préoccupation croissante. Courant XVIIe, les lois de la chimie — précisant par exemple la physico-chimie des gaz — prennent le pas sur les concepts alchimiques. A cette époque deux Français, Nicolas Lémery et Moïse Charas, et un Anglais Thomas Sydenham, sont les refondateurs de la notion de pharmacopée. Cela se manifeste par la volonté, comme au temps de la quintessence, de s'en tenir aux éléments vraiment efficaces dans les préparations pharmaceutiques. Cette tentative de simplification place la pharmacie au carrefour de la médecine, de la botanique et de la chimie. Aujourd'hui encore, elle demeure plus que jamais un creuset idéal de rencontre entre ces disciplines. Notre recherche à l'Institut de chimie des substances naturelles est l'héritière directe de cette orientation scientifique. Ce profond bouleversement prend toute sa dimension aux alentours des années 1815-1820 au moment de l'isolement des premières « substances pures » issues des végétaux. Tout au long de cet ouvrage nous allons côtoyer les grandes avancées chimiques du XIXe siècle avec l'isolement de la morphine, la fabrication des premiers comprimés de quinine ou le succès de la digitaline. D'autres exemples, célèbres ou pas, ont changé la manière de soigner et sont restés des valeurs sûres de la thérapeutique moderne ou sont au contraire devenus de lointains souvenirs.

Un célèbre cachet

Les Sumériens tiraient profit des feuilles de saule pour atténuer les douleurs. Quant à Hippocrate, il préconisa, pour soulager la fièvre, une décoction d'écorce de saule blanc. Au XVIIIe siècle, un pasteur anglais, Edward Stone, utilisait ce même breuvage comme remède contre les douleurs et la fièvre. Il fondait son raisonnement sur la saveur amère de la décoction de saule qui lui rappelait celle de l'écorce de quinquina (même saveur, mêmes propriétés mais... moins chère). C'est un médecin Ecossais, Thomas-John McLagan, qui recommanda en premier l'emploi de la salicine, une molécule extraite de l'écorce du saule, pour traiter les rhumatismes. Cette substance naturelle avait été isolée en 1825 par un Italien, Fontana. Mais on accorde habituellement l'antériorité de l'isolement et la purification du principe fébrifuge à un pharmacien de Vitry-le-François (France), Pierre-Joseph Leroux en 1829. Dix ans plus tard, Raffaele Piria préparait, à partir de la salicine, l'acide salicylique, déjà reconnu comme désinfectant intestinal et antirhumatismal. Ce composé chimique donna naissance à un best-seller de la pharmacie : le cachet d'aspirine ! Sous ce nom célèbre se cache une dénomination chimique barbare : l'acide acétylsalicylique. Cette substance chimique fut synthétisée à Strasbourg en 1853 par Charles Frederich Gerhardt. Ce Français, de mère alsacienne et de père suisse, ne discerna pas que la substance blanche qu'il venait de produire allait devenir le médicament le plus populaire du monde ! Ses travaux de synthèse chimique, restés inexploités au plan pharmaceutique, furent repris quarante ans plus tard par Félix Hoffmann qui travaillait pour la compagnie allemande Bayer. Comme la préparation initiale avait déjà été décrite et publiée, les industriels étaient dans l'impossibilité de breveter ce remède. Cela valait-il la peine de commercialiser ce médicament non protégé par un brevet ? Bayer réussit cependant à protéger la synthèse industrielle — nouvelle — et déposa le nom de marque : « Aspirin® ». Dans ces années 1880-1900, la toute récente industrie du médicament, en pleine activité créatrice, incitait le pharmacien-préparateur du médicament à raisonner de plus en plus avec le médecin. Un véritable dialogue médico-pharmaceutique s'installa dans les hôpitaux puis au cœur des structures industrielles.

L'emploi de l'aspirine contre la douleur ne fut proposé qu'en 1901. Ce médicament entra rapidement dans le langage commun. Franz Kafka expliquait à sa fiancée Félicie Bauer lors de leurs crises amoureuses que l'aspirine était une des rares choses qui lui offraient un soulagement à la douleur de l'existence. Il ne se doutait pas que ce comprimé avait un lien étroit avec le saule pleureur ! Issue de la chimie des substances naturelles grâce à la salicine, l'aspirine est devenue le symbole de la grandeur naissante de la synthèse organique de cette fin du XIXe siècle qui devint dominatrice au XXe siècle.

Funeste découverte

A l'inverse, une autre substance devint tristement célèbre. Au milieu du XIXe siècle, la coca, *Erythroxylon coca,* passait pour une plante magique. Le terme « coca » fut d'abord utilisé par les Indiens Aymara de Bolivie. La plante avait acquis une signification religieuse et initiatique. Lors de la conquête espagnole de l'Empire inca la mastication de la coca fut acceptée par un édit de Philippe II et devint, pour les pauvres, un substitut à l'alimentation. Le gouverneur des Indes occidentales aurait dit : « Sans coca, pas de Pérou. » Au XIXe siècle, un neurologue italien, Mantegazza, avait publié un essai sur les effets stimulants de la plante andine. C'est un pharmacien corse, Angelo Mariani, qui prépara un vin de coca, baptisé le Vin Mariani et vanta ses propriétés euphorisantes. Sur les murs du siège du laboratoire, les encarts publicitaires annonçaient : « Vin Mariani = 100 T, signé Henri Poincaré. » Précurseur du

Coca-Cola, fabriqué peu après par John Pemberton, un pharmacien d'Atlanta, Mariani estompait la frontière entre boisson agréable et médicament utile. En 1860, Albert Niemann (1834-1861), assistant de Wöhler de l'université de Göttingen, réussit à isoler la substance active des feuilles de coca. Il la baptisa naturellement cocaïne. Elle fut considérée pendant quelques années comme un simple stimulant, au même titre que la caféine. Au début des années 1880, Carl Koller, un ophtalmologiste installé à Vienne, s'interrogeait justement sur la méthode à adopter pour insensibiliser la cornée de ses patients sans avoir recours à l'anesthésie générale. Il fit diverses tentatives, infructueuses. Un de ses amis, Sigmund Freud, alors jeune neurologue, lui proposa de participer à une expérience démontrant l'effet antifatigue de « la plante divine des Incas ». L'un et l'autre s'aperçurent que les cristaux de cocaïne déposés sur la langue la rendaient insensible. De la langue à l'œil... L'obsession de Koller demeurait. Peu après, il effectua quelques essais sur la cornée de grenouilles à l'hôpital général de Vienne et observa qu'au bout d'une minute, le réflexe cornéen était aboli par une solution de cet alcaloïde. Le 15 septembre 1884, lors d'un congrès d'ophtalmologie, Koller faisait état de son expérience. Son nom devint rapidement célèbre dans le monde entier bien qu'il évitât d'évoquer l'emploi de la cocaïne dans l'œil, la réservant aux anesthésies du nez, de la gorge et des oreilles.

Freud voyait également dans la cocaïne la solution à la toxicomanie aux opiacés. En 1878, W.H. Bentley avait préconisé la cocaïne aux Etats-Unis comme antidote à l'opium, à la morphine et même à la consommation d'alcool. Malheureusement ce qui était un remède devint rapidement une nouvelle « drogue ». Progressivement, la prescription de la cocaïne en tant que substituant pour les morphinomanes ou les héroïnomanes, fut abandonnée.

Mais de 1884 à 1914, l'utilisation de la cocaïne sera largement popularisée, et pas seulement à des fins médicales. Son emploi comme euphorisant, dans les milieux intellectuels mais aussi dans les classes moyennes, se développa de manière inquiétante. Arthur Conan Doyle, Alexandre Dumas, Jules Verne, Thomas Edison et R.L. Stevenson furent parmi les célèbres utilisateurs de ce stimulant. Sous l'effet de la cocaïne, Stevenson aurait écrit en trois jours *Dr. Jekyll et Mr. Hyde...*

Les effets secondaires, de plus en plus inquiétants, éclataient au grand jour : crises psychotiques, bouffées délirantes, crises d'angoisse, etc. Dès lors, les instants de « liberté » de la cocaïne furent comptés. Les conférences internationales de Shanghai (1909) et de La Haye (1912) allaient déboucher sur des législations très contraignantes interdisant le cannabis, réduisant l'usage de la cocaïne mais aussi décourageant pour des décennies l'emploi des morphiniques. Aux Etats-Unis, la loi Harrison fut promulguée le 17 décembre 1914 et, en France, la loi sur les substances vénéneuses créant la notion de « stupéfiant » fut adoptée le 12 juillet 1916.

Un tranquillisant venu d'Inde

Entre le pavot et la morphine, la coca et la cocaïne, l'ergot de seigle et le LSD... Jusque-là, ces couples dangereux incitaient à entretenir une relation très ambiguë entre plantes et cerveau humain. Heureusement, l'Inde a donné le jour à un psychotrope majeur qui allait réconcilier le règne végétal et la psychiatrie. La réserpine fut en effet le premier alcaloïde naturel utilisé pour traiter une maladie psychiatrique. La plante d'origine, *Rauwolfia serpentina (L.)*, est un arbrisseau dont les racines sont utilisées depuis l'Antiquité dans la médecine orientale. De nos jours encore, des infusions de *Rauwolfia* sont préconisées dans les pratiques populaires (vallée du Gange, région du Bihar) pour calmer l'excitation des jeunes enfants turbulents. En 1931, à Delhi, deux chercheurs indiens, Salimuzzaman Siddiqui et Rafat Hussein Siddiqui, achetèrent au bazar de Patna quelques sacs de *Rauwolfia* afin d'entreprendre l'extraction de ses constituants actifs. Leur première découverte fut celle de l'ajmaline, un des alcaloïdes contenus dans la plante. Dix ans plus tard Hugo Bein isola la réserpine, le principal agent des effets hypotenseurs et sédatifs. Qualifiée pour la première fois de tranquillisant (le mot *tranquillizer* fut inventé par F. Yonkman en 1953), la réserpine bouleversa la recherche pharmaceutique pour deux raisons. Dix années avaient été nécessaires pour éclaircir le mystère de ses caractéristiques pharmacologiques. Pour la première fois, un médicament extrait d'une plante dont personne en Occident n'avait soupçonné l'intérêt, faisait irruption sur le marché mondial. A l'époque où la synthèse organique était devenue le maître à penser de l'industrie pharmaceutique un retour au monde des plantes s'opérait. Dès lors, des sommes considérables furent investies pour quadriller la terre entière. Pharmacognosistes et botanistes partirent à la recherche des espèces qui cachaient encore leurs vertus thérapeutiques.

Ce voyage à travers le temps et l'espace, démarré avec les Sumériens, se conclut auprès des Indiens. Cinquante siècles ont passé, les pratiques médicales se sont développées et améliorées. L'Homme trouve toujours parmi les plantes du monde entier les sources de ses remèdes. L'aventure, loin d'être terminée, commence à peine. Au moment où triomphent les sciences fondamentales et la recherche des causes moléculaires des maladies, les chercheurs « high tech » dédaignent cette quête des médicaments issus du monde naturel, considérée comme obsolète, traditionnelle, parfois même ringarde. Ils se trompent ! Les outils les plus modernes, diffraction à rayons X, résonance magnétique nucléaire, biologie moléculaire, microscopie à effet tunnel ne feront que confirmer ce que nous savions depuis longtemps. La nature est une source considérable de substances encore inconnues. Les scientifiques de demain vont y découvrir plus de remèdes que dans les millénaires précédents. A condition de se promener dans les jardins du pharmacien...

2.

Les jardins du pharmacien

« Mais mon plus grand bonheur est de ne pas pouvoir
mettre de nom sur des tas de plantes toutes plus belles
les unes que les autres
Et que je ne connais pas
Et que je vois pour la première fois
Et que j'admire. »

Blaise Cendrars, *Botanique*

Quinine, morphine, digitaline... tout chercheur de médicament qui se respecte a déjà rêvé de créer, à l'identique ou en mieux, ces substances naturelles, véritables succès de la pharmacologie. Armé d'outils informatiques puissants et fort des données récentes portant sur les mécanismes de l'organisme, quel apprenti chimiste ne s'est-il pas vu dessiner la molécule idéale, la clé chimique capable de guérir une fonction défaillante ou stopper un dérèglement biologique ? Un seul précurseur est passé avant : la nature. Depuis 4,5 milliards d'années, dès les frémissements de la soupe biotique, l'évolution a eu le temps de synthétiser et de sélectionner plus de molécules variées que les scientifiques n'en produiront jamais.

C'est dans cette chimie naturelle, au cœur des plantes, des animaux et des micro-organismes, que les hommes continuent de puiser des remèdes à leurs maux. Selon l'Organisation Mondiale de la Santé, 80 % de la population des pays en voie de développement a régulièrement recours à des médications « traditionnelles », extraites de plantes. A l'échelle de la population mondiale, Dame nature reste bel et bien le principal pharmacien. Parfois même, elle est la seule source de soins dans des pays où les remèdes importés sont inaccessibles. Quant aux médicaments dits « modernes », tout droit sortis des usines pharmaceutiques, leur principe actif provient souvent du milieu naturel. Les végétaux, récoltés, séchés et conservés aisément, constituent toujours la source majoritaire de médicaments. Le terme anglais *drug* qui désigne le médicament en est une preuve. Son origine étymologique doit beaucoup à l'allemand *drücken* qui signifie sécher, presser. Ainsi, plus de 40 % des molécules commercialisées par l'industrie pharmaceutique mondiale sont d'origine biologique. Les deux tiers proviennent de plantes, un quart de micro-organismes et 5 à 10 % des animaux. En 1985, un quart des ordonnances rédigées aux Etats-Unis contenaient des principes actifs issus du monde végétal. Faire la comptabilité exacte des substances que les pharmacologues ont puisées dans la nature n'est pas simple. En effet une molécule, directement extraite d'un broyat de feuilles ou d'un venin de serpent, donne naissance à de multiples produits plus ou moins analogues. Ces derniers possèdent quelquefois le même squelette chimique mais sont légèrement modifiés par rapport à l'original. Proches, tout en étant améliorées par rapport à leur parent d'origine, ces substances deviendront des candidates de choix dans la lutte contre les maladies. Vues sous cet angle, les substances naturelles représenteraient 60 à 80 % des médicaments dont nous disposons. Aujourd'hui les chercheurs en chimie thérapeutique s'efforcent de mettre au point des traitements innovants, c'est-à-dire valorisants non seulement pour la santé publique mais aussi pour les actionnaires des firmes pharmaceutiques ! Le candidat parfait au titre de médicament de demain doit posséder plusieurs atouts-maîtres. Etre spécifique d'une pathologie bien identifiée, posséder une structure chimique inédite et donc brevetable, fonder son activité thérapeutique sur un mécanisme biologique original. Si par miracle, ce petit concentré de chimie est facile à synthétiser et ne provoque pas d'effets secondaires, sa carrière dans les officines et au chevet des malades est assurée.

La recherche sur les substances naturelles demeure une piste toujours empruntée pour dénicher de telles molécules à succès. Au cours des trente dernières années, les exemples abondent. Ces substances figurent en première place dans l'arsenal antibiotique ou la thérapeutique anticancéreuse. Elles peuvent également faire progresser de manière spectaculaire la compréhension d'un mécanisme biologique inconnu. Découverte en 1970, la ciclosporine, issue d'un champignon norvégien, *Tylopocladium inflatum,* a radicalement modifié le pronostic des greffes d'organes. Au plan fondamental, elle a permis un saut dans le domaine de l'immunologie lorsqu'il a fallu comprendre son mode d'action.

Ces réussites thérapeutiques incitent à observer sans relâche les diverses combinaisons moléculaires rencontrées dans la nature. D'autant que le potentiel médical est loin d'être totalement exploré. L'Homme peine déjà à faire le tour de l'écosystème où il vit, sans parler des espaces marins ou des milieux extrêmes. Un simple voyage au cœur de la biodiversité, chez l'amibe de dix microns ou l'orque de plusieurs tonnes, dans la jungle amazonienne ou la toundra, sous les récifs coralliens et les sédiments abyssaux, révèle moult *terrae incognitae.* A tenter d'imaginer les frontières de cet univers du vivant, le vertige est total. Poètes ou scientifiques, les uns s'enflamment devant tant de beauté infinie, les autres se lancent dans l'exploration de spécimens inconnus. Mais tous font le même constat : l'inventaire précis, ou même approximatif, des espèces de la planète n'existe pas. Les chercheurs ont identifié entre 1,4 et 1,7 million d'organismes vivants, capables de croître et de se reproduire. Mais la foule d'espèces réellement existantes dépasse largement ce recensement scientifique. Les chiffres avancés oscillent entre deux et cent millions ! Les experts du World Conservation Monitoring Center s'accordent sur 12,5 millions d'espèces estimées.

Qu'appelle-t-on une espèce ?
Les biologistes nomment les différentes plantes afin de leur donner une place unique au sein de l'inventaire de la nature et de clarifier leurs relations avec les autres êtres vivants. Au sein de cette classification, les branches sont divisées successivement en classe, en groupe, en famille, en genre, en espèce. L'espèce est l'unité irréductible de la classification.
Popularisée au XVIIIe siècle par Carl von Linné pour décrire et classer l'ensemble des êtres vivants, la notion d'espèce a évolué au cours du temps. A l'origine fondée sur des critères morphologiques, l'espèce rassemble les organismes qui se ressemblent (critères morphologiques communs) et se reproduisent entre eux. Aujourd'hui, génétique oblige, on peut définir l'espèce comme l'ensemble des individus possédant le même nombre et la même nature de chromosomes. Ce qui amène certains systématiciens à discuter le rapprochement d'espèces anciennement différenciées. Néanmoins la dénomination demeure généralement celle du XVIIIe siècle. Deux noms latins en italique sont accolés : le premier, nom du genre, est suivi du nom de l'espèce en minuscule. S'il y a une initiale derrière, c'est le nom du botaniste qui l'a découverte. Par exemple, Lam. pour Jean-Baptiste Lamarck.

Homo sapiens est l'espèce humaine actuelle, elle appartient au genre *Homo,* de la famille des Hominidés.

L'impossible inventaire

Plantes, animaux, champignons et bactéries, les êtres vivants sont classés en différents règnes d'importance inégale. A l'intérieur du monde végétal, les botanistes ont repéré près de 270 000 plantes supérieures — possédant tige, feuille et racines — dont 85 % sont des plantes à fleurs. Mais le total des espèces végétales serait deux fois supérieur. A mi-chemin entre plantes et animaux, le nombre de champignons recensés se chiffre à 70 000 sur un total d'un million ! Les algues, terrestres et marines, forment un groupe de 40 000 espèces différentes. L'univers grouillant et fascinant des insectes semble plus vertigineux encore. Les entomologistes ont décrit plus de 900 000 bestioles. Une bagatelle devant les huit millions d'espèces existantes ! A lui seul le scarabée, représentant fétiche de la famille des coléoptères, possède près de 300 000 cousins décrits scientifiquement.

Toujours dans le règne animal, les vertébrés connus (dont nous sommes) représentent 45 000 espèces. Sans parler d'animalcules, comme les échinodermes (oursins), les spongiaires (éponges), les cnidaires (méduses), les plathelminthes et nématodes (vers), les mollusques, les crustacés ou les arachnides (scorpions)... au nombre de 300 000 — sur quelques millions existants. Cet inventaire à la Prévert n'a pas de limite. Pourtant, il ne constitue qu'une liste inachevée du monde visible à l'œil nu. Sous un microscope, la vie est encore plus abondante. Le monde des Procaryotes, constitué des eubactéries, des archéobactéries et des algues bleues, est d'une grande diversité. Quelques milliers sont passés à la loupe des naturalistes. Il reste 99 % de cet univers microbiologique à découvrir ! Aussi bien dans le sol que sous la mer. La biodiversité des grands fonds océaniques devrait compter plusieurs millions d'espèces encore à décrire.

Cette plongée dans la nature laisse perplexe. A peine 10 % du monde vivant est identifié, dénommé et classé par les scientifiques. Serait-il plus simple de recenser les étoiles situées à des milliards de kilomètres au-dessus de nos têtes que de dénombrer les individus présents sur le plancher des vaches ? Ce travail d'inventaire est pourtant devenu une obligation pour les nations qui ont ratifié la Convention sur la diversité biologique en 1992. Une urgence même, en raison des menaces (déforestation, sécheresse, extinction massive) qui pèsent sur la biodiversité. Incontournable, le recensement doit devenir la référence à partir de laquelle des mesures de conservation seront établies. Parmi les zones à inventorier en priorité figurent les régions tropicales dont les richesses sont en péril. « Moins d'une plante tropicale connue sur deux est décrite dans une flore », constatent amèrement les botanistes du laboratoire de Phanérogamie du Muséum National d'Histoire Naturelle de Paris. Ils soulignent notamment le manque de botanistes et de taxonomistes formés pour mener à bien ces travaux. A l'époque où les satellites savent localiser un détail au centimètre près, la plupart des naturalistes continuent de se rendre sur le terrain avec carnets et boussole pour décrire la diversité des espèces, le repérage par satellite vient petit à petit. Immuable, la technique d'exploration est double : la prospection itinérante dans des régions peu fouillées donne un aperçu de la biodiversité et l'inventaire exhaustif de parcelles limitées (50 hectares) permet d'obtenir une photographie précise de la richesse du biotope. Encore faut-il pénétrer au cœur de la jungle tropicale, voire grimper à l'extrêmité de la cime des arbres. La canopée reste un écosystème peu exploré où de jeunes pousses, des champignons et des micro-organismes germent sans même descendre jusqu'au sol. Pour atteindre ces fabuleuses oasis aériennes, l'escalade arboricole ou le radeau des cimes de Francis Hallé nécessitent d'importants moyens. Une telle logistique de l'extrême s'applique aussi aux derniers espaces inconnus, en haut des sommets ou au fond des océans. Il faut pouvoir entreprendre la périlleuse exploration des Tépuis dépassant de la jungle du Venezuela. Une fois rendus au cœur de ces « mondes perdus » qui ont pour nom Roraima, Waikinina ou Sarisarinama, les naturalistes passent un mois pour scruter quelques kilomètres carrés... Paradoxalement, les destructions massives lors de construction de barrage, l'implantation d'une mine ou les coupes forestières, ont fourni par le passé et aujourd'hui encore les moyens les plus simples de prospecter. Pour corser le travail, l'extrême diversité des espèces présentes sous les tropiques donne du fil à retordre aux botanistes. Sur un seul hectare, ce sont en moyenne 150 à 200 essences d'arbres qu'il faut repérer. Une fois l'inventaire terminé — lorsqu'une expédition de prospection ne ramène plus de nouvelles espèces ou que le nombre de spécimens collectés est représentatif — reste à publier les résultats scientifiques. Parmi ces flores, dont certaines ont été commencées au début du XXe siècle, la situation est inégale. Réunissant 30 000 espèces, *Flora of China* était achevée aux deux tiers en 1990 et doit être traduite en anglais par le Missouri Botanical Garden (St. Louis). Peu de flores complètes existent quand elles ne sont pas détruites. L'herbier de Brazzaville a disparu entre 1991 et 1993. A Madagascar, la flore démarrée en 1936 demande à être révisée. Le projet « Conspectus des plantes vasculaires de Madagascar » a commencé en 1992 avec le Missouri Botanical Garden, le Muséum national d'histoire naturelle, le parc de Tsimbazaza et le Centre national de la recherche appliquée au développement rural. Il doit rendre accessibles aux non spécialistes les données sur les plantes vasculaires de l'île. La situation est peu glorieuse : « Au rythme actuel, il faudrait environ 400 ans pour terminer *Flora Neotropica* et plus de 150 ans pour *Flora Malesiana* », estiment les chercheurs du Muséum. Mais ils reconnaissent l'apport méthodologique des outils informatiques pour accéder aux flores. L'*Herbier d'Afrique du Sud* est le premier du genre sous forme d'une base de données informatiques. La Guyane est elle aussi dotée d'une base de donnée mixte (collection, taxonomie) dénommée *Aublet* en référence à Fusee Aublet, un des premiers botanistes envoyés en Guyane par le roi de France. Au Missouri Botanical Garden, le catalogue informatique *Tropicos* renferme une mine de renseignements sur les flores tropicales de Chine, d'Equateur et d'Amérique centrale. A Madagascar, le recensement informatisé de la flore malgache est réalisé à l'Institut malgache de recherches appliquées avec l'attribution du nom vernaculaire des plantes et leur identification scientifique. Parmi les 12 000 plantes existantes, 6 000 sont déjà documentées avec les indications des guérisseurs et les références bibliographiques. Quant au projet International Organization for Plant Information, lancé en 1991 par un groupe de botanistes de onze pays différents, il compte établir une base de données des végétaux de la planète à partir des principaux herbiers mondiaux. Dans le même contexte, le Global Biodiversity Information Facility vise l'interopérabilité entre les différentes bases de données existantes. Baptisé Species 2000, un autre programme de recherche utilise l'outil Internet pour créer l'index de toutes les espèces vivantes connues. Ces multiples projets en cours illustrent les liens prometteurs entre biodiversité et bioinformatique.

Les herbiers

Dès l'Antiquité, les herbiers étaient des traités de botanique mais aussi des pharmacopées. Au Moyen Age, un herbier célèbre, le *Circa Instans,* fut écrit par Mattheus Platearius, un médecin salernitain du XIIe siècle. Ce texte fut repris au début du XIVe siècle dans le *Tractatus de Herbis,* attribué à Barthomeus Mino de Seniset, qui l'augmenta de chapitres tirés de l'*Herbarius* de Pseudo-Apulée. A partir des années 1480, de nombreux herbiers furent publiés dans les différents pays d'Europe sous le titre d'*Herbarius* et *Hortus Sanitatis* en latin, *Gart der Gesundheit* en allemand et *Arbolayre* en français.

Dans ces traités, l'illustration tenait une place considérable, car chaque plante devait être représentée. L'*Arbolayre* de Besançon, daté de 1480, est illustré de 307 gravures sur bois dans le texte dont la qualité est encore assez approximative quant aux détails botaniques.

En Angleterre, William Turner (1510-1568), le père de la botanique britannique, publie en 1550 le premier herbier scientifique en anglais.

Simultanément *De Historia Stirpium Commentarii Insignes* publié à Bâle par Léonard Fuchs (1501-1566) constitue la première représentation scientifique des plantes. L'ouvrage de Fuchs est, avec le *Herbarun Vivae Imagines* de Brunfels, le livre de botanique le plus important du XVIe siècle. Fuchs pose comme premier principe l'exactitude de la reproduction des gravures. Il propose ensuite un éventail d'espèces assez facilement identifiables par un observateur attentif. L'identification est proposée en latin comme en allemand. 512 plantes sont illustrées dont un grand nombre pour la première fois. On y trouve le premier glossaire des termes botaniques. A Prague en 1563, André Matthiole publiera son *Commentarii in sex libros Pedacii Dioscoridis Anazerbei de Materia medica.* A l'époque, Matthiole était médecin à la cour de l'archiduc Ferdinand. L'ouvrage témoigne par la qualité de ses gravures de l'apogée du genre au XVIe siècle.

Des découvertes journalières

Malgré des travaux d'inventaire titanesques, les flores demeurent encore entachées d'erreurs et de lacunes. L'outil informatique a beau faciliter le partage des connaissances, la tâche des taxonomistes — chargés d'identifier les espèces ou taxons — reste démesurée. Et pour cause ! La découverte d'espèces nouvelles est le lot quotidien de chaque botaniste ou entomologiste en mission d'exploration ou même lors de la mise à jour d'anciens herbiers. Ainsi la connaissance de la flore d'Afrique tropicale augmente en moyenne d'une espèce par jour ! Si des familles entières de plantes sont toujours découvertes, le face à face avec des inconnus est encore plus courant chez les insectes. « Dans le seul ordre des blattes, quelque 130 espèces nouvelles ont été recensées en 1991 en Guyane française », indique François Ramade. Lorsque Fabian Michelangeli explore les sommets des Tepuis vénézuéliens, il découvre des criquets aquatiques de plusieurs millions d'années, des charançons munis de trompes... Quand il ne tombe pas sur deux étonnantes plantes du genre *Brocchina,* devenues carnivores. Car les espèces, même connues, se transforment et évoluent. Du côté des micro-organismes, les trouvailles se succèdent à un rythme ininterrompu. Ces derniers ne sont pas toujours aussi petits qu'on le croit ! *Thiomargarita namibiensis* en est la preuve vivante. Avec ses trois quarts de millimètre, cette bactérie est le plus grand spécimen jamais observé. Habituée des ambiances soufrées au cœur des sédiments marins, cette géante a été découverte en 1999 par une équipe de microbiologistes allemands de l'Institut Max Planck. Extrême par la taille et par ses habitudes de vie au milieu du soufre, cette nouvelle recrue rejoint le groupe, en forte croissance, des bactéries dites extrêmophiles. Ces micro-organismes habitués des milieux inhospitaliers, acclimatés aux très hautes (250 °C) ou très basses températures, à la pression élevée, aux environnements acides ou basiques, plongés dans le sel ou le soufre, ont longtemps vécu à l'insu des zoologistes. « Aucun organisme vivant ne peut survivre dans des conditions aussi pénibles », pensaient les scientifiques. Erreur ! Aux pôles, au cœur des abysses sous-marins ou dans le sous-sol terrestre, ces durs à cuire sont la nouvelle coqueluche des biologistes intrigués par leur faculté d'acclimatation. Un règne nouveau, celui des archéobactéries, s'ouvre sous les yeux ébahis des chercheurs. Tout reste à découvrir des vertus médicales, sûrement inédites, de ces habitués de l'extrême. L'universelle méthode P.C.R. (Polymerase Chain Reaction) qui permit de repréparer de l'ADN de Ramses II est issue de cette recherche ! Autre merveille de l'adaptation, les copepodes, des crustacés de quelques millimètres, lointains cousins des crabes et des langoustes, ont colonisé à peu près tous les coins de la Terre, de 5 000 mètres sous les mers jusqu'au sommet de l'Himalaya. Ils sont le symbole d'une vie qui semble avoir investi la moindre parcelle de la planète. A côté de ces gisements neufs et quasiment vierges du bout du monde, on continue d'explorer sous les tropiques les immenses temples de la nature.

Sous les tropiques

Les régions tropicales représentent 40 % des terres émergées et sont les plus grands réservoirs de biodiversité. La moitié des espèces végétales et animales se concentrent dans les forêts tropicales humides. L'histoire géologique et climatologique de la planète l'explique. Dans ces régions, il n'y a pas eu de période de glaciation, ni de grands écarts de températures. Cette zone préservée fut ainsi plus aisément propice à l'évolution et à la différenciation des organismes vivants. La richesse de ces forêts primaires va de pair avec des températures élevées et un haut niveau de précipitations. La biodiversité est d'autant plus élevée que le climat est chaud. Symbole de cette diversité, la forêt d'Amazonie renferme plus de 200 essences d'arbres à l'hectare contre 30 en zone tempérée. Un géographe observant la répartition de la biodiversité constaterait que les 25 premiers Etats qui possèdent entre 5 000 et 50 000 espèces sont des pays tropicaux, à l'exception des deux géants des zones tempérées, la Russie et les Etats-Unis.

Des paradis fragiles

Cette concentration des diverses formes de vie dans les zones tropicales se double parfois d'une origine endémique. L'espèce, native d'une seule zone, ne connaît pas d'autres habitats. Les îles connaissent bien sûr de forts taux d'endémicité car elles sont souvent à l'abri de la dissémination des espèces. Madagascar est un cas d'école. Sur les 12 000 espèces de plantes recensées que compte le territoire malgache, près de 80 % sont endémiques. 90 % des familles de reptiles sont propres à cette île. Quant au célèbre aye-aye, il est devenu le fétiche de l'île. Pas étonnant ! Sur 30 espèces de lémuriens connues dans le monde, 28 vivent à Madagascar. Cette notion d'endémicité appuie le caractère unique mais aussi fragile de la flore et de la faune d'une région. Si, pour une raison ou une autre, une espèce endémique disparaît de son biotope, elle est perdue à tout jamais. Connaissant en détail la répartition de la biodiversité et soucieux de la préserver à un coût raisonnable, Norman Myers a défini en 1988 le concept de « points chauds ». Ces lieux riches en espèces et menacés d'une destruction imminente ressemblent à de mini coffre-forts contenant une majorité de joyaux naturels à garder sous haute protection. Des critères écologiques les définissent. Une zone doit contenir au moins 1 500 espèces végétales d'origine endémique. Certains paradis de biodiversité, extrêmement précieux, sont plus menacés que d'autres, en particulier Madagascar, l'Indonésie, la péninsule malaysienne et les Philippines. Les autres « points chauds » comprennent des régions tropicales : les Andes tropicales, l'ouest de l'Equateur, la forêt brésilienne, le sud-ouest de l'Australie, etc., mais aussi des zones tempérées. Parmi lesquelles les montagnes du Caucase, la Californie, le Chili central ou le bassin méditerranéen. Au total ces 25 aires à protéger couvrent 1,4 % de la surface terrestre mais renferment 130 000 espèces végétales et 10 000 vertébrés. Seul un tiers de ces 800 000 km^2 est protégé légalement. Il y a urgence à surveiller le reste !

Encore ne s'agit-il là que de la seule portion terrestre. L'eau recouvre 70 % de la planète ! Dans les océans, une incroyable biodiversité mérite d'être au plus vite connue et préservée. L'Homme a seulement étudié 1 % des espèces marines. Côté répartition des trésors, le milieu marin montre d'étranges similitudes avec le monde terrestre. L'équivalent de la forêt tropicale s'appelle le récif corallien. Situés au cœur de la région Pacifique ouest équatoriale, les bancs de coraux se trouvent aux mêmes latitudes que les jungles les plus denses. Si l'on n'y prend garde, ces trésors sous-marins resteront un lointain souvenir poétique, narré par Blaise Cendrars, lors de ses pérégrinations le long des rivages de l'Afrique et de l'Amérique du Sud.

> « Dans ces parages le courant des vagues couvre les rochers d'une abondante floraison animale
> Des éponges de toutes sortes

Des polypes si semblables par leur forme à des plantes qu'on les appelle
Des "lys de mer" quand ils ont l'air de fleurs vivantes fixées au fond de la mer par leur pédoncule
Des "palmiers marins" quand ils étalent au sommet d'une tige qui peut atteindre 17 mètres leur panache de bras semblables à des feuilles de dattiers (...) »

Sous les tropiques, « Au cœur du monde »

Botanistes et entomologistes sont pessimistes. L'un d'entre eux, Peter Raven, directeur du Missouri Botanical Garden, sonne le tocsin depuis bientôt vingt ans. Selon ses dires, si rien n'est fait, les deux tiers des espèces de plantes auront disparu pendant ce XXIe siècle par la destruction de leur habitat. Côté animal, le règne n'est pas épargné non plus. Sans mesure de protection, la moitié des espèces aura disparu à la fin de ce siècle...

A explorer d'urgence

Au rythme actuel, la destruction de la biodiversité va considérablement plus vite que l'élaboration d'un simple inventaire. Assurément, l'étude pharmacologique des produits naturels stagne loin derrière. Dans le règne végétal, traditionnellement mieux étudié, les experts annoncent que 35 000 espèces ont un potentiel médical. Dans la recherche occidentale, seules 5 000 plantes ont été étudiées sur le plan chimique et biologique, en vue d'une application médicale. Et encore les espèces des régions tropicales restent-elles largement inexplorées du côté de la science occidentale. « Sur 12 000 espèces de plantes à Madagascar, seules 300 à 400 ont été étudiées pour leur activité pharmacologique », assure Lucile Allorge, botaniste au CNRS.

Que dire alors du monde infini des insectes, des micro-organismes et des substances marines dont l'avenir thérapeutique est encore inconnu ?

Dans ce monde du vivant, ce sont rarement les grands mammifères ou les volatiles qui recèlent des vertus thérapeutiques. Au contraire, les espèces à regarder en priorité sont petites, silencieuses et souvent immobiles. Pour se protéger face à leurs ennemis plus forts ou plus rapides, elles ont patiemment emmagasiné d'habiles défenses chimiques. Pour attaquer leur proie sans bouger, elles disposent de terribles substances paralysantes ou autres cocktails attirants. S'inspirant de ces multiples armes chimiques, lentement élaborées au cours de l'Evolution, les chimistes puisent des idées, sinon de véritables médicaments qui seront utiles à l'Homme.

Cet effort de recherche ne se situe pas seulement sous les latitudes tropicales, mais aussi dans les régions méditerranéennes ou les zones semi-désertiques du Moyen-Orient. La péninsule arabe abrite 4 500 à 5 000 espèces de plantes. En 1982, un rapport de l'UNIDO intitulé « Plantes médicinales et aromatiques dans le développement industriel » révèle l'usage répandu d'extraits de plantes comme agents thérapeutiques. Les régions tempérées sont aussi de véritables mines de molécules intéressantes. Même si les flores, sous nos latitudes, sont décrites depuis longtemps et largement étudiées, il n'y a pas lieu de s'en détourner pour autant. Que dire des valeureux ifs qui ont fourni le Taxol et le Taxotère ? Ils se pavanaient sous nos yeux, au gré des vents d'ouest dans les jardins de l'Institut de chimie des substances naturelles de Gif-sur-Yvette ! Même les « simples » aux vertus précieusement transmises de génération en génération, ne doivent pas être dédaignées. Ces plantes européennes, déjà étudiées pour certaines activités pharmacologiques, n'attirent pas la foule des chercheurs. Pourtant elles méritent qu'on s'y arrête. L'exemple de l'arnica est intéressant à plus d'un titre. Toutes les familles gardent dans leur armoire à pharmacie personnelle un tube de pommade d'arnica à appliquer sur les bosses pour calmer la douleur consécutive à un petit traumatisme et éviter la bosse ! De ce remède célèbre, personne ne savait exactement ce qui était actif. Quel était le précieux principe actif de la teinture d'arnica ? La démonstration scientifique ne s'est pas fait attendre et le mécanisme d'action a été mis au jour. Après un coup, une bosse se forme, résultat d'un amas d'exsudat écoulé dans le tissu sous-cutané. Tous les phénomènes du processus de l'inflammation se déclenchent les uns après les autres. Quand on dépose de l'arnica, cela bloque immédiatement ce processus d'inflammation. En fait cette propriété est dûe à une molécule de la famille des flavones contenue dans l'arnica. Il y a vingt ans, l'étude scientifique de cette substance n'avait pas débouché sur un nouveau médicament. En effet, l'arnica demeure toxique s'il est administré par voie interne. Mais quelques années plus tard, j'ai entamé avec Pierre Girard, chercheur à l'ICSN, l'étude d'une autre flavone similaire, la quercétine. On a pu alors révéler un mécanisme biologique inédit. Cela nous a amené à penser que la quercétine jouerait un rôle préventif à l'égard des attaques cérébrales. L'arnica de notre enfance a encore bien des secrets pharmacologiques à livrer.

A la lumière des avancées scientifiques récentes, partir à la redécouverte de « vieilles » plantes pourrait sûrement déboucher sur des traitements innovants. Néanmoins, et cela se comprend, les scientifiques sont davantage motivés par des champs d'investigation inédits. Là encore, la nature les comble. 99 % de ses richesses, sur terre et sous l'eau, reste à observer. Hélas le nombre de spécialistes capables de reconnaître les espèces inédites, les identifier et les nommer se fait de plus en plus rare. Au moment où il devient urgent de dessiner les contours de la planète vivante, de jeunes cartographes de la biodiversité doivent être formés au plus vite.

Les plantes, insectes et autres créatures du globe apporteront encore des réponses pertinentes et des remèdes bienvenus à ceux qui les guettent. Le jeu en vaut la chandelle. Le marché des médicaments venus de la nature s'élève à trente milliards de dollars par an. Mais les estimations les plus folles circulent sur la valeur des remèdes qui restent à découvrir. Cent, quatre cents milliards de dollars ? Et surtout combien de malades aujourd'hui dans l'attente d'un traitement à leurs maux pourraient bénéficier des largesses de la nature ? Nul ne peut le prédire. Il est temps de se plonger dans le monde infini des plantes, faire le pas dans l'univers des insectes, pêcher les molécules au milieu des mers. Les réussites thérapeutiques du passé nous font comprendre le poids de la nature dans la pharmacie actuelle. Or, il ne s'est agi jusqu'à présent que de gravir une toute première marche. Le potentiel futur des substances naturelles est à la hauteur de la prodigieuse diversité du vivant. Infini !

3.

La ruée vers l'or vert

> « Pour élaborer les techniques permettant de changer des graines ou racines toxiques en aliments, ou bien encore d'utiliser cette toxicité pour la chasse, la guerre, le rituel, il a fallu, n'en doutons pas, une attitude d'esprit véritablement scientifique, une curiosité assidue et toujours en éveil, un appétit de connaître pour le plaisir de connaître... »
>
> Claude Lévi-Strauss, *La Pensée sauvage*

« Chaque fois que je pars en exploration, je me demande si tel insecte ou telle plante inconnue que nous ramenons servira à guérir le cancer ou le sida », s'interroge Edward O. Wilson, botaniste à l'université d'Harvard. La nature constitue un réservoir exceptionnel de molécules utiles. Il n'est pas l'unique gisement possible, mais le plus important. Ce constat, les hommes le font aujourd'hui comme ils l'ont fait depuis toujours. Les scientifiques, d'hier et d'aujourd'hui, en expédition aux quatre coins du monde suivent les traces des explorateurs des siècles derniers. Novembre 1766, Louis-Antoine de Bougainville, accompagné du naturaliste Philibert Commerson, embarque sur la *Boudeuse* pour un voyage autour du monde, et rapporte diverses plantes exotiques dont la frêle bougainvillée. Janvier 2000, des botanistes et entomologistes du Muséum national d'histoire naturelle et du CNRS embarquent à leur tour sur une *Boudeuse* moderne pour une expédition intitulée « L'esprit de Bougainville ». Leur mission : inventorier les richesses naturelles de l'archipel des Calamians et des Semirara au nord de Bornéo. Les explorateurs se suivent et se ressemblent. Depuis l'époque égyptienne, ils parcourent la planète à la poursuite d'espèces inconnues ou de plantes étonnantes aux vertus médicinales. Et leur quête n'a aucune raison de s'arrêter en si bon chemin.

En 1985, Norman Farnsworth comptabilisait 119 médicaments directement issus des plantes. Parmi ces remèdes figurent des antalgiques célèbres, la codéine et la morphine, mais aussi la digitaline qui renforce et régularise le rythme cardiaque, la quinine, antipaludéen, la réserpine tranquillisante, la vinblastine et la vincristine antitumorales... Moins d'une centaine de plantes ont donné naissance à cet arsenal pharmaceutique. Le calcul est vite fait. Sur un ensemble de 250 000 végétaux recensés, combien de principes actifs s'y cachent encore ? Et si l'observation du monde animal ou bactérien s'avérait aussi féconde ? Alertés par ce gisement, les scientifiques se mettent à passer au crible les plantes, de la racine jusqu'aux fruits, mais également les reptiles, les amphibiens ou les insectes. Les biologistes marins pénètrent au cœur des récifs coralliens pour dénicher des composés anticancéreux ou anti-inflammatoires. Les mycologues collectionnent des fragments de sol pour dégoter de nouveaux antibiotiques. La moindre parcelle de vivant est sous haute surveillance.

Vous avez dit... métabolite ?
De la cellule originelle à l'organisme entier, tout se transforme continuellement. Ces changements biochimiques et énergétiques constituent le métabolisme de l'être vivant. Le corps ressemble alors à une véritable usine de production à haut régime. Pour faire tourner la machine, des ingrédients de base sont nécessaires. Ces substances, nécessaires à la vie de la cellule, sont les métabolites primaires. Briques constitutives de la membrane ou substances de réserve, ces molécules se répartissent en trois familles : les protéines, les lipides et les glucides. *Via* ces molécules, d'autres substances sont sécrétées. Ce sont les métabolites secondaires. Dans la plante, on les trouve nichées dans les cellules des feuilles, de l'écorce, des graines. Selon leur particularité et leur structure chimique, elles appartiennent à diverses familles : alcaloïdes, flavonoïdes, terpènes... Ce sont ces dernières, petites molécules ultra spécifiques du vivant, qui intéressent les pharmacologues.

Une véritable ruée vers l'or vert commence. Dans l'urgence. Au cœur des forêts primaires et des récifs de corail, les menaces sur la biodiversité fragilisent chaque jour un peu plus ces coffres-forts emplis de molécules utiles. A mille lieues de là, dans les laboratoires et les hôpitaux, les chercheurs et les cliniciens sont en quête de traitements innovants pour lutter contre le cancer, le sida, les maladies cardiovasculaires et neurologiques, les affections tropicales... Mais les chances sont faibles de tomber justement sur « la » molécule utile à la thérapeutique en plein cœur de la jungle. La course doit être orientée par une démarche systématique. Selon les interlocuteurs, les logiques divergent. Côté lièvre, l'industriel privilégie la collecte tous azimuts aux quatre coins du monde. Contraint par une rentabilité à court terme, il choisit d'effectuer un maximum d'essais sur de multiples échantillons afin d'augmenter ses chances d'identifier rapidement une substance active. Côté tortue, le chercheur pharmacologue dispose de moyens financiers moindres. Il opte pour une démarche, sans doute lente, mais plus ciblée. Il s'appuie, auprès des ethnopharmacologues, sur les savoirs médicaux des peuples autochtones. Ou se fonde sur les connaissances phytochimiques des spécialistes de « chimiotaxonomie ». Aucune de ces méthodes ne s'exclue *a priori*. La découverte d'un médicament repose souvent sur des allers et retours complémentaires entre ces trois démarches.

Des robots et des plantes

Occupés à se concocter de gigantesques banques de molécules par les techniques de synthèse combinatoire — fabrication automatisée de milliers de substances artificielles —, les industriels pourraient dédaigner les gisements de la nature. Loin s'en faut. Ils y regardent de très près. D'autant qu'ils possèdent de splendides outils de criblage, capables d'évaluer des milliers de molécules par jour. Tous les moyens sont bons pour augmenter les chances de tirer le bon numéro ! Le criblage robotisé à grande échelle va généralement de pair avec une collecte laissée au hasard. L'essentiel est de ratisser large, dans toutes les régions du monde. Quitte à ramasser des échantillons de façon aléatoire. Toute plante, insecte et micro-organisme de la planète va passer à la moulinette de ces robots. Pourtant cette cueillette arbitraire est sujette à caution. Elle coûte cher et implique des campagnes de prospection de grande envergure. Certains l'affirment, cette méthode serait moins productive qu'une recherche ciblée. Au dernier Congrès International de botanique, en août 1999, David Kingston de l'université polytechnique de Virginie en apporte la preuve. 2,8 % des échantillons récoltés au hasard dans la jungle du Surinam ont révélé une activité anticancéreuse et antifongique contre 3,8 % des échantillons recueillis avec les méthodes de l'ethnobotanique. Travaillant sur des extraits de plantes « puissantes » fournies par des guérisseurs de Belize, Michael Balick démontre qu'elles ont une activité à l'égard du virus du sida quatre fois supérieure à celle d'échantillons aléatoires. Il effectue la même démonstration dans le domaine cardiovasculaire. Sur 31 espèces recueillies par la voie ethnographique, 4 (*Chamguava gentlei*, *Alseis yucatanensis*, *Licaria peckii* et *Nectandra salicifolia*) se sont révélées être de puissants agents de relaxation des muscles vasculaires. En revanche aucune des 32 espèces récoltées au hasard n'a produit d'effet antihypertenseur. Malgré ces arguments, les industriels demeurent peu enclins à tenter une approche ethnopharmacologique, souvent considérée comme aléatoire, difficile et source d'ennuis...

A l'écoute des guérisseurs

En Nouvelle-Calédonie, un ami pharmacien, Théo Tonnelier, connaissait beaucoup de monde sur l'île. Grâce à lui, j'ai rencontré un guérisseur lors d'une mission de quelques semaines dans la forêt primaire. L'homme me montra une plante côtière qui soignait l'inflammation des ganglions. Semblable à un gros haricot, cette espèce s'appelle *Canavalia maritima.* On en extrait les canavalines déjà connues. Dans l'enquête ethnobotanique, il faut d'abord croire puis vérifier scientifiquement l'activité thérapeutique.

De nombreux médicaments ont été découverts grâce à l'observation de pratiques traditionnelles. La quinine chez les Péruviens, l'artémisinine chez les Chinois, la réserpine chez les peuples de l'Inde... Et la digitaline chez les

Anglais ! 1785. Une vénérable paysanne du Comté de Shropshire, en Angleterre, soigne les personnes souffrant d'œdèmes (dus à une insuffisance cardiaque) à l'aide des feuilles séchées de digitale. William Withering, médecin de la région, tient ce renseignement de la guérisseuse elle-même. Il confirme l'intérêt de la digitale au moyen d'une étude clinique, étudie la marge étroite entre la dose efficace et la dose toxique et en popularise l'emploi. Il montre que ce remède a des pouvoirs puissants sur les mouvements du cœur. Au cours du XIXe siècle, un concours est lancé par la Société de pharmacie de Paris afin d'extraire le principe actif ce qui permettrait de ne plus utiliser une « drogue brute ». En 1867, Claude-Adolphe Nativelle parvient, après vingt-cinq ans d'efforts, à la digitaline purifiée. Surnommée « l'opium du cœur », la digitaline va soulager des millions d'insuffisants cardiaques. La digitoxine, nom savant de la digitaline, et la digoxine extraites de *Digitalis purpurea*, tiennent toujours une place de choix dans la thérapeutique cardiovasculaire. La vieille guérisseuse anglaise peut se targuer d'avoir sauvé des millions de vies humaines !

Récemment, un remède transmis depuis des lustres a été également placé sur le devant de la scène scientifique. Le qinghao, *Artemisia annua*, était mentionné dans des ouvrages de médecine chinoise datant de près d'un millénaire. En 1972, des chercheurs chinois ont redécouvert l'action de cette plante et en ont isolé l'artémisinine, une substance active contre le paludisme. Dans le domaine cosmétique, la démarche ethnopharmacologique est aussi à l'honneur. Pierre Cabalion, à l'Institut de recherche pour le développement de Nouvelle-Calédonie, a recherché pour le compte de la société Christian Dior des espèces végétales réputées pour leur vertu dermoprotectrice. A partir des pharmacopées traditionnelles océaniennes, il a sélectionné 68 plantes néo-calédoniennes. Validés par des essais en laboratoire, des extraits de 6 de ces plantes ont été retenus et brevetés pour leur action antioxydante sur la peau.

Pourquoi puiser à la source des savoirs ancestraux ? Les ethnobotanistes répondent haut et fort : 24 000 plantes sont utilisées en médecine traditionnelle dans le monde entier. Et deux ténors américains de l'ethnopharmacologie, Paul Cox et Michael Balick, enfoncent le clou : quand les peuples vivent depuis plusieurs décennies dans des régions où la flore est variée, et transmettent leurs remèdes de génération en génération, alors l'utilisation d'une plante médicinale procure autant d'informations pertinentes que des essais cliniques à grande échelle. Au fil des siècles, les peuples ont sélectionné les espèces végétales les plus actives et éliminé les plantes toxiques. Ce premier tri empirique facilite l'orientation des chercheurs dans leur course au médicament au milieu de la jungle.

Une enquête ethnopharmacologique débute à partir de sources écrites, peu nombreuses et souvent incomplètes. Il faut partir sur le terrain. Le savoir naturaliste extrêmement développé des guérisseurs traditionnels demande à l'ethnologue des capacités pluridisciplinaires. Claude Lévi-Strauss le mentionnait déjà au début des années 60, en relatant les dons d'observation des peuples de la forêt : « Devant tant de précision et de minutie, on se prend à déplorer que tout ethnologue ne soit pas aussi un minéralogiste, un botaniste et un zoologiste, et même un astronome... » Une équipe de recherche, associant un ethnobotaniste, un pharmacien, voire un médecin et un linguiste fournit cette multidisciplinarité idéale mais le nombre ne facilite pas les confidences auprès d'un guérisseur. Il faut pouvoir être introduit auprès des médecins traditionnels. Ensuite l'enquête dure des jours, des mois, voire des années au contact des populations.

Paul Cox, ethnobotaniste à l'université Brigham Young dans l'Utah, est ainsi retourné plusieurs fois chez les Samoans. En 1984, Mariana Ilo, guérisseuse sur l'île de Samoa, lui confie le secret d'un remède contre la fièvre jaune. Elle coupe les tiges d'un arbre, *Homolanthus nutans*, puis fait macérer des copeaux de ce bois dans l'eau bouillante. Cette décoction est donnée aux malades atteints d'infection virale. Convaincu de l'importance d'utiliser les plantes fraîches comme la guérisseuse, Paul Cox ramène alors l'échantillon dans une solution liquide à 70 % d'alcool pour le tester dans les laboratoires du National Cancer Institute américain. Les analyses faites sur l'extrait montrent qu'il contient un composé actif contre le virus du sida. Cette substance, la prostratine, déjà connue des chimistes, reste à étudier pour cette activité antivirale particulière. D'autres exemples abondent. Au Pérou, des chercheurs ont recueilli la sève d'un arbre. Les Jivaros s'en servaient pour cicatriser les blessures rapidement. Le composé actif contenu dans la sève, la taspine, est en cours d'expérimentation. En Bolivie, Alain Fournet, ethnopharmacologue à l'Institut de recherche pour le développement, recherchait des remèdes contre la leishmaniose cutanée. Introduit auprès des Indiens chimanes, il examina l'écorce de l'arbuste eventa. Les Indiens en font des cataplasmes sur les plaies dues à la leishmaniose. Avec les pharmacologues d'Angers et de Châtenay-Malabry, il isola une famille de molécules, baptisées les chimanines, extrêmement actives contre cette maladie tropicale. En plus des plantes, les ethnopharmacologues étudient des pratiques moins répandues. Robert Pemberton de l'US Department of Agriculture a enquêté auprès des médecins coréens qui emploient insectes et scorpions dans leur pharmacopée traditionnelle. De même, dans la région de Bahia au nord-est du Brésil, des chercheurs étudient les préparations médicales réalisées à partir de scorpions, de poissons, de reptiles, d'oiseaux et de mammifères... utilisées contre les affections respiratoires.

Malgré des résultats d'enquête passionnants, on reproche souvent aux ethnopharmacologues un manque de précision dans les indications médicales ou botaniques qu'ils recueillent. Il est difficile de traduire des pratiques empiriques en termes pharmacologiques et plus généralement scientifiques. Conscient de cette faiblesse, Norman Farnsworth du collège de pharmacie à l'Université de l'Illinois, a développé une base de données Napralert (Natural Product Alert). Ce catalogue recense une multitude de données relatives à l'ethnomédecine, la pharmacologie ou la chimie. Chaque information intégrée doit être rigoureuse, indiquer les usages médicaux précis, accompagnés de données exactes sur les espèces botaniques. Confrontés à la rigueur des procédures de laboratoire, les chimistes sont souvent déçus du résultat de la cueillette d'ethnopharmacologues enthousiastes. Un extrait de plantes, actif biologiquement, aboutit parfois à isoler des molécules banales, déjà connues. Que de désillusions ! De plus, l'ethnopharmacologie demeure circonscrite à l'étude des plantes supérieures et dans une moindre mesure aux insectes. L'usage des micro-organismes invisibles à l'œil nu est extrêmement rare parmi les populations traditionnelles. Les difficultés de cette discipline expliquent le peu d'enthousiasme des chercheurs en sciences pharmacologiques et thérapeutiques pour ces investigations. Néanmoins les ethnopharmacologues poursuivent leur œuvre. Pressés par l'urgence. Chaque année, des guérisseurs rejoignent les dieux qu'ils ont chéris sans transmettre leurs connaissances. Ils emportent avec eux la mémoire « médicinale » d'un peuple dont ils avaient hérité de plusieurs siècles de tradition. Des détracteurs accusent les ethnologues de piller sans vergogne les dernières bribes de savoirs des chamans et des guérisseurs. Faut-il préférer l'oubli à une transmission même imparfaite ? Les savoirs accumulés au sujet des plantes vont-ils s'évanouir plus vite que les forêts elles-mêmes ?

Sur la piste des plantes

15 heures. Le soleil baisse sur l'horizon apportant un peu de fraîcheur dans le campement de toile. Les fatigues de la marche commencée tôt le matin sont oubliées. Vite, les feuilles et les fruits des plantes recueillies sont placés sur un grillage, séchés et étiquetés. Leurs descriptions sommaires noircissent les pages du carnet de bord. Une fois la moisson du jour à l'abri, il est temps de s'occuper des échantillons récoltés la veille. Ecrasées dans un mortier, quelques feuilles donnent un jus verdâtre. Quelques gouttes de réactif sont ajoutées. Cela suffit à donner une réponse rapide, bien que sommaire, sur la présence de tel composant chimique. Pendant un mois et demi, Lucile Allorge, botaniste au CNRS, arpente les forêts primaires de Madagascar ou la jungle inhabitée de Guyane. Elle revient chargée de 80 kilos de plantes séchées, soit près de 700 échantillons végétaux. Sa mission : découvrir de nouvelles espèces dans des zones inexplorées sans oublier de ramener une douzaine d'échantillons pour les grands herbiers internationaux. Elle en profite pour récolter quelques spécimens précis de végétaux pour nous autres, chercheurs en pharmacologie.

Le botaniste de terrain traque des familles particulières dont il sait qu'elles renferment des composés chimiques doués d'activité biologique. Pour dénicher des alcaloïdes, il suivra la piste des *apocynaceae* (vinblastine, réserpine), des *rubiaceae* (quinine, caféine) ou des *logania-*

ceae (strychnine). Pour dénicher des diterpènes ou des hétérosides cardiotoniques, il orientera sa cueillette vers les *lamiaceae* ou les *liliaceae* (colchicine, vératrine)... Ce jeu de correspondance entre espèce végétale et substance chimique s'appelle la chimiotaxonomie. Au fait de ces liens étroits entre plante et chimie, les chercheurs s'orientent vers les espèces végétales d'une même famille, connue pour renfermer des métabolites secondaires dignes d'intérêt. A l'intérieur d'une lignée végétale, la diversité chimique est considérable, en raison des mutations apparues au cours de l'évolution. Le bon Dieu n'a attendu personne pour mettre en œuvre sa propre chimie combinatoire ! Il faut dire qu'il a mis quelques millions d'années pour parachever son travail. Charge aux botanistes et aux chimistes de décoder cette diversité naturelle.

Très systématique, la méthode assure le recensement de toutes les plantes à alcaloïdes mais ne débouche pas toujours sur la mise en évidence de molécules originales. En revanche elle permet d'effectuer des missions ciblées. A la fin des années 60, des chimistes découvrent que l'ellipticine issue des *Ochrosia* possède une activité antitumorale. Seuls quelques rares Ochrosias (*Ochrosia borbonica*) identifiés sur l'île de la Réunion contiennent la molécule mais en trop faible quantité pour effectuer l'évaluation clinique. Envoyés en Nouvelle-Calédonie, les botanistes ont inventorié les espèces d'Ochrosias de l'île. A partir des extraits de ces végétaux, une molécule dérivée de l'ellipticine a permis de poursuivre les recherches pharmaceutiques. Une telle approche purement scientifique se double parfois d'observations sur les pratiques médicales locales. Lucile Allorge, lors de ses missions à Madagascar, travaille avec les médecins qui utilisent des plantes médicinales. Dans une maternité, elle s'est penchée sur les soins apportés aux nouveau-nés. Telle crème à base de plante fait durcir les fontanelles, telle autre fleur blanche est employée pour désinfecter les yeux des enfants... Ces informations précises, glanées ici ou là, couplées aux noms des plantes, permettent de mettre le doigt sur des remèdes novateurs.

Des défenses chimiques

Au-delà de cette approche phylogénique, botanistes et écologues écoutent le dialogue chimique établi entre les plantes et leurs prédateurs, insectes et parasites. Ces relations de voisinage se déroulent toujours par l'intermédiaire de substances de défense ou d'attirance. Ce sont de véritables drames miniatures qui se trament sous nos yeux à partir de quelques molécules volatiles ! Prenez le chou de Bruxelles tout en rondeur. Attaqué par une horde de papillons herbivores, ce brave *Brassica oleracea* dégage des substances chimiques dans son environnement aérien. Aussitôt, une horde de parasites, ennemis jurés des papillons, débarquent et se chargent de défendre le chou agressé. Une telle stratégie semble économique autant qu'écologique. Pas besoin d'utiliser d'armes chimiques à tort et à travers. Le chou n'émet ses effluves défensives qu'au moment de l'attaque ! Sur un mode poétique, la cohabitation entre fleurs et papillons prend des tournures plus paisibles. Les ravissants papillons que sont les *Danainae* se nourrissent de fleurs communes du bord des routes, les séneçons. En se penchant sur leurs habitudes alimentaires, les chimistes ont mis au jour les raisons de ce régime équilibré. Les papillons puisent dans ces plantes des alcaloïdes nécessaires à l'élaboration de phéromones et de substances de défense. Sans l'aide des fleurs, les papillons seraient tout simplement sans défense et impuissants à attirer leur belle. Etudiée pour ses vertus écologiques, la communication chimique ouvre des voies de recherche intéressantes. La meilleure preuve reste le neem (*Azadiracta indica*), un arbre d'Afrique et d'Asie qui renferme des substances insecticides, les azadirachtines. Ses fruits, graines et huiles ont déjà été préconisés dans la médecine ayurvédique. Redémontrée en 1962 par un chercheur indien Pradhan, l'action insecticide du neem sur le criquet a été développée dans les années 80. Sa propriété est hautement écologique puisque le neem agit sur le cycle reproductif en empêchant la ponte des insectes, notamment les criquets. La protection des cultures n'est pas la seule qualité du neem. Des effets anti-inflammatoires, antirhumatismaux, antidiabétiques ont été mis en évidence. Les graines sont anti-infectieuses, parasiticides, antilépreuses...

Les animaux pharmaciens

Parfois ce sont les animaux eux-mêmes qui conduisent les scientifiques sur la piste de molécules dignes d'intérêt. A croire que certains mammifères sélectionnent eux-mêmes des espèces de plantes, pas seulement pour se nourrir mais pour se soigner. Si le concept de médicament demeure l'apanage de l'espèce humaine, certaines observations du comportement animal restent troublantes. Une légende des indiens Navajos raconte comment les ours apprennent aux hommes à utiliser une *Apiacea*, le ligusticum, pour se soigner. Inspirés par ce mythe, des chercheurs ont étudié les ours kodiac en train de mâcher les racines de ligusticum, et d'enduire leur fourrure et leurs pieds de ce mélange poisseux. Des analyses chimiques sur un extrait de cette plante ont révélé la présence de coumarines. Or cette famille de molécules thérapeutiques est justement préconisée chez l'Homme dans le traitement des maladies de peau, du cœur et des attaques cérébrales. Pure coïncidence ? En compagnie des chimpanzés de Tanzanie, l'anthropologue Richard Wrangham suit de près leur comportement alimentaire étrange. Parfois les primates parcourent d'immenses distances pour dénicher des feuilles d'*Aspilia mossambicensis* et s'en rassasier. Intrigué par ce régime inhabituel, le chercheur fait analyser les composés présents dans la plante. Surprise ! La substance chimique présente, la thiarubrine A, possède des propriétés vermifuges et antiparasitaires. Tout aussi étonnants sont les comportements au moment de la reproduction. Certaines guenons de Centre-Afrique ingèrent des plantes avant et après les périodes de reproduction et à aucun autre moment de l'année. Et que dire des éléphantes d'Afrique qui parcourent plus de vingt kilomètres pour se nourrir des feuilles de la famille des *Borraginaceae* avant de mettre bas quelques jours plus tard... Les animaux usent-ils d'une protopharmacie ? Est-ce une piste supplémentaire dans la recherche de molécules à usage vétérinaire ou même pour le traitement des maladies de l'homme ?

Un laboratoire de campagne

De l'écoute des guérisseurs à l'observation détaillée de la flore et de la faune, les voies de prospection sont diverses et complémentaires. Botanistes, entomologistes, ethnopharmacologues, anthropologues et médecins sont liés dans cette recherche de substances actives. La période de cueillette est capitale. C'est la présence de fleurs et de fruits qui rendra possible l'exacte identification botanique. De retour au laboratoire, il sera difficile de conduire une étude poussée si les espèces ont été mal déterminées. Progressivement, des mini-laboratoires s'immiscent discrètement entre les lianes de la forêt primaire. Il y a vingt ans, les toutes premières vérifications pharmacologiques prenaient six mois après le retour d'une mission. Les outils d'analyse rapides raccourcissent ce délai. Avec des tests chimiques et biologiques simples, les chercheurs peuvent modifier ou confirmer leur piste d'investigation en pleine brousse. Comme l'explique l'ethnobotaniste Mark Plotkin : « Maintenant nous pouvons emporter des trousses de réactifs qui nous permettent de faire des essais préliminaires directement dans la forêt tropicale. En travaillant avec des scientifiques locaux, nous pouvons installer des laboratoires au cœur de la jungle. C'est un changement majeur. » En Malaisie, certains essais biologiques simples sont réalisés le plus près possible du terrain afin d'orienter les récoltes ultérieures. Ainsi, explique Thierry Sévenet, directeur de recherche à l'ICSN : « On observe l'action d'un extrait brut sur la germination des grains de blé afin de mettre en évidence une activité antibiotique ; sur la crevette d'eau douce *Artemia* pour révéler une activité biologique ou encore sur des lignées de cellules cancéreuses pour dépister des substances cytotoxiques. »

Si l'exploration des régions tempérées peut donner des résultats inédits, l'effort de prospection se concentre avant tout autour de la zone tropicale. Il s'agit d'examiner avant qu'il ne soit trop tard les ressources de ces forêts primaires. La flore tropicale qui compte à elle seule 180 000 espèces se répartit comme suit : 40 % en Amérique tropicale, 25 % en Asie, 20 % en Afrique tropicale, 10 % en Australie et 5 % à Madagascar. Les chercheurs choisissent en priorité ces aires extrêmement riches pour en faire leurs sites d'exploration. Par ailleurs, des choix scientifiques (visée thérapeutique et botanique), des orientations politiques (coopération privilégiée avec un pays), des liens historiques ou des critères économiques (aide d'un industriel ou d'un état) participent à la définition des missions de bioprospection.

Des campagnes nationales

« Dans vingt ans, nous aurons vaincu le cancer », affirmait Richard Nixon en 1971. Cette déclaration intempestive fait tristement sourire aujourd'hui. Dans l'ambiance morose des années 70, alors que l'Amérique s'embourbait dans l'enfer vietnamien, Nixon voulait prendre sa revanche. En réponse au défi réussi par John Kennedy — « L'homme marchera sur la Lune avant la fin des "sixties" » — le Président républicain avait promis de gagner la guerre contre le cancer, appuyant ses dires sur la mise en œuvre de moyens financiers et humains considérables. Dans la lignée des avancées médicales réalisées lors de la Seconde Guerre mondiale, les équipes scientifiques se devaient de mettre la main sur « la pénicilline du cancer ». Ce soutien national entérinera la mission du National Cancer Institute, lancé dans une vaste campagne d'inventaire, afin de découvrir des sources d'agents anticancéreux. Pendant une vingtaine d'années, les botanistes du département d'agriculture américain (USDA) sillonnent les Etats-Unis et les régions tempérées et collectent 35 000 échantillons représentant près de 12 000 espèces de plantes. Après avoir testé 114 000 extraits sur des modèles animaux leucémiques, les chercheurs retiennent 7 % des espèces pour leur activité cytotoxique. 700 composés antitumoraux sont mis en réserve. Mais aucune des 20 molécules retenues pour les études cliniques ne se montre suffisamment efficace ou non toxique pour aboutir à un médicament. La mise en évidence d'une molécule antitumorale, le Taxol, restera même lettre morte pendant dix ans. Malgré le relatif échec et la faible productivité de cette exploration à grande échelle, le programme de criblage a été prolongé dans 25 pays des régions tropicales et subtropicales. Trois contrats de prospection sont signés pour cinq ans avec le Missouri Botanical Garden, le New York Botanical Garden et l'université de l'Illinois à Chicago absorbant 2,7 millions de dollars. En 1991 le National Cancer Institute renouvelle ces contrats de collecte à hauteur de 3,8 millions de dollars. L'Institut américain finance également un programme de cinq années de recherche

(2,9 millions de dollars) pour le criblage de substances d'origine marine. Il est encore trop tôt pour connaître les retombées d'un tel programme. En 1996, près de 45 000 échantillons de plantes sont emmagasinés et 87 000 extraits sont déjà passés au crible des tests *in vitro*. Les cibles biologiques ont changé. A la multiplicité des tests sur les lignées tumorales (spécifique de la leucémie, du cancer du sein, du cerveau, du côlon, des poumons, des ovaires, de la prostate, du rein...) s'ajoutent les essais sur des cellules infectées par le virus du sida. Aujourd'hui les fruits de cette cueillette monumentale sont en attente. Gordon Cragg du National Cancer Institute annonce deux molécules actives sur le virus du sida : « La michellamine B, isolée des feuilles d'une liane camerounaise, *Ancistrocladus korupensis*, et les calanolides isolées du *Calophyllum*, cueilli en Malaisie sont en cours d'évaluation clinique. »

Coopération universitaire

Contrairement aux immenses campagnes de prospection américaines menées tambour battant, les laboratoires français et européens, qui disposent de finances plus modestes, optent pour des collaborations à long terme avec les pays d'accueil. La taille des missions de prospection est loin du gigantisme américain. Dans notre Institut de chimie des substances naturelles, chaque année, six cents plantes récoltées sont analysées et étudiées pour leur activité. Sur le terrain, la collecte et l'identification des espèces recueillies sont souvent menées en liaison avec l'IRD (ex-Orstom) et le Muséum. Les études en laboratoire bénéficient du travail en réseau avec des équipes de recherche de métropole (Strasbourg, Toulouse, Bordeaux, Reims, Angers, Paris) ou des Dom Tom (Réunion, Nouvelle-Calédonie). Très tôt, nous avons organisé des missions d'exploration en choisissant des zones de fort endémisme dans le monde. Grâce au botaniste Pierre Boiteau, Malgache d'adoption, j'ai sillonné à plusieurs reprises l'île de Madagascar. Une coopération fructueuse, démarrée à cette époque, dure toujours. En 1968, nous décidions d'implanter un laboratoire en Nouvelle-Calédonie. Thierry Sévenet, alors tout jeune pharmacien, s'y rendit au titre du service d'assistance technique. Avec l'aide de l'IRD (ex Orstom) et du Centre technique forestier tropical, il démarra le laboratoire des plantes médicinales du CNRS. Cette unité existe toujours avec un pharmacien et un botaniste. Depuis 1997, un Groupement d'intérêt scientifique « substances naturelles du Pacifique Sud » réunit le Cirad, le CNRS, la société Cosmécal, l'IRD et l'université de Nouvelle-Calédonie. Onze projets en cours témoignent de l'intérêt croissant autour des molécules du bout du monde. En Asie du Sud-Est, les végétaux des forêts nord-thaïlandaise, malaise et vietnamienne demeurent très peu étudiés sur le plan chimique. En coopération avec l'université de Malaya à Kuala Lumpur (Malaisie), nous avons lancé une mission du CNRS depuis 18 ans pour examiner la flore de la péninsule malaise sur le plan chimique et biologique. Le maintien d'une équipe de recherche sur place s'élève à un demi-million de francs par an. Au Vietnam, une mission de coopération est établie à Hanoi depuis 1994. De façon moins institutionnelle, notre réseau compte aussi plusieurs pays : la Chine, le Mexique, le Brésil, la Bolivie, la Colombie, les pays d'Afrique du Nord et d'Afrique occidentale, etc. A chaque fois, les modalités de fonctionnement demeurent identiques. Elles sont fondées sur le partage des redevances éventuelles, en cas de découverte, avec le pays concerné. Depuis 1992, année de la convention de Rio, chaque pays est devenu responsable et propriétaire de sa biodiversité.

Les missions de prospection intègrent petit à petit cette nouvelle composante. Lancé par Joshua Rosenthal, en 1992, le programme ICBG (International Cooperative Biodiversity Group) poursuit un triple objectif : découvrir des substances actives contre certaines maladies tout en préservant la biodiversité par des actions de conservation appropriées. La composante économique promet le partage des bénéfices par des redevances ou de l'aide technique et scientifique. Ce programme est soutenu financièrement par les agences fédérales américaines (National Institutes of Health, USDA, National Science Fondation). Entre 1993 et 1998, cinq missions se sont déroulées en Amérique du Sud (Pérou, Costa Rica, Surinam, Chili, Argentine) et en Afrique (Cameroun et Nigeria). A ce jour, 4 000 espèces de plantes et d'animaux ont été examinées sur le plan biologique, couvrant 13 domaines thérapeutiques. Des tests ont été menés sur 7 000 échantillons. Les chercheurs ont identifié plus de 35 têtes de série chimiques prioritaires. Un des groupes de recherche a découvert 3 nouveaux composés, isolé 10 composés biologiquement actifs et synthétisé 5 composés analogues pour de prochaines recherches. Aujourd'hui, de nouvelles équipes ont rejoint le programme ICBG relancé en 1998. Elles prospectent au Mexique (la région des Chiapas), au Panama, au Vietnam et au Laos. Ces projets de recherche font intervenir des universités américaines et plus d'une vingtaine d'universités des pays prospectés, mais aussi les industriels de la pharmacie, notamment Bristol-Meyers-Squibb, Monsanto, Glaxo Wellcome, Molecular Nature, Shaman Pharmaceuticals...

Prospection industrielle

Les industriels ne sont pas en reste pour prospecter de leur côté. L'un des exemples marquants de la décennie 90 est la collaboration de la firme pharmaceutique Merck Sharp & Dome au Costa Rica. Rappelons que ce minuscule pays renferme près de 5 % de la biodiversité mondiale. Une véritable mine d'or pour les naturalistes de tout poil !

Un paradis cher payé ?
En septembre 1991, un premier accord est signé entre Merck et le laboratoire privé INBIO (Istituto Nacional de Estudios sobre la Biodiversidad). La société pharmaceutique apporte dans ses valises 1 million de dollars sur deux ans, ce qui représentait à l'époque une part assez minime du budget de recherche de Merck. Elle fournit également de l'aide technique et scientifique pour le fonctionnement de l'Institut de recherche, chargé d'inventorier et de collecter des échantillons de plantes, d'insectes et de micro-organismes. En échange de quoi Merck a la possibilité de passer au crible, développer et breveter les nouveaux composés issus de ces ressources. En cas de brevet commercialisé, 5 % des royalties sont reversés à l'INBIO dans le but de promouvoir la recherche, la conservation et la formation à la biodiversité. Critiqué par les institutions nationales costaricaines qui y voyaient la confiscation et la vente d'une ressource nationale sans prise en compte des intérêts nationaux, ce contrat fut peu à peu modifié. 50 % des royalties dévolus à l'INBIO sont maintenant attribuées aux parcs nationaux. C'est le premier exemple d'un arrangement commun pour vendre d'un côté les ressources génétiques à l'échelle d'un pays et payer de l'autre pour les obtenir.

D'autres collaborations ont démarré avec les populations locales, sous le signe du partage des bénéfices. L'exemple de Shaman Pharmaceuticals est à ce titre démonstratif. Jeune start-up pharmaceutique, cette entreprise favorise l'approche ethnopharmacologique auprès des guérisseurs pour mettre en lumière des molécules intéressantes. Travaillant auprès de la tribu équatorienne les Quichuas, Shaman Pharmaceuticals préconisait la compensation immédiate et le partage des bénéfices en cas de mise sur le marché. Pourtant à ce jour, les deux brevets déposés sur des dérivés du « sang-dragon », une plante aux propriétés antivirales, restent semble-t-il au seul nom de la société américaine. Par ailleurs, Shaman Pharmaceuticals, en mauvaise posture économique, annonce régulièrement sa renaissance. De l'autre côté du globe, l'Institut de biotechnologie marine japonais collecte régulièrement des échantillons marins aux abords de l'île de Yap (en Micronésie) et d'autres îles du Pacifique. En échange, les autorités de Micronésie reçoivent des rapports de recherche, des analyses de la qualité de la mer et une formation pour les chercheurs locaux... Certains industriels préfèrent puiser dans les collections botaniques existantes. Ainsi Glaxo Wellcome a un contrat avec le jardin botanique de Londres (Kew Gardens) pour passer au crible ses collections. D'autres prospectent dans leur propre pays ou dans les régions tempérées. Pfizer a déboursé plus de deux millions de dollars au bénéfice du New York Botanical Garden chargé de collecter des plantes américaines.

La course aux médicaments apparaît étonnamment cyclique. A l'heure des gigantesques bases de données de molécules, des robots de criblage automatisé, de la thérapie génique ou du drug design, certains pharmacologues partent en quête de remèdes ancestraux, de substances inconnues, nichées au fond des forêts. A les voir, on se demande si nous ne sommes pas revenus à une économie de cueillette ! Est-ce le retour vers l'odorante herboristerie de grand-papa ? La prospection et l'observation au cœur de la nature ont des attraits bucoliques indéniables mais demeurent un petit pas vers le médicament. La longue marche qui sépare la forêt équatoriale de l'officine s'avère aussi peuplée d'embûches que l'exploration au milieu de la jungle.

4.

De la forêt au laboratoire

> « “Songe donc que si moi, moi le premier ! Si je trouve, si je trouve, si je trouve !” En disant ces mots sur trois tons différents, son visage monta par degrés à l’expression de l’inspiré. “Je fais les métaux, je fais les diamants, je répète la nature”, s’écria-t-il. »
> Honoré de Balzac, *La Recherche de l’Absolu*

Mithridate le Grand, roi du Pont en Asie Mineure, craignait plus que tout les conspirations et les intrigues de la cour. Terrifié à l’idée de mourir empoisonné, il étudia les plantes vénéneuses tant et si bien qu’il fut à l’origine d’un antidote célèbre, la thériaque. Dans cette étonnante formule de 54 ingrédients, son médecin Nicandre inclut les fameuses rondelles de vipère séchées, l’opium, les graines et les écorces mélangées dans de la résine et du miel. La préparation laissée au soleil pour fermenter à volonté et régulièrement agitée jusqu’à devenir noire, ne devait être utilisée que cinq à sept ans après sa fabrication... Cette panacée, améliorée et fort consommée, fut conservée au Codex français (la Pharmacopée officielle) jusqu'en 1884 !

Preuve, s'il en est, qu'un remède « magique » concocté à l'aide de plantes entières ou d'un mélange d'herbes, garde un attrait sans pareil. A la Renaissance, Paracelse préconisait déjà la séparation de la quintessence afin de produire un remède purifié et adapté à chaque maladie. Après la Révolution française, les précurseurs de la chimie moderne jettent les mélanges obscurs dans les cendres de l'Ancien Régime et ne jurent que par les substances pures, identifiées et classifiées. Entre 1800 et 1850, les chimistes vont extraire successivement la morphine de l'opium, la strychnine de la noix vomique, la quinine du quinquina, l'émétine de l'ipéca... quasiment l'ensemble des alcaloïdes contenus dans les plantes. Un mouvement du même ordre agite le cercle médical en France avec René Laennec, Philippe Pinel et François Magendie et son élève Claude Bernard. La révolution bernardienne s'étend au-delà de la médecine vers la physiologie, la pharmacologie et la toxicologie. Il démontre l'effet d'une substance chimique sur le corps humain grâce à l'observation raisonnée des phénomènes physiologiques. Observer, expliquer et vérifier expérimentalement deviennent les trois piliers de la méthode scientifique contemporaine. Désormais la magie ou le mystère ne pourront plus expliquer le pouvoir d'une drogue.

Autour du principe actif, une nouvelle ère s'instaure dans la découverte et l'usage des médicaments. Chimistes des substances naturelles, nous effectuons des manipulations voisines de la pratique de nos illustres prédécesseurs lorsque nous revenons de mission, chargés de plantes rares. Autrefois, le broyage, la mise en suspension et la précipitation des substances pures au moyen de solvants adéquats étaient les principales étapes d'une extraction souvent fruste mais généralement suffisante pour isoler l'essentiel des alcaloïdes ou des hétérosides. Aujourd'hui encore, chaque échantillon de feuille, de fruit, de racines ou d'écorce est broyé afin de faciliter l'extraction. Puis la poudre est mélangée dans différents solvants (eau, éthanol ou acétate d'éthyle). De ce liquide filtré, on évapore le solvant et on récupère un jus concentré. Cet extrait total contient tout un ensemble de composés, alcaloïdes, sucres et graisses, qu'il faut séparer par chromatographie. Mélangé à un deuxième solvant, ce jus indéterminé traverse une colonne verticale remplie de silice. On le chromatographie selon les affinités, les composés chimiques descendent à des vitesses différentes. Il ne reste qu'à récupérer les différentes fractions, à intervalle régulier, au bas de la colonne. La même opération est réalisée sur chaque fraction afin d'obtenir *in fine* des substances chimiques pures. Si le procédé d'extraction et de purification a finalement peu varié en deux siècles, il est maintenant suivi par des analyses chimiques extrêmement sophistiquées. Via des spectromètres de masse et de résonance magnétique nucléaire, on établit la carte d'identité des composés chimiques : le nombre et le type d'atomes qui composent la molécule, sa masse et sa géométrie en trois dimensions. Avec ces indices, le chimiste attribue une dénomination chimique et bientôt un nom de baptême.

Des molécules biologiquement actives

Une fois scrutée sous toutes les coutures, la molécule continue de nous intriguer. Est-elle active sur le corps humain, sur une cellule malade ou une protéine essentielle ? Pourra-t-elle stimuler ou inhiber un récepteur d'action physiologique ? Pour élucider ces énigmes, la seule solution consiste à faire réagir chaque extrait naturel sur une parcelle de vivant. Jusque dans les années 60, le début d'une enquête biologique commençait sur des animaux vivants. On injectait les molécules à des rongeurs. On observait si les animaux tombaient malades, se portaient mieux ou avaient des comportements anormaux... Ainsi l'effet des « gaz moutardes » contre le cancer fut-il mis au jour grâce aux premiers modèles de souris tumorales. Néanmoins, ces expérimentations étaient coûteuses, longues et imprécises. A partir des années 50, d'autres modèles animaux, notamment des souris et des rats porteurs de lignées cellulaires de leucémie, seront utilisés non plus lors d'un criblage à grande échelle mais pour valider une activité précise *in vivo*. Entre-temps le développement des essais *in vitro* a bouleversé la donne. Pratiqués à deux pas des lieux de collecte, les premiers tests de base permettent de déceler rapidement l'activité des extraits végétaux sur des cellules en culture. Par exemple pour détecter si un composé est cytotoxique, on observe de quelle manière il empêche la croissance de cellules KB, une famille de lymphocytes particuliers. D'autres tests antibiotiques, antifongiques sont couramment utilisés pour effectuer un premier tri entre substances actives et inactives. Mais ces résultats ne sont guère spécifiques. Un test « positif » ne donne pas beaucoup d'indices sur le type d'activité biologique. Les progrès de la biologie ont permis de mettre au point des essais mieux ciblés. Les scientifiques, penchés sur les mécanismes moléculaires qui sont mis en jeu à l'intérieur de l'organisme, identifient des cibles biologiques en partie responsables du déclenchement d'une maladie. Par exemple, l'enzyme produite par le virus VIH, la transcriptase inverse, est l'une des clés qui permettent la multiplication du virus. Toute substance capable de bloquer cette enzyme devient un médicament de choix contre l'infection, à condition d'être bien tolérée par l'organisme. Evaluant un large échantillonnage de molécules, les pharmacologues dénichent le composé qui va se lier à l'enzyme et l'empêcher d'agir. Selon ce principe, divers essais ont été développés en fonction des pathologies afin de mettre le doigt sur des molécules d'intérêt pharmacologique.

Rencontre d'une clé et d'une serrure

L'action des molécules extraites des plantes ou des animaux sur l'organisme humain procède peu ou prou de la même manière. Au début du siècle, l'Allemand Paul Ehrlich a proposé l'analogie de la clé et de la serrure pour expliciter ce phénomène. La réalité est autrement plus complexe mais cette image donne une bonne idée des mécanismes mis en œuvre. En particulier pour les médicaments qui n'agissent que s'ils se fixent quelque part dans l'organisme. Imaginez une molécule venue de la forêt. En trois dimensions elle a une forme particulière, qui peut être assimilée à une clé. Placée dans l'organisme humain, elle va interagir avec des protéines qui sont les récepteurs d'action. Placés à l'extérieur ou à la surface de la cellule, ils servent d'intermédiaires pour communiquer de l'extérieur vers l'intérieur de la cellule ou entre les cellules. Ces messagers sont de grosses molécules, présentant une forme particulière assimilable à une serrure. L'interaction a lieu quand la molécule clé s'insère parfaitement dans la protéine récepteur. La bonne clé a trouvé sa serrure adéquate... Et va pouvoir déclencher une réponse cellulaire, du style « détruisez cette cellule, stockez ce glucose, empêchez ce virus de se reproduire... ».

Comme le dit la chanson, la colchique fleurit dans les prés à l'automne. Dans les laboratoires, elle y demeure toute l'année. En effet, elle est à l'origine d'un test pertinent que nous avons grandement mis à profit pour débusquer des substances actives contre le cancer. Extraite de cette plante, la colchicine est reconnue pour son activité inhibitrice lors de la division des cellules. En observant la manière dont elle agissait, les biologistes ont isolé une protéine-cible capitale, la tubuline. Son fonctionnement est simple : les particules de tubuline s'assemblent en longues chaînes, appelées microtubules. En temps normal, il existe un équilibre entre la tubuline et les microtubules qui régule la division cellulaire. Lors d'une atteinte cancéreuse, les cellules se divisent et prolifèrent de manière anarchique. Il est possible d'enrayer ces divisions pathologiques, en agissant sur la tubuline par l'intermédiaire d'une substance chimique. On l'empêche de s'assembler en microtubules ou de se désassembler. Du coup, le processus de la division cellulaire est bloqué. La lutte contre le cancer démarre. Actrice principale de ce mécanisme, la tubuline est vite apparue à Daniel Guénard et à moi-même comme une cible biologique majeure. D'où l'idée d'évaluer l'impact de nos extraits végétaux vis-à-vis de cette protéine au laboratoire de Gif-sur-Yvette. Sous le faisceau lumineux d'un spectrophotomètre ultraviolet, on peut facilement repérer tout composé chimique qui modifie notablement l'équilibre tubuline-microtubule *in vitro*. Ce dernier deviendra un anticancéreux potentiel s'il confirme son action *in vivo*. Nous devons la découverte de la Navelbine et du Taxotère à l'utilisation de ce simple test « tubuline ». Récemment, après une collecte d'échantillons dans les forêts de Malaisie, le test « tubuline » a clignoté lorsqu'on lui a soumis une plante, *Kopsia singapurensis*. Vérification faite, il s'avère que le Rhazinilame, extrait de ce végétal, possède bien une puissante action antitumorale. La recherche continue... Aujourd'hui d'autres essais de criblage impliquant des cibles nouvelles se développent. Aux laboratoires Pierre Fabre, engagés dans la recherche antitumorale, les tests sont réalisés sur des cibles connues, la tubuline ou la topo-isomérase (une enzyme modifiant la forme des brins d'ADN) mais aussi sur des cibles découvertes plus récemment, notamment une nouvelle enzyme impliquée dans la réparation de l'ADN.

Dans notre Institut de chimie des substances naturelles, il s'écoule de 8 à 10 mois entre la collecte en forêt et la mise en évidence d'une molécule biologiquement active au laboratoire. Pour subir toute une batterie de tests, les échantillons circulent dans un réseau de laboratoires de recherche publique spécialisés dans les essais biologiques en cancérologie, en neurologie, en immunologie, etc. Annuellement, 600 plantes sont étudiées selon cette procédure. Une bagatelle face aux industriels qui réalisent ces tests à grande échelle. Les robots de criblage à haut débit (ou « high throughput screening ») permettent de tester de façon automatisée un maximum d'échantillons sur une centaine de cibles. Petits ou grands, les laboratoires pharmaceutiques ont ainsi multiplié par dix leurs possibilités de criblage. A partir de 1996, la start-up Aurora Biosciences Corporation s'intéresse avec divers géants de l'industrie pharmaceutique américaine, American Home Products, Bristol-Myers Squibb, Eli Lilly, Glaxo Wellcome, Genentech, Johnson & Johnson, Merck, Pfizer, Warner-Lambert, etc., au développement de différents automates de recherche. Pour la chimie conventionnelle, ce robot se nomme l'UHTSS. De quoi s'agit-il ? L'*ultra-high throughput screening system* est un automate susceptible de tester 100 000 échantillons par jour ! L'intérêt d'une telle puissance : réduire au minimum le coût unitaire d'un essai et augmenter les chances de détecter un composé actif. A une autre échelle, les laboratoires Pierre Fabre, équipés d'un robot HTS, comptent effectuer des campagnes de 20 000 essais biologiques. « Nous allons tester 3 000 échantillons de plantes par an, 20 fois plus que dans toute une carrière universitaire », s'exclame Georges Massiot, directeur de recherche chez Pierre Fabre et ancien « Giffois ». De tels outils ouvrent la possibilité d'explorer, au cours des prochaines années, plus de substances naturelles que dans les cinq millénaires précédents ! Du coup, les compagnies pharmaceutiques regardent à nouveau du côté des substances naturelles. En 1995, 200 industriels de par le monde se sont équipés en matériel de criblage à haut débit. Statistiquement, ces outils puissants vont forcément mettre au jour des composés actifs. Quitte à passer au crible toute la biodiversité des forêts et des océans...

Ce « screening » à grande échelle, engagé par les industriels de la pharmacie soucieux de rentabiliser des robots achetés à grands frais, ne doit pas faire oublier ses limites. Cette présélection *in vitro* n'est qu'une étape préliminaire avant de valider l'activité des extraits *in vivo*. Par ailleurs, il arrive que des substances passent entre les mailles du filet parce que leur activité biologique, totalement inédite ou trop faible, n'est pas détectée dans les tests. Il faut engager des réflexions et des études pour mettre au point des essais fiables et pertinents.

Après ce premier tri automatisé, plusieurs composés actifs sortent du lot. Mais s'il existe beaucoup d'appelés, très peu sont élus comme candidats-médicaments. Les chercheurs se focalisent en effet sur la découverte d'authentiques « têtes de série » pharmaceutiques. Le choix de ces « pharmacophores » repose sur leur structure chimique et, surtout, leurs propriétés biologiques. Seuls seront dignes d'être retenus les composés ayant un mécanisme d'action original. L'obsession des pharmacologues consiste à viser une maladie au moyen d'armes agissant différemment afin de vaincre les phénomènes de résistance aux médicaments. Pour être innovant, un composé leader doit agir mieux, plus vite ou d'une manière nouvelle. Peu importe si le candidat présente quelques faiblesses aux entournures. Il suffit de lui tailler un vêtement sur mesure ! En laboratoire il sera transformé afin de donner naissance à une quantité de molécules dérivées mieux adaptées à l'organisme, moins toxiques, plus simples à synthétiser.

La sélection d'une substance thérapeutique ressemble à une course contre la montre où sont éliminées au fur et à mesure les molécules de la queue du peloton. Finalement, le résultat de la sélection tient dans un mouchoir de poche, voire sur un confettis. Généralement un seul composé sur 10 000 testés retient l'attention des chercheurs. Les résultats des campagnes du National Cancer Institute dans les années 80 donnent un aperçu de ce parcours du combattant. Sur les 44 000 extraits naturels ayant suivi une phase de tests sur des cellules tumorales, moins de 1 % ont montré une activité cytotoxique. Parmi cette sélection, une faible part a donné des têtes de série potentielles promises à un développement futur. Sur les 36 000 extraits testés pour leur fonction anti-VIH, 10 % ont montré une activité biologique *in vitro*. Mais sur l'ensemble des composés actifs, seuls deux ont été sélectionnés pour des développements précliniques : la michellamine B et les calanolides.

Avec l'amélioration des tests de criblage, le nombre d'échantillons à tester avant de détecter une tête de série potentielle se réduit. Des chiffres récents, rapportés par des groupes de recherche américain (International Cooperative Biodiversity Group) travaillant au Surinam, au Costa Rica et en Amérique latine entre 1993 et 1995 l'illustrent. A partir de 2 500 espèces de plantes et d'insectes collectées, 7 500 extraits ont été préparés. La plupart ont passé les tests initiaux d'activité. Ensuite ils ont été examinés selon 120 essais biologiques ciblés, représentatifs d'une douzaine de pathologies, dont le cancer, le sida, les infections virales et bactériennes, la tuberculose, le paludisme, la leishmaniose, les affections du système nerveux central, les maladies cardiaques. Cette recherche a représenté près de 100 000 essais de criblage. Environ 350 échantillons ont démontré un intérêt scientifique mais seulement 35 substances sont considérées comme des leaders potentiels contre le paludisme, la leishmaniose, la tuberculose et les infections bactériennes. Un rapport de 1 pour 3 000 est le résultat de ces grandes campagnes de tests.

Pour autant, rien n'indique que ces composés sélectionnés aboutiront à des médicaments. Autrement dit, la question n'est pas tant de découvrir des molécules actives sur des cellules tumorales ou des germes bactériens, mais de déceler et d'élever la prétendante au rang de médicament. Si la recherche thérapeutique suit des pistes rationnelles dans la sélection de ces molécules-médicaments, il arrive bien souvent que les heureux élus sortent par hasard du chapeau des chercheurs. Telle est l'histoire des deux médicaments anticancéreux que nous avons découverts.

La pervenche de Madagascar, une fausse piste fructueuse

Dans cette aventure scientifique, une pervenche exhibe fièrement ses pétales roses. Elle ignore tout de la renommée qui va devenir la sienne. Repérée par Etienne de Flacourt, gouverneur des comptoirs français de Fort Dauphin à Madagascar, la pervenche de Madagascar démarre son périple dans le monde entier en 1645. Des graines de *Catharanthus roseus* sont expédiées au jardin du roi de France et dans diverses collections en Europe. Disséminée dans le paysage des colonies françaises, anglaises et hollandaises, la fleur malgache s'acclimate extrêmement bien. Il faut dire qu'elle est très généreuse. Ses feuilles broyées et préparées en décoction soignent les piqûres de guêpe en Inde, les dartres et les ulcères à Madagascar. Et son emploi en tant que coupe-faim et antidiabétique se répand parmi les populations. Pendant la pénurie de la Seconde Guerre mondiale, elle est employée comme substitut de l'insuline dans les Iles Philippines. Au début des années 50, cette propriété hypoglycémiante éveille l'intérêt des diabétologues de l'université de London (Western Ontario). La pervenche pourrait-elle conduire à un nouveau traitement contre le diabète ? Pour tester leur hypothèse, les Canadiens Ralph Noble et Charles Beer, dignes successeurs des prix Nobel qui isolèrent l'insuline, préparent des extraits de la plante récoltée au Costa Rica et l'injectent à des rats rendus diabétiques. A l'époque, en 1955, les tests pharmacologiques se font principalement *in vivo*. A leur grande surprise et non sans déception, le diabète des rats n'est en rien amélioré et les animaux meurent de septicémie dans les trois jours, même avec des extraits peu concentrés. Assurément, le composé est extrêmement toxique. Intrigués, les chercheurs se penchent alors sur les raisons de cette mort brutale. Pratiquant une autopsie, ils constatent que les animaux présentent un effondrement du nombre de leurs globules blancs (leucopénie), ce qui explique leur décès par septicémie. Les cellules du système immunitaire ne sont plus suffisamment nombreuses pour assurer la défense de l'organisme contre une infection généralisée. Loin de jeter aux oubliettes l'extrait de pervenche qui agit si puissamment sur le taux de globules blancs, ils décident de l'étudier dans les cas de leucémie. Dans cette pathologie de la moelle osseuse, les globules blancs se reproduisent de façon anarchique et prolifèrent. Du coup, l'attitude thérapeutique consiste à administrer un médicament qui réduise la présence de ces cellules trop nombreuses. Les deux scientifiques pensent immédiatement aux propriétés de leur pervenche ! Ils fractionnent l'extrait en plusieurs composés dont ils testent l'activité. Euréka ! Le taux de globules blancs diminue en présence d'une des substances. En 1958, ils parviennent à isoler le responsable : c'est la vinblastine, un alcaloïde de la pervenche.

Hasard ou coïncidence ? Dans cette histoire, « les grands esprits se rencontrent ». Car au même moment, de l'autre côté de la frontière américano-canadienne, Gordon Svoboda et ses collaborateurs de la firme américaine Eli Lilly à Indianapolis poursuivent des travaux similaires... Ils ont sélectionné 240 plantes en vue d'étudier leur activité anticancéreuse. Quand ils testent la quarantième plante de leur collection, la pervenche de Madagascar, sur des souris leucémiques (P 1534), ils observent que les animaux vivent 20 jours de plus que les souris non traitées. L'équipe de Svoboda isole la vinblastine, très peu de temps après l'équipe canadienne. Puis en testant un autre alcaloïde de l'extrait végétal, la vincristine, les chercheurs montrent que les animaux survivent plusieurs semaines. Révélés lors du congrès de la New York Academy of Sciences, les résultats étonnamment similaires de ces travaux amènent les deux équipes, canadienne et américaine à travailler ensemble. Propulsés sur le devant de la scène scientifique, les deux alcaloïdes, vinblastine et vincristine, donnent lieu rapidement à deux médicaments, Velbé® et Oncovin®, développés par Eli Lilly pour la chimiothérapie anticancéreuse. En France, les médicaments arrivent à la disposition des médecins juste avant Noël 1969.

Or cette nouvelle thérapeutique destinée à traiter les leucémies aiguës et la maladie de Hodgkin, bute sur un point : l'approvisionnement. La vinblastine et la vincristine sont des alcaloïdes extrêmement minoritaires au cœur de la pervenche de Madagascar. A partir d'une tonne de plante séchée, on n'obtient, après extraction, que 6 à 10 grammes de vinblastine et seulement 10 à 20 fois moins de vincristine ! Deux tonnes de feuilles récoltées sont nécessaires pour traiter un enfant atteint de leucémie aiguë pendant 6 semaines. Ce problème d'approvisionnement en fait la thérapeutique la plus chère de l'époque : 100 francs les 10 mg de vinblastine ou 1 mg de vincristine.

Dès lors, les équipes de chimistes n'auront de cesse d'essayer de fabriquer par synthèse ces deux composés à la formule chimique fort complexe. C'est justement ce défi scientifique que nous relèverons dans notre Institut de Gif. Quant à l'activité antidiabétique de la pervenche de Madagascar, qui a mis la puce à l'oreille des chercheurs canadiens, elle est en partie élucidée. La plante était avant tout employée comme coupe-faim. Or, quand les diabétiques (de type II) mangeaient moins, leur taux de glucose dans le sang diminuait ! Peu de recherches ont été menées pour élucider cette propriété anorexigène. Mais la pervenche reste une star sous haute protection. Des chercheurs isolent aujourd'hui encore de nouveaux alcaloïdes de cette espèce. Signe que la « petite fleur rose » n'a pas fini sa carrière dans le grand monde.

L'if, toxique et dédaigné

Attention danger ! Dès l'Antiquité, Pline met en garde les vignerons contre l'usage de tonneaux en bois d'if pour stocker le vin. Jules César relate dans les *Commentaires sur la guerre des Gaules* la mort du chef Catuvolcus qui préféra s'empoisonner en buvant une décoction d'if plutôt que d'affronter la honte de la captivité. Aujourd'hui, les paysans empêchent toujours leurs vaches et leurs chevaux de goûter aux feuilles d'if d'un vert pourtant si attirant. Bien des légendes, des hypothèses, des conjectures fleurirent sur l'if. Elles sont résumées par les toxicologues du XIXe siècle : « Il y a lieu de croire que son ombrage n'est pas nuisible, que ses fruits ne le sont nullement, que ses feuilles et son écorce le sont beaucoup [...], ce qui pose un problème végétal fort curieux qui mériterait d'être proposé en prix... »

Longtemps étudié, cet arbre éminemment toxique et tristement célèbre arriva pourtant sur la scène pharmaceutique par une suite de hasards. Au début des années 60, lors des grandes campagnes du National Cancer Institute, des milliers d'échantillons de plantes furent récoltés dans les régions tempérées. Arthur Barclay, botaniste au département de l'agriculture américain, participait en tant que collecteur à cette grande campagne. Chargé de la réhabilitation de l'if du Pacifique, *Taxus brevifolia*, Barclay recueillit de fines lamelles d'écorce d'ifs dans la forêt Guifford Pinchot de l'Etat de Washington en 1962. Ces échantillons finirent au Research Triangle Institute en Caroline du Nord. Deux ans plus tard, les chimistes de cet institut, Mansukh Wani et Michael Wall, étaient chargés de réaliser des essais systématiques sur les extraits naturels qui leur avaient été adressés. Lors de leurs recherches effectuées en collaboration avec le National Cancer Institute (Bethesda, Washington), ils découvrirent qu'un extrait d'écorce d'if détruisait irrémédiablement une lignée de cellules tumorales. Le chimiste Mansukh Wani parvint à isoler la molécule chimique responsable de cette activité en 1971. La substance inconnue, baptisée Taxol (et dont la dénomination commune internationale-DCI est paclitaxel), fut décrite et sa structure publiée. Très vite, le problème d'approvisionnement se posa pour continuer les recherches. Un if centenaire, abattu pour récupérer sa fine écorce, fournit quelques fractions de gramme de matière recherchée ! A ce handicap d'origine s'ajoutait le fait que le Taxol, peu soluble, était difficile à administrer au patient. Ainsi la substance fut-elle délaissée et quasiment oubliée dans les archives du centre de recherche pendant quelques années. Le National Cancer Institute préférait parier sur d'autres têtes de file de la pharmacologie anticancéreuse. Le 22 février 1979, le Taxol refit surface grâce à un article publié dans le magazine scientifique *Nature*. Les chimistes qui avaient mis au jour la cytotoxicité de l'if sur des cellules tumorales n'avaient pas explicité le mécanisme d'action biologique de cette molécule. Ce travail, Susan Horwitz chercheuse au Albert Einstein Institute de New York et ses collaborateurs le firent. Ils expliquèrent comment le Taxol venait à bout des cellules cancéreuses. Son plan d'attaque est totalement inédit : la molécule de Taxol s'accroche à la surface des microtubules, empêchant ceux-ci de se désassembler. La division cellulaire est ainsi solidement bloquée. Exactement l'objectif recherché pour lutter contre les cellules cancéreuses prolifiques ! Cette étude relança de manière spectaculaire l'intérêt du National Cancer Institute (NCI) pour le Taxol, d'autant que les autres pistes de recherche concurrentes n'avaient pas abouti. Au fur et à mesure des premières études cliniques en 1983, le Taxol se révéla actif dans le traitement du cancer de l'ovaire et du sein, ainsi que dans le cancer du poumon « non à petites cellules » qui touche principalement les grands fumeurs. La drogue semblait promise à un bel avenir. Mais le problème d'approvisionnement du Taxol souleva une immense polémique. Pour obtenir 2 grammes de ce médicament miracle, il fallait couper 6 arbres centenaires ! Pour le seul traitement du cancer de l'ovaire, les besoins américains étaient de 20 à 25 kg de taxol par an. Au milieu des années 80, une campagne d'abattage permit d'obtenir 8 tonnes d'écorces d'if pour une production de 1,3 kg de Taxol. En 1987 30 tonnes d'écorces étaient prélevées... L'if du Pacifique allait-il disparaître au profit du médicament anticancéreux ? Ce fut une levée de boucliers du côté des écologistes américains. Ils demandèrent l'inscription de l'if du Pacifique sur la liste des espèces végétales en danger. Sans succès. Réponse leur fut donnée que les forêts des Etats de l'Ouest américain abritaient près de 2 millions d'ifs. Dans la bataille qui démarrait, un hibou tacheté, niché dans les conifères du Pacifique, s'avérait également menacé d'extinction ! Qui, du médicament prometteur ou de l'if centenaire, sortirait vainqueur ?

Il devenait évident que la chimie de synthèse devait prendre le relais de la chimie extractive, sans tarder. La solution viendra des équipes de chimistes, déterminés à copier la nature pour parvenir à la préparation du Taxol par synthèse. Le défi était lancé. Mais la molécule, extrêmement complexe et fière de ses 112 atomes, ne se laissera pas si facilement approcher.

Mimer la nature

Prenez un chimiste normalement constitué. Présentez-lui sur un plateau une molécule active, dénichée dans la nature, assurément compliquée. Voyez son œil s'allumer de convoitise. Il lui faut trouver une suite de réactions chimiques pour recréer cette même molécule de toute pièce à partir de briques plus simples. Et si possible faire comme Dame nature mais « en couleur » ! Pourquoi ? Car il faut conférer à la molécule d'origine quelques attributs supplémentaires pour en faire un médicament irréprochable ou presque. Cette course à la synthèse, les équipes de chimistes la pratiquent depuis le milieu du XIXe siècle. Au terme de cette compétition, la gloire revient à la première équipe qui donne la recette. Après, le jeu n'en vaut plus la chandelle ! Bien que des améliorations de détail puissent avoir des conséquences notoires en matière de rendement de synthèse.

Les organiciens ont à leur disposition toute une palette de réactions chimiques. Lesquelles choisir pour arriver au composé voulu ? Une piste couramment empruntée dans la synthèse de substances naturelles est la voie biomimétique. Certaines réactions chimiques de laboratoires miment la façon dont les plantes produisent leurs propres métabolites. C'est le cas notamment d'une réaction que j'ai mise au point à l'Institut de chimie des substances naturelles de Gif.

A Gif, un temple dédié aux substances naturelles

Créé en 1957, ouvert à la fin de l'année 1960 sans jamais être inauguré, l'Institut de chimie des substances naturelles est un laboratoire propre du CNRS. Il a eu la chance d'avoir à sa tête des directeurs prestigieux. D'abord les fondateurs, les professeurs Maurice-Marie Janot et Edgar Lederer. Puis le professeur Sir Derek Barton, prix Nobel de Chimie 1969, qui passa huit ans à la tête de l'ICSN. Enfin le professeur Guy Ourisson vint pendant 4 ans à Gif. Tous ont laissé leur empreinte bien vivace dans notre Institut. Pour ma part, j'ai été co-directeur de l'ICSN en 1974 puis directeur à part entière en 1989, avant de laisser la place à la fin de l'été 2000 à mon successeur, le professeur Jean-Yves Lallemand.

L'Institut est géré par un directeur aidé d'un directeur adjoint, actuellement Marc Chéresi, qui prend soin de la vie quotidienne. Un Conseil de laboratoire, un Conseil scientifique et différentes autres formations permettent d'obtenir une vie sans à-coups majeurs d'un institut qui comprend près de 300 personnes. C'est le plus grand institut de recherche publique en chimie de France et le plus important du campus de Gif-sur-Yvette qui compte 1 300 personnes réparties sur 22 laboratoires. Regroupées dans un bâtiment de 7 000 m^2, les multiples équipes de recherche de l'ICSN poursuivent des études liées à trois domaines principaux : la chimie organique, la chimie biorganique et la chimie et biologie structurales. Depuis près de quarante ans, c'est un des laboratoires de référence mondiale

dans le domaine de la chimie des substances naturelles.
Par ailleurs l'ICSN joue plusieurs rôles :
— un centre d'enseignement : plus d'une centaine d'étudiants en DEA ou en thèse se forment en permanence dans notre institut ;
— un pôle d'échanges intenses et fructueux avec l'industrie française et étrangère ;
— une maison-mère : de nombreux chercheurs français ou étrangers, formés à Gif, font partie de la grande famille de l'ICSN. Ils peuvent toujours s'y adresser pour une aide, pour y être reçus quand ils le souhaitent.
Diriger, certes, mais diriger avec cœur et générosité. C'est là l'un des secrets du succès ! Longue vie à l'ICSN !

L'ICSN s'est installé dans des laboratoires flambant neufs sur le verdoyant campus de Gif-sur-Yvette en 1961. A l'époque, j'étais loin de ces verts paysages. Je devais intégrer la caserne du fort de Vincennes, quinze jours seulement après l'obtention de ma thèse de doctorat ès sciences... A mon retour du service militaire en Allemagne et en Algérie, à l'automne 1962, j'étais ravi de retrouver ma paillasse de chimiste à l'Institut. Je pus enfin me remettre à mes travaux de thèse démarrés sur les alcaloïdes de la monnaie-du-pape. Le comportement chimique de ces molécules azotées (appelés N-Oxydes) m'amena à regarder de plus près une réaction chimique développée en 1926, par les frères Polonovski. Médecin et biochimiste, ces deux hommes avaient mis au point une réaction d'oxydation des alcaloïdes. Avec l'aide des étudiants, Adrien Cavé et Alain Ahond, je modifiai cette réaction en employant un autre réactif. Nous travaillâmes jour et nuit à cette étude passionnante. Car cette réaction de Polonovski « modifiée » apparaissait de nature biomimétique : elle imitait le processus de fabrication naturelle de certains alcaloïdes à l'intérieur d'une plante. Je vérifiai cette hypothèse sur l'ellipticine, alcaloïde extrait des écorces d'un arbre de l'océan Indien (*Ochrosia borbonica* ou *O. elliptica*). Cette nouvelle réaction dite de « Polonovski-Potier » fut fondamentale dans la suite de nos recherches.

Si certaines réactions, qu'elles soient, ou non biomimétiques, mettent les chercheurs sur la voie de la synthèse, il faut encore passer un obstacle de taille : la chiralité. 80 % des molécules actives dans l'organisme se présentent en effet sous deux formes, droite et gauche, qui ne se superposent pas, à l'instar de nos deux mains qui resteront à jamais différentes. Dans le corps, à l'échelle moléculaire, c'est la géométrie en trois dimensions d'une molécule qui détermine son affinité pour un récepteur ou une enzyme respectant eux-mêmes des règles de chiralité. Ainsi une molécule droite peut être active alors que sa jumelle gauche sera inactive, voire toxique. L'exemple de la thalidomide, administrée aux femmes enceintes sous les deux formes, le rappelle tristement. Sous une forme, la molécule faisait office de médicament pour diminuer les nausées, sous sa forme inverse, elle provoquait des malformations du fœtus. De ce fait, toute la difficulté de la synthèse asymétrique consiste à fabriquer le principe actif sous la seule « bonne » forme souhaitée. S'appuyant sur des réactions existantes, le chemin vers la synthèse demeure le plus souvent un voyage rempli d'imprévus. Encore une fois, la recherche autour de la pervenche et de l'if nous réserva de bien belles surprises.

Du bleu dans la réaction

1968. Mon épouse, Marie-France, pharmacienne comme moi, est terrassée par un cancer. Après une phase de rémission de la maladie, elle succombe à son mal. A l'époque — j'avais trente-quatre ans et trois enfants en bas âge — cet événement douloureux décida de l'orientation d'une partie de mes recherches : combattre le cancer. Ma recherche tendrait désormais à la mise au point de molécules antitumorales, malgré les vaticinateurs habituels qui prédisaient déjà la fin de la chimiothérapie. A l'époque la vinblastine et la vincristine, utilisées dans le traitement des cancers et des leucémies, posaient des problèmes aux chimistes. Présents en très faible proportion dans la pervenche de Madagascar, ces composés se révélaient fort coûteux à produire. La seule solution consistait à les synthétiser à partir de substances naturelles présentes en quantités plus importantes dans la plante. Plusieurs équipes de recherche aux Etats-Unis et au Canada avaient échoué à fabriquer ces alcaloïdes découverts quinze ans plus tôt. Il faut dire que la vinblastine était particulièrement coriace. La molécule n'est active que sous sa forme « gauche ». En laboratoire, les chimistes parvenaient à obtenir la vinblastine mais sous sa forme « droite », inactive. Face à ces alcaloïdes terriblement problématiques, j'eus l'idée d'utiliser la réaction de Polonovski, modifiée par mes soins quelques années auparavant. Cette réaction était, rappelons-le, biomimétique. J'étais intimement persuadé que la plante se servait du même type de processus pour fabriquer ses propres métabolites. En 1974, je proposai à Nicole Langlois, brillante chimiste de notre Institut, de suivre cette piste. Passionnée par ce défi à relever, elle parvint rapidement, entre mai et septembre 1974, au résultat escompté. A partir de la vindoline et de la catharantine, deux alcaloïdes majoritaires de la pervenche, elle obtint une molécule d'anhydrovinblastine, à savoir la vinblastine, à laquelle il manque, grosso modo, une molécule d'eau. En 1976, Françoise Guéritte, jeune thésarde partie en stage postdoctoral aux Etats-Unis, confirmait la voie de recherche utilisée. Etudiant la biosynthèse des alcaloïdes de la pervenche de

Madagascar, elle montra que la plante réalise naturellement ce même couplage pour aboutir à l'anhydrovinblastine. La réaction de Polonovksi modifiée était bien la voie biomimétique secrète pour parvenir à la bonne configuration !

Sous ma direction, l'équipe de chercheurs, constituée de Nicole et d'Yves Langlois, de Françoise Guéritte et d'étudiants en thèse continua sur la piste de la vinblastine. En 1978, Pierre Mangeney, jeune chimiste de vingt-six ans, était engagé en thèse sous la direction d'Yves Langlois. Son sujet : l'hémisynthèse de la vinblastine. Théoriquement il fallait juste hydrater l'anhydrovinblastine pour aboutir à la vinblastine. Mais, en pratique, cela semblait plus compliqué que prévu. Au cours de l'exploration de multiples voies de synthèse, les chimistes choisirent d'appliquer une deuxième fois la réaction de Polonovski modifiée. Concentré sur ces manipulations, Pierre Mangeney remarqua lors d'une analyse chromatographique une minuscule tache bleue. Révélé par un réactif coloré, ce composé en petite quantité avait la même couleur que la vinblastine. Déçu parce que ses réactions successives n'avaient pas donné le résultat escompté, il demeurait intrigué par cette substance infinitésimale. Passé à la moulinette des spectromètres, ce composé consentit à révéler son identité au bout de plusieurs mois d'études. La molécule était totalement inédite et artificielle. Rien de tel n'existait à l'état naturel. Or, à ma demande, tous les intermédiaires de réaction furent systématiquement testés pour leur activité biologique. Cette substance ne dérogea pas à la règle. Bingo ! Elle était positive au test « tubuline ». Elle possédait un potentiel antitumoral à explorer. Dès lors, la molécule inédite, baptisée « Nor-vinblastine », fut placée sous haute surveillance. Apparue en plein jour grâce à un réactif avec lequel elle se colorait en bleu, elle aurait encore un long chemin à parcourir avant d'aboutir à l'anticancéreux, Navelbine®. Mais la pêche aux molécules antitumorales nous avait donné un premier poisson.

En 1979, de l'autre côté de l'Atlantique, les annonces scientifiques autour du Taxol inauguraient un lieu de pêche aussi passionnant que poissonneux. La découverte fortuite d'une nouvelle tête de série à partir de l'écorce de l'if butait toujours sur un problème d'approvisionnement. Là encore, pour les chimistes du monde entier, la synthèse du Taxol représentait la quête du Graal. Entre 1983 et 1993, plus de 30 équipes de recherche se battaient pour synthétiser le Taxol ou des dérivés plus simples. A cette époque, alerté par la publication américaine dans *Nature*, je me dis qu'il était possible de battre les Américains sur leur terrain. Souvent, après une découverte majeure, les équipes se reposent sur leurs lauriers et en restent là. Nous allions leur montrer de quoi nous, les « Frenchies », étions capables...

Des ifs abattus et une réaction impossible

Niché au cœur de la vallée de Chevreuse, le campus scientifique de Gif-sur-Yvette s'élève au milieu d'un vaste parc où se plaisent des arbres vénérables. Parmi ceux-ci, des ifs européens, le *Taxus baccata*. A la fin de l'année 1979, la municipalité de Gif souhaitait percer une route dans une partie du parc et abattit plusieurs ifs centenaires. A l'époque, l'if trottait déjà dans nos têtes de chimistes excités par la découverte du Taxol. Daniel Guénard, spécialiste du test « tubuline », allait s'intéresser de près à toutes les parties de cet arbre. Je l'encourageais vivement. En accord avec les bûcherons de Gif, il récupéra les ifs abattus en petits morceaux. Il recueillit les aiguilles, broya le bois, pila les fruits, désossa les racines... Au départ, il cherchait dans l'écorce de l'if européen le même Taxol que chez son cousin, l'if d'Amérique ! En fait, nous allions trouver mieux.

Dans les aiguilles de l'if, il isola une substance naturelle modérément active sur le test « tubuline ». Sous le nom de code 10-Dab, cette molécule ressemblait étrangement au cœur de la molécule de Taxol. Pour obtenir le composé à l'identique, il suffisait de rajouter à la 10-Dab une chaîne latérale supplémentaire, telle qu'on la rencontrait avec le Taxol. Avec cette branche, elle devenait active *in vivo.* L'idée semblait toute simple mais la mise au point résista. Entre-temps, Françoise Guéritte, de retour des Etats-Unis, avait rejoint Daniel Guénard pour travailler à cette synthèse chimique avec d'autres thésards. La réaction de couplage de la 10-Dab avec une chaîne latérale stagna sans grand succès pendant plusieurs mois. Plongée dans la bibliographie, Françoise Guéritte dénicha une réaction dite de Sharpless, alors peu connue. La manipulation était délicate car elle faisait intervenir un réactif toxique, le tétroxyde d'osmium. Hélas, la réaction échoua à donner le Taxol tant espéré. A la place, les chimistes obtinrent un composé intermédiaire. La déception fut de courte durée. Soumis au test « tubuline », les 12 milligrammes du composé en question dévoilèrent une activité 2 fois plus grande que celle du Taxol ! Le nom barbare de ce nouveau venu artificiel était le N-dibenzoyl-N-tert-butoxycarbonyl-10-deacetyl Taxol. Rebaptisé ensuite Taxotère®, il allait confirmer son action antitumorale. Ultime clin d'œil de la recherche, Françoise Guéritte réussit plus tard à obtenir le Taxol comme prévu en appliquant la réaction de Sharpless. Heureusement, une erreur de manipulation avait permis entre-temps de faire surgir le Taxotère plus actif !

Depuis la sélection de substances naturelles prometteuses jusqu'à la synthèse chimique, le chemin de la recherche est jalonné d'impasses et de rencontres hasardeuses. Il débouche parfois sur des résultats inattendus qu'il ne faut pas laisser passer ! Ainsi c'est l'examen attentif des produits de réaction qui a permis d'identifier la fameuse « tache bleue », la future Navelbine. Voilà pourquoi je ne cesse de répéter aux étudiants et aux chercheurs de ne pas délaisser l'observation primordiale en recherche. En cela, Claude Bernard reste mon maître. De même, aller consulter des volumes poussiéreux de chimie pour y puiser des idées nouvelles lorsque les manipulations semblent stagner doit devenir un réflexe de curiosité et de créativité. Mais surtout ce qui me revient en mémoire autour de ces découvertes, est l'esprit qui animait toute l'équipe de recherche. L'objectif était clair et ambitieux. Chacun, du directeur de recherche au jeune thésard, s'y est trouvé investi sans compter. Les discussions ont été âpres, les désaccords fréquents, les difficultés nombreuses, mais le désir de naviguer dans la même direction ne nous a pas quittés. Finalement nous sommes fiers d'avoir apporté notre part à la lutte contre le cancer. Telles sont les leçons à retenir de nos travaux. Après ces réussites souvent imprévisibles, les chimistes continuent d'améliorer pas à pas les molécules têtes de série qu'ils possèdent. Sur un même thème chimique, ils font varier à loisir la nature des atomes, leurs distances, le type de liaison chimique... Ces quelques variantes permettent aussi de déduire des analogues plus actifs ou moins toxiques sur le chemin du médicament. Alors seulement, l'aventure industrielle peut commencer.

5.

En route vers le médicament

En l'an 1631, la comtesse El Chinchon, vice-reine du Pérou, est guérie d'un accès de fièvres paludiques grâce aux écorces de quinquina. Une aussi « royale » guérison eut tôt fait de populariser « la poudre de la comtesse » en Amérique du Sud puis à la cour d'Espagne. Jamais un remède ne connut autant d'adeptes inconditionnels et de farouches détracteurs dans l'Europe du XVIIe siècle touchée par la malaria. En France, Guy Patin, directeur de l'école de médecine, s'opposa vivement à l'emploi de ce breuvage en usage chez les Indiens. D'autres guérisons médiatiques, celles de Charles II d'Angleterre, du Dauphin de France, fils de Louis XIV, de Colbert... provoquèrent la faveur du public envers « l'écorce des jésuites ». Mais il fallut plus d'une centaine d'années pour passer de l'usage empirique à la mise en forme médicamenteuse grâce aux avancées de la pharmacie. Dans leurs officines parisiennes, les pharmaciens Pelletier et Caventou réussirent, après moult essais, à isoler la quinine des écorces du quinquina. L'arrière-salle de leur pharmacie était devenue trop étroite pour traiter des tonnes d'écorce de quinquina. Ils furent obligés de lancer une fabrication dans des structures semi-industrielles dès 1820. En 1826, les ateliers de Pelletier produisaient 1 800 kg de quinine. Souhaitant avoir l'aval des médecins sur ce remède, Pelletier confia les études cliniques au prestigieux médecin de l'Hôtel-Dieu François Magendie qui l'expérimenta sur des chiens. Ce faisant, le jeune médecin marquait les débuts de la pharmacologie expérimentale chargée d'évaluer l'efficacité et la toxicité d'un médicament. Il observa les effets sur l'organisme d'une substance chimique pure et comprit ce qui permettait de venir à bout de la maladie. La coopération entre médecins et pharmaciens venait-elle de remplacer leur confrontation traditionnelle ? En tout cas, les sciences chimiques pénétrèrent doucement l'univers médical. Le médicament quitta l'officine pour être fabriqué à grande échelle dans les ateliers puis dans les usines pharmaceutiques.

Aujourd'hui, la mise au point d'un médicament suit peu ou prou ce chemin inauguré au début du XIXe siècle. A la découverte d'une substance biologiquement active sur l'organisme, succède une longue marche vers le médicament proprement dit. Lors de l'évaluation clinique, il s'agit de peser les avantages et les inconvénients d'un remède c'est-à-dire le rapport entre l'efficacité d'un produit et sa tolérance par le malade. Les premiers essais *in vitro* ont beau être perfectionnés afin de détecter l'action d'un composé chimique, ils ne renseignent en rien sur son devenir dans le corps humain : est-il suffisamment absorbé par le tube digestif ? Faudra-t-il l'injecter, sera-t-il toxique pour le foie ? La moelle osseuse ? le cerveau ? Allergisant ? Un chimiste des substances naturelles peut cerner de près les relations entre l'identité d'une molécule, sa forme et son effet sur telle enzyme ou telle protéine du corps, ou encore la manière dont une substance va se lier chimiquement à la cible... Mais il ignore tout de la manière dont ce produit, issu de la chimie est absorbé puis diffuse dans le corps, se répartit dans les organes et se transforme. Les toxicologues et les cliniciens prennent le relais. Quand vous avalez un « comprimé de chimie », son voyage dans l'organisme est semé d'embûches avant d'atteindre sa cible.

Voyage au centre du corps

Les tribulations d'une molécule médicamenteuse commencent dans la bouche mais surtout dans l'estomac et l'intestin. Elle doit, dans un premier temps, être libérée de la forme pharmaceutique au sein de laquelle elle a été placée. Le comprimé se délite, la gélule se désagrège, le sirop se répand... Dissoute dans les milieux biologiques auxquels elle est confrontée — salive, sucs digestifs — elle traverse les membranes de l'un ou l'autre de ces organes avant de parvenir jusqu'au sang. Encore faut-il qu'une caractéristique soit respectée : pour traverser une membrane biologique, la molécule doit être électriquement neutre. Cette neutralité dépend globalement de deux facteurs qui se combinent entre eux : la structure et la nature physico-chimique de la molécule elle-même et le pH (degré d'acidité ou d'alcalinité) du milieu dans lequel est placée la molécule. Une fois la membrane biologique traversée, intestin par exemple, la molécule est emportée dans le torrent circulatoire qui irrigue en permanence l'intestin. Parvenue dans le sang, la molécule doit encore passer l'épreuve du foie, l'organe qui fonctionne comme une véritable usine d'épuration chargée de détoxifier le flux sanguin. Généralement, les molécules lipophiles (ayant une affinité pour les graisses) passent le cap sans problème et sont le plus souvent transformées pour faciliter leur élimination. Dans certains cas, les molécules dégradées par des enzymes du foie peuvent donner des produits toxiques. Lors des essais de toxicologie, il faut s'assurer que le candidat-médicament ne donne pas de composés à risque pour le patient. Une fois passés tous ces obstacles, la molécule se fixe indistinctement vers les organes et tissus de l'organisme qu'ils soient ou non les cibles souhaitées du pharmacologue. Or l'objectif thérapeutique vise un organe, voire un tissu particulier au sein de cet organe, quand ce n'est pas un sous-type cellulaire. Autant dire que la majeure partie du médicament est généralement administrée pour rien : elle se perd dans un dédale inutile qui devient parfois le siège d'une toxicité inattendue. Le pharmacologue doit veiller à ce que l'effet thérapeutique se concentre sur un organe précis, sans provoquer d'effets indésirables excessifs, ailleurs.

Lors des évaluations cliniques, les chercheurs cliniciens vérifient que les effets secondaires gênants sont minimes par rapport aux avantages du médicament. Ils évaluent à ce niveau les doses à prévoir pour une action thérapeutique sans danger par la voie la mieux adaptée (orale, percutanée, intramusculaire...). L'étude préclinique sur les animaux est un préalable aux différentes évaluations cliniques sur l'homme. En fin de compte, moins d'une molécule prometteuse sur mille parvient au terme de la course.

À ce niveau de la recherche thérapeutique, le travail en commun avec les toxicologues et les cliniciens s'avère primordial dans le développement d'un médicament. Bien qu'à l'origine de la découverte, les chimistes qui ont détecté une molécule originale font rarement le lien avec le monde médical. Bien souvent ils proposent des molécules médicamenteuses aux industriels qui en disposent. Or, la méthode idéale pour déboucher réellement sur de nouveaux médicaments est de faire coopérer le plus tôt possible les chimistes, biologistes, toxicologues et médecins. Avec un premier résultat biologique et pharmacologique en poche, les chercheurs susciteront davantage d'intérêt du côté des industriels. Il faut réussir cette étape car seules les firmes pharmaceutiques disposent des finances et des infrastructures suffisantes pour assurer le développement de la molécule jusqu'au médicament. Nécessitant une dizaine d'années, les étapes du développement, de l'étude préclinique à la mise sur le marché, coûtent entre 600 millions et 2 milliards de francs. Cette longue démarche s'effectue pourtant au pas de course. Les industriels veulent en effet récupérer leurs investissements au plus vite. Or, les années de commercialisation d'un médicament, sans concurrence, durent le temps de la protection d'un brevet. Déposé au tout début de l'isolement d'une molécule active, le brevet devient caduc au bout de vingt ans. Pendant ce laps de temps, la course contre la montre s'engage.

La naissance d'un médicament

Une substance chimique ne devient plus médicament par hasard ou du fait du prince. Il existe, dans la plupart des pays industrialisés, un système très élaboré d'enregistrement des médicaments, sous l'œil vigilant des mouvements consuméristes. Aux Etats-Unis, l'Agence fédérale en charge de l'autorisation de mise sur le marché est la célèbre Food and Drug Administration (FDA). En France, c'est la Direction de la pharmacie et du médicament au ministère de la Santé, qui a eu seule, jusqu'en 1993, la charge de garantir la qualité des médicaments et la sécurité des malades. La loi du 4 janvier 1993 a institué une Agence du médicament devenue depuis Agence Française de Sécurité Sanitaire des Produits de Santé (AFSSAPS), à laquelle elle a transféré ce type de missions.

Entre le moment où naît, dans l'esprit du chercheur, l'idée qu'une nouvelle entité chimique pourrait constituer un projet thérapeutique et le moment où cette molécule est susceptible d'arriver sur le marché, il faut compter en moyenne de 7 à 12 ans ! Période au cours de laquelle il s'agit de démontrer que les avantages procurés par le candidat-médicament l'emportent, dans l'intérêt des patients, sur les inconvénients liés à ses effets indésirables souvent inévitables. C'est pour s'assurer que les effets secondaires seront minimes que l'on impose aux produits toute une série d'épreuves.

Les obstacles à franchir, au cours du développement, sont essentiellement ceux de l'expérimentation animale (étape préclinique, dite des prérequis) et des essais cliniques sur l'homme. Expérimenter sur l'animal des produits susceptibles de devenir des médicaments répond au souci de ne pas exposer des êtres humains en première ligne. Il n'est guère envisageable d'administrer à l'être humain, sans préalable, une substance nouvelle, même si elle est l'objet d'un espoir thérapeutique. Ce serait lui faire courir le risque d'accidents

graves. A ce stade précoce du développement du produit, on ne peut faire que des hypothèses sur sa tolérance.
L'expérimentation animale, dans le cadre précis de la mise au point des médicaments à usage humain (mais aussi vétérinaire), a un triple but :
— acquérir des données de base indispensables en termes de métabolisme et d'efficacité ;
— arrêter, dès ce stade, le développement de certains produits dont les effets détectés sur l'animal ne laissent présager aucune sécurité d'emploi chez l'homme ;
— cibler les organes de l'homme sur lesquels le produit étudié pourrait avoir une toxicité non rédhibitoire.
L'évaluation sur l'Homme ne peut être entreprise que si les résultats de l'expérimentation animale ont été jugés favorables, c'est-à-dire prometteurs et sécurisants. Ils obéissent à des règles strictes leur conférant la rigueur des expériences de laboratoire. Ils portent sur quelques centaines, voire plusieurs milliers de patients. Ils permettent d'apprécier, s'il existe, l'effet thérapeutique du nouveau produit et ses effets indésirables les plus fréquents, par rapport à un placebo ou à un produit de référence judicieusement choisi.
C'est au terme de cette phase qu'est évalué le rapport bénéfices/risques de la molécule testée, en fonction de quoi sera accordée l'autorisation de mise sur le marché (AMM).
En France, la naissance du médicament se situe au moment précis où le produit obtient l'AMM, on dit encore son enregistrement. Cette décision qui appartient au directeur général de l'AFSSAPS est prise après consultation d'une commission spécialisée dans l'évaluation des médicaments, la commission d'AMM. Le devoir de la commission est de veiller à ce que tout médicament candidat à l'AMM ait satisfait à l'ensemble des obligations scientifiques et réglementaires en vigueur dans notre pays, en accord avec les directives européennes, c'est-à-dire de s'assurer de la qualité pharmaceutique, de l'efficacité et de la sécurité d'emploi du produit.
La formulation de l'avis de la commission d'AMM est variable : favorable d'emblée, sursis à statuer, mesure d'instruction, projet de rejet, rejet. Un nouveau médicament n'a pas besoin d'être supérieur à celui qui existe déjà, mais il ne peut pas être moins bon.

Le médicament final, délivré au consommateur sur prescription médicale, est paré d'un certain nombre de qualités : qualité pharmaceutique, efficacité prouvée, sécurité d'emploi acceptable. Il serait logique qu'à la rigueur observée dans l'évaluation du produit corresponde celle de son usage. Ce n'est malheureusement pas toujours le cas.

A la sortie du laboratoire

L'aventure de la Navelbine® démarrée dans les laboratoires de Gif m'obligea à un véritable parcours du combattant avant d'aboutir au médicament. Première étape : protéger la découverte. Dès 1974, j'ai breveté la première réaction chimique aboutissant à une molécule proche de la vinblastine. Même s'il ne s'agissait que d'un résultat de recherche préliminaire, la possible application industrielle rendait le brevet indispensable. Parallèlement je signai une publication des résultats avec Nicole et Yves Langlois que j'envoyai sous pli cacheté à l'Académie des sciences, le 14 octobre 1974. Cela permit de garder une preuve de l'antériorité de nos travaux scientifiques auprès de nos pairs sans publier au grand jour. Quatre ans plus tard, la molécule qui deviendra la Navelbine® surgit, presque par hasard, dans les mains des chimistes. Ce composé était « artificiel » car nulle molécule de cette forme n'existait dans la plante à l'état naturel. Il avait été inventé par les chimistes de toutes pièces. Du coup, le composé fut facilement breveté.

Deuxième étape cruciale : améliorer le rendement de la réaction de synthèse. C'est là que je décidai de lancer la « grande fanfare » à Gif. Il fallait absolument produire cette molécule présente au niveau de traces en grande quantité ! En quelques semaines, Françoise Guéritte et le Malgache Zo Andriamialisoa réussirent cette prouesse technologique.

Les manipulations étaient menées rondement afin d'obtenir suffisamment de matière pour la suite de la recherche clinique. En effet, les premiers tests toxicologiques, jusqu'à la première évaluation clinique, demandent de quelques grammes à plusieurs kilos de produit. Au bout de nombreux efforts, 10 grammes de Navelbine® furent fabriqués tant bien que mal. Envoyés à la Pharmacie centrale des hôpitaux de Paris, ces quelques grammes de chimie pure furent conditionnés afin d'être utilisables dans des tests *in vivo*. Il fallut alors s'en tenir aux moyens du bord. Par chance, mon collègue et ami Claude Paoletti venait de rénover à Toulouse le laboratoire de pharmacologie et de toxicologie. Ensemble nous avions défini les modalités de fonctionnement de la section en charge de l'évaluation des produits antitumoraux. Ces liens d'amitié nous furent d'une grande aide pour continuer les recherches. Dans ce laboratoire, Suzanne Cros réalisa les premiers tests toxicologiques sur des animaux souffrant de tumeurs. Les résultats confirmaient l'action thérapeutique de la Navelbine® avec une toxicité acceptable.

Puis les premières évaluations sur des patients démarrèrent chez le Professeur G. Mathé, à l'hôpital Paul Brousse de Villejuif. Ce remarquable cancérologue avait été le médecin de mon épouse lors de sa longue maladie en 1967. A cette époque j'avais bien connu les praticiens de l'équipe. En tant que chimiste, j'étais même devenu responsable du club de chimie organique à l'Organisation Européenne de Recherche et traitements du cancer (OERTC) fondée par le professeur Mathé. A Villejuif, le service de cancérologie était dirigé par le professeur Maral. Peu après l'envoi de la fameuse Navelbine®, ce dernier me téléphona : « Vous venez de m'envoyer un sacré produit ! On va en entendre parler. » Peu de temps après, Georges Mathé me confirmait qu'il s'agissait d'une excellente molécule. Désormais, pour avoir les moyens financiers et humains de développer cette substance prometteuse, il fallait absolument le concours d'un industriel.

La longue marche

Dès mes débuts à l'Institut de chimie des substances naturelles, mon patron, le Professeur M.-M. Janot, m'avait laissé carte blanche pour négocier avec les industriels. Il faut dire que tout jeune, en 1956, lors de ma troisième année de pharmacie, j'avais passé une partie de mes vacances universitaires comme stagiaire au centre de recherches de Rhône-Poulenc à Vitry. Du coup, lorsque quelques années plus tard, jeune chargé de recherche au CNRS, j'étais allé voir les industriels, j'avais été reçu à bras ouverts. A l'époque, la tendance n'était pas du tout aux relations entre l'Université et l'Industrie. Il n'y avait aucun texte pour encadrer ces coopérations. Les scientifiques étaient extrêmement réticents à s'aventurer du côté de firmes privées. Les quelques-uns qui passaient la barrière étaient quasiment accusés de « vendre la recherche publique au grand capital ». Pourtant, je pensais déjà que l'avenir était aux relations bien vécues entre la recherche publique et l'industrie. Sans soumission des uns par rapport aux autres !

Au moment où la Navelbine® commençait à présenter de bons espoirs, au début des années 80, notre laboratoire de Gif avait deux contrats de recherche annuels avec Rhône-Poulenc, sur la pervenche de Madagascar et sur les substances d'origine marine. Côté pervenche, il s'agissait de trouver de nouveaux alcaloïdes en plus des deux découverts aux Etats-Unis, la vinblastine et la vincristine. A l'ICSN l'étude de plusieurs espèces de pervenche, *Catha-*

ranthus longifolius et *Catharanthus ovalis*, avait permis la caractérisation de nouveaux alcaloïdes. Quant aux chimistes de Rhône-Poulenc, ils effectuaient les opérations d'extraction. Je présentai tout naturellement la molécule de Navelbine® à la direction de Rhône-Poulenc. Au même moment, la firme pharmaceutique, confrontée à des difficultés financières, décidait de suspendre ses travaux de recherche avec des collaborateurs extérieurs. *Exit* la molécule ! Suite à ce premier refus, je me présentai devant d'autres industriels français, mon dossier bien étoffé sous le bras. Roussel-Uclaf, Servier... les portes se fermaient les unes après les autres. J'étais victime du syndrome « Not Invented Here ». Il fallait que les médicaments soient de purs produits « maison ». Quand je sonnai à la porte d'Eli Lilly, l'industriel américain en charge de la vinblastine et de la vincristine, ce dernier tenta de récupérer le « bébé » par des voies détournées. Pas question ! Finalement, alerté par l'ANVAR (Agence Nationale pour la Valorisation de la Recherche), Pierre Fabre, directeur des laboratoires du même nom, vint me voir à Gif. Lorsque je lui annonçai tout de go la possibilité de développer un nouveau traitement anticancéreux, il resta abasourdi. Il s'agissait pour cette firme familiale d'entrer de plain-pied dans l'oncologie, un domaine thérapeutique soi-disant réservé aux « majors » de l'industrie mondiale. Pourtant, Pierre Fabre revint me voir quinze jours plus tard accompagné de son directeur de recherche. C'était gagné ! Le développement se fit dans un temps record. Des chercheurs de Gif se rendirent à Castres, siège de la société, pour participer à la mise au point de la synthèse industrielle du médicament. Les études cliniques s'échelonnaient afin de définir au mieux la posologie qui permettait d'obtenir les meilleurs résultats avec le minimum d'effets toxiques. Le dossier d'autorisation de mise sur le marché (AMM) s'étoffa rapidement.

Cette autorisation fut donnée en 1989 par le ministre chargé de la Santé. C'était l'acte de naissance de la Navelbine®. En 1994, ce premier antitumoral français fut accepté par l'inflexible Food and Drug Administration américaine. Aujourd'hui ce médicament est toujours utilisé dans le traitement du cancer du poumon « non à petites cellules » et donne de bons résultats dans les cancers du sein.

L'aventure du Taxotère®

Le développement du Taxotère® a suivi de près la réussite de la Navelbine®. Cette fois-ci, Rhône-Poulenc ne laissa pas passer le coche et soutint très vite le projet en la personne de François Lavelle. Ce dernier, directeur du département de cancérologie chez Rhône-Poulenc, était au courant de l'émergence du Taxol américain dès 1979. A cette date, nous avions signé un premier contrat de recherche entre l'équipe de Gif et Rhône-Poulenc qui portait sur l'étude de l'if et du thuya. Dans son centre de recherche de Vitry, François Lavelle complétait les évaluations *in vivo* des molécules taxoïdes issues de l'if. En 1985, nous lui avions transmis près d'une cinquantaine de produits préparés par Daniel Guénard, Françoise Guéritte et leurs collaborateurs. Parmi ces derniers, le Taxotère® se montrait deux fois plus actif que le Taxol lors du test « tubuline ». Validant cette observation sur 10 mg de substance purifiée, François Lavelle s'engagea avec nous sur l'avenir du Taxotère®. Il investit plusieurs millions de francs pour démarrer des études approfondies. La molécule de synthèse fut tout de suite brevetée par Rhône-Poulenc. Puis la course démarra.

Pour réaliser les études complémentaires, il fallait posséder 100 grammes de produit. Là encore les chercheurs de Gif aidés par Michel Collin de Rhône-Poulenc relevèrent le défi. L'aventure scientifique prit à cette époque l'allure d'une promenade champêtre. Pendant l'année 1985, nous partions à la cueillette de feuilles d'if, nous approvisionnant au pied des conifères abattus lors du percement de la route dans le parc du château à Gif-sur-Yvette et chez les pépiniéristes. Avec une tonne d'aiguilles d'if, nous parvînmes à obtenir 100 grammes du composé intermédiaire à partir duquel on fabriquait le Taxotère® ! Ces travaux d'extraction étaient menés dans « l'usine » de Gif-sur-Yvette attenante aux laboratoires. Après les premières études toxicologiques menées chez Rhône-Poulenc, nous savions que le Taxotère® pouvait être administré sans risque majeur chez l'Homme. Son avenir pharmaceutique s'annonçait sous de bons auspices. D'autant que chez Rhône-Poulenc, les chimistes avaient mis au point un procédé de synthèse industrielle pour obtenir le Taxotère® par kilos.

Cinq ans plus tard, en 1990, la molécule était synthétisée en quantité suffisante pour démarrer les évaluations cliniques. Dans les centres anticancéreux de France (à l'hôpital Saint-Louis chez le Professeur Marty), en Angleterre et aux Etats-Unis, l'administration du Taxotère® à des patients résistants aux autres traitements, confirma la grande activité antitumorale de ce produit. La dose optimale et le rythme d'administration du traitement furent déterminés. Avec ces premiers résultats, le Taxotère® acquit son grade de médicament. Ensuite les études cliniques de phase II déterminèrent le type de tumeurs sur lesquelles le traitement agissait en priorité. Les cliniciens montrèrent que le Taxotère® était actif sur les cancers du sein, de l'ovaire et du poumon. En 1995, cinq ans après la première administration à l'Homme, l'autorisation de mise sur le marché fut obtenue en Europe et aux Etats-

Unis. Quinze ans après les premières recherches autour de l'if toxique, les premiers patients étaient soignés par chimiothérapie avec le Taxotère®.

Ces deux réussites ont été le fruit du travail en commun de nombreux spécialistes : chimistes, pharmacologues, toxicologues, médecins et industriels. La conviction d'avoir entre les mains des molécules prometteuses, les relations de confiance et d'amitié qui nous liaient ont eu raison des difficultés rencontrées sur notre route. Comme le souligne François Lavelle : « Notre collaboration a été tout à fait claire. Les chimistes de Gif ont travaillé à l'étude fondamentale. Les industriels se sont occupés de la mise en forme pharmaceutique. » Il est vrai que nous ne sommes pas tombés dans le mélange des genres. Personne n'a cherché à apprendre son métier à son partenaire. L'interdisciplinarité, bien vécue, a été le moteur de la réussite. Cette aventure humaine et scientifique engagée contre le cancer, a donc donné deux médicaments précieux. Tout n'est cependant pas toujours si rose. Les échecs sont légion. Sur 100 molécules étudiées au stade de l'étude clinique, 3 seulement deviennent des médicaments. L'arrêt en cours de développement est le lot d'une grande partie de la recherche pharmaceutique. Paradoxalement, cette industrie ressemble de plus en plus à un gigantesque cimetière de médicaments.

Coup d'arrêt en clinique

En 1979, l'actualité scientifique autour des substances naturelles d'origine marine démarrait. Je lançais un programme de recherche sur ce thème en Nouvelle-Calédonie avec la collaboration de l'Orstom. Les organismes marins pêchés étaient étudiés en étroite coopération avec Rhône-

Poulenc. Au cours de ces recherches, *Pseudaxinyssa cantharella*, une éponge du lagon néo-calédonien, fournit une molécule, la girolline. Cette substance se révéla dans les mains de Christian Poupat, d'Alain Ahond et de leurs collaborateurs, très active sur les cellules tumorales. Elle inhibait la synthèse des protéines au niveau du ribosome, empêchant ainsi la duplication anarchique des cellules. Devant l'activité nouvelle de ce composé inédit, nous avons réalisé sa synthèse à l'institut de Gif. Puis les premiers essais cliniques de phase I (évaluation de la toxicité) démarrèrent chez Rhône-Poulenc entre 1984 et 1985. Malheureusement les cliniciens soulignèrent que l'ingestion de la girolline provoquait une baisse de tension chez les malades. Ces effets secondaires risqués marquèrent la fin de l'aventure pharmaceutique de la girolline. Mon point de vue de chimiste me permet d'affirmer qu'il était possible de modifier la structure de la molécule pour diminuer ces effets secondaires. Mais la décision industrielle fut sans appel. Déjà, le Taxotère® préfigurait de meilleures chances. Tout l'effort de recherche fut donc reporté sur ce dernier. Néanmoins, en terme de recherche fondamentale, la girolline reste étonnante. Il y a fort à faire pour élucider son mode d'action original. Cela implique une veille active que nous réalisons à Gif.

Nous connûmes la même mésaventure avec une substance antidépressive. Au cœur de la petite pervenche, *Vinca minor*, les chercheurs connaissaient bien l'alcaloïde qui en était extrait : vincamine. Cette molécule à l'effet vasodilatateur a été longtemps étudiée dans le traitement de l'hypertension artérielle ou pour améliorer la circulation cérébrale. Elle possédait en outre une seconde propriété du côté du cerveau. Un jour, à la cantine du campus de Gif, je discutais avec Robert Naquet, à l'époque directeur du laboratoire de neurophysiologie. Ce dernier, spécialiste de l'épilepsie, avait noté un effet excitateur de la vincamine sur ses animaux. Intrigué par cette particularité, je décidai d'y regarder d'un point de vue chimique et de modifier quelque peu la molécule.

En 1984, je fus détaché du CNRS pour créer un laboratoire mixte sur le site de recherche de Roussel Uclaf. Cette firme pharmaceutique réalisait la synthèse de la vincamine pour les laboratoires Dausse. Alerté par mes recherches sur la molécule, l'industriel décida d'y regarder de près. Un nouveau dérivé de synthèse prit forme et fut baptisé RU 24 722. Il stimulait le système nerveux central d'une façon inédite. Idéal pour combattre l'état dépressif ! En effet, cette molécule relançait l'action de certaines enzymes chargées de fabriquer la noradrénaline un neuromédiateur impliqué dans cette maladie. Une étude clinique préliminaire réalisée sur des patients dépressifs réfractaires à tout traitement donna des résultats prometteurs. Sur 13 malades, 12 purent reprendre leurs activités. Malheureusement, la poursuite des études cliniques se heurta à des effets secondaires au niveau du foie. La dose administrée, 90 mg, était trop forte et aurait certainement pu être diminuée. Mais là encore, la sentence industrielle fut rapide et sans appel. Lors d'une réunion des équipes de recherches, Edouard Sakiz, alors président du directoire, me fit passer un mot lapidaire : « Le RU 24 722 est mort. » Pour ma part je pense que ce composé garde une activité intéressante et n'a sans doute pas dit son dernier mot dans le futur arsenal pharmaceutique. Nous nous en occupons.

Un demi-succès

Dans cette recherche vers des produits innovants, le candidat-médicament retenu n'est pas toujours le meilleur de la série. Tel fut le cas du Celiptium, un composé antitumoral développé par Sanofi.

Etudiée par des chercheurs australiens et américains dans les années 60, l'ellipticine extraite d'un arbre du Pacifique sud, l'*Ochrosia*, présentait des vertus antitumorales. Mais elle manifestait une toxicité rédhibitoire sur les cellules du cerveau. Les chimistes tentèrent d'observer d'autres molécules extraites de l'*Ochrosia*. L'une d'entre elles donna naissance à un composé actif sur les cellules cancéreuses. Au laboratoire de Toulouse, Claude Paoletti et Bernard Meunier observaient les dérivés potentiels de cette molécule et retinrent le Celiptium. Synthétisé dans les laboratoires de Gif, ce composé fut développé par Sanofi. Hélas, là encore, les effets secondaires s'avéraient relativement gênants. Le médicament ne connut pas de suite. L'aventure des dérivés de l'ellipticine s'acheva là. Il est difficile de recommencer le développement pour améliorer un produit médiocre. Lorsque vous n'avez pas choisi le meilleur cheval de la série, il est quasiment impossible de revenir en arrière. Cela coûte trop cher en terme de développement industriel. Mais, encore une fois, les dérivés de cette famille demeurent des candidats potentiellement intéressants.

Penser l'approvisionnement

La recherche sur les substances naturelles doit tenir compte très tôt des contraintes d'approvisionnement. De retour de mission de collecte, un petit échantillon de plante est suffisant pour isoler et identifier une possible molécule active. Par contre, pour continuer les recherches, il faut retourner sur le terrain et collecter plusieurs dizaines de kilos de plantes. Enfin, lors des essais cliniques et si l'on envisage une future commercialisation, plusieurs tonnes de produits naturels seront nécessaires. Depuis le XIXe siècle, les chimistes souhaitent se libérer de cette contrainte en mettant au point la synthèse totale de la substance dont ils ont besoin. Il s'agit de fabriquer une copie analogue de la molécule naturelle, à partir de substances artificielles, avec le moins d'étapes pour avoir le meilleur rendement industriel possible. La course à la synthèse existe dans les laboratoires de recherche publique mais reste toujours un défi industriel majeur. Ainsi, les chercheurs de BASF ont déployé des trésors d'ingéniosité dans le cas de *Dolabella auricularia.* Cette limace de mer renferme des trésors de substances anticancéreuses. Il est exclu, pour des raisons écologiques et économiques évidentes, de ratisser les mers à la recherche de la fameuse limace. Lancés dans la bataille, les chimistes industriels ont réussi en six mois à synthétiser une molécule similaire, plus active. Il leur faudra six mois de plus pour définir la voie de synthèse optimale parmi 14 possibilités et démarrer la production. Finalement, le principe actif demandera 10 étapes de synthèse.

Malgré quelques succès, la synthèse industrielle qui offre l'avantage d'éviter l'approvisionnement en matière première végétale ou animale, n'est pas toujours adaptée techniquement et économiquement. Parfois, la synthèse s'avère trop complexe (elle peut comporter plus de 40 étapes) et donc trop chère. Pour ces raisons, il est exclu de fabriquer la strychnine par synthèse totale. De même la synthèse de la morphine, si elle a résisté longtemps aux chimistes les plus brillants, est aujourd'hui accessible par voie entièrement chimique, mais à un coût légèrement supérieur à l'extraction à partir du pavot. La culture traditionnelle reste donc compétitive. La France est d'ailleurs le premier producteur mondial de morphine à partir du pavot dit « à œillette ». Pendant plus de trente ans, les chimistes ont tenté de réaliser la synthèse de la vinblastine et de la vincristine, alcaloïdes de la pervenche de Madagascar. Mais aujourd'hui la production à partir de l'espèce cultivée *Catharanthus roseus* reste économiquement la meilleure solution. Parmi les pays fournisseurs, la République Malgache a développé sa culture et en exporte près de 1 000 tonnes par an.

Cependant, à part quelques cultures bien établies, la récolte sauvage de plantes ou d'insectes aux vertus médicinales continue, au mépris des équilibres écologiques. Avec des drames à la clé : *Rauwolfia confertiflora* — qui fournit la réserpine — a pratiquement disparu du fait d'une collecte anarchique. Les arachnides, recherchées pour leur venin riche en substances actives, font l'objet d'un vaste marché noir et sont susceptibles de disparaître à court terme. Le problème n'est pas neuf. Dès 1852, dans l'*Annuaire de Thérapeutique*, le pharmacien A. Bouchardat soulevait la question au sujet de la quinine : « Depuis quelque temps, on s'est préoccupé et avec raison, en Europe, de la consommation considérable du sulfate de quinine, et de la probabilité de la destruction des quinquinas *Calysayas*, par suite du mode vicieux d'exploitation auquel sont soumis ces arbres précieux [...]. Comment, on n'élève pas en pépinières de jeunes quinquinas *Calysayas*, pour en établir des forêts régulières, dont l'exploitation intelligente donnerait des produits fabuleux ? »

Pour éviter ce pillage éhonté des ressources naturelles, les réflexions doivent s'engager dès les premières étapes de la recherche. Au National Cancer Institute, la découverte au début des années 90 de la michellanime B aux vertus anti-VIH a posé d'emblée des contraintes d'approvisionnement. Pour continuer l'étude au niveau clinique, les chercheurs ont eu besoin d'une grande quantité de matière première. Il fallait près d'une tonne de feuilles d'*Ancistro-*

cladus korupensis, la liane d'où est extraite la molécule prometteuse. Or, cette plante, spécifique de la région camerounaise, était présente en trop faible quantité pour un ramassage à grande échelle. Des études botaniques et horticoles, menées par le Missouri Botanical Garden et l'Université de Yaoundé, ont permis d'identifier des espèces offrant un meilleur rendement en michellanime B et de développer la mise en culture de cette espèce. Ainsi, conclut Gordon Cragg, directeur du National Cancer Institute : « Ces études font partie du programme de découverte de médicaments. Nous devons nous assurer de l'approvisionnement en matière première. La découverte de nouveaux médicaments à partir des plantes ne doit pas se faire aux dépens de la forêt naturelle. Il faut pour cela établir un partenariat entre les pays à riche biodiversité et les pays qui développent les médicaments. »

Cette nécessaire prise en compte de l'approvisionnement se fait jour également dans nos contrées. Plante sauvage par définition, la colchique pourrait bien être apprivoisée. En effet, elle revient sur le devant de la scène médicale. Des alcaloïdes présents dans ses graines ont des propriétés intéressantes, notamment contre la fièvre méditerranéenne. La France, qui consomme près de 80 tonnes de graines par an, en produit seulement quelques dizaines de kilogrammes. Une étude menée par des chercheurs de l'INRA a permis la mise au point d'une culture à grande échelle par semis de graines. À terme, un hectare de culture pourrait produire 900 kilos de graines. Avec 100 hectares, la demande française sera comblée. Encore une fois, la recherche sur les substances naturelles se révèle être un champ interdisciplinaire par excellence. Les spécialistes de biosynthèse sont effectivement au chevet de ces plantes à haute valeur ajoutée. Charge à ces jardiniers de laboratoire de modifier génétiquement les plantes, comme on règle un moteur de Formule 1, pour qu'elles produisent les composés souhaités en grande quantité.

Les molécules médicamenteuses actuelles, la vinblastine, la vincristine, l'artémisinine, le taxol, la podophyllotoxine, l'hypericine... coûtent entre 3 et 60 millions de francs le kilo. Elles seraient d'excellentes candidates à la production par biotechnologie. Fabriquer ces molécules *via* des cultures cellulaires végétales se fait encore avec des rendements industriels insuffisants. Cependant, l'industrie agro-alimentaire utilise de telles méthodes dans des bioréacteurs pour produire des arômes comme la vanilline, le menthol à partir de cultures cellulaires ou de culture bactérienne. Les plantes cultivées de façon naturelle à un coût dépassant 500 francs au kilo pourraient être produites à partir de culture cellulaire et être économiquement viables. Néanmoins de gros efforts de recherche sont encore nécessaires pour fabriquer industriellement des métabolites secondaires tels que les alcaloïdes. La connaissance de la biosynthèse de ces métabolites secondaires, des enzymes et des gènes impliqués est encore un facteur limitant.

Il reste une autre voie, biotechnologique, qui consiste à faire produire le médicament par d'autres organismes : champignons ou bactéries. Des protéines ont été fabriquées par ce biais, parmi lesquelles l'insuline, l'érythropoiétine ou l'hirudine. Dans ce dernier exemple, l'hirudine est une protéine extraite de la sangsue — *Hirudo medicinalis*. Elle peut être utilisée comme médicament car elle joue le rôle d'inhibiteur de la coagulation sanguine. Comme toute protéine, sa synthèse dans les cellules animales est réalisée grâce aux acides nucléiques (ADN) contenus dans le noyau des cellules et qui recèlent le code génétique. Il suffit de déterminer la structure de cette protéine pour déterminer la séquence génomique qui « code » sa production cellulaire. La séquence du génome connue, il est possible de l'introduire artificiellement dans une autre cellule, comme une bactérie ou une levure, qui a la propriété de se développer extrêmement vite (mille fois plus vite qu'une plante, cent mille fois plus vite qu'un mammifère). Ainsi, ce sont les micro-organismes stakhanovistes qui fabriquent l'hirudine à l'échelle industrielle. De nombreux médicaments susceptibles d'être produits par génie génétique sont actuellement à l'étude. Cette méthode est intéressante pour fournir des protéines et des peptides. Mais les petites molécules secondaires comme les alcaloïdes restent encore impossibles à synthétiser par voie génétique.

Au terme de ce voyage dans les arcanes du monde industriel, nous ressortons avec, en poche, deux médicaments lancés sur le marché mondial. Sans la puissance financière des firmes pharmaceutiques, il n'était point de développement possible. Mais cette longue marche en compagnie des industriels comporte aussi des contraintes. Celles de se soumettre au diktat du marché, aux décisions industrielles ou aux problèmes d'approvisionnement. Rarement les industriels sont revenus me voir après ces réussites pour entamer d'autres développements. Sont-ils trop frileux ? Eloignés des travaux de la recherche publique ? Embourbés dans leur fonctionnement de grandes structures ? Malgré tout, la foi du chercheur et de son équipe doit être solidement chevillée au corps pour traverser les difficultés et les échecs jusqu'au médicament. Seuls la confiance, voire l'amitié, et le respect réciproques peuvent souder les chercheurs des laboratoires publics à leurs partenaires de l'industrie. Alors la réussite est au rendez-vous.

6.

Un poison qui vous veut du bien

> « Verse-nous ton poison pour qu'il nous réconforte !
> Nous voulons, tant ce feu nous brûle le cerveau,
> Plonger au fond du gouffre, Enfer ou Ciel, qu'importe ?
> Au fond de l'Inconnu pour trouver du nouveau ! »
>
> Charles Baudelaire, *Le Voyage*

Etrange, le rituel du *pharmakon*. Dans l'hiver finissant, on chassait d'Athènes un homme et une femme, porteurs symboliques de tous les péchés de la ville. Le lendemain, l'arrivée du printemps fécond était célébrée. Ce rite de purification antique garde des liens étroits avec le monde de la médecine. A l'époque et jusqu'au temps des contemporains de Molière, le credo de base était : *Primum est purgare*. La première attitude devant la maladie consistait à purifier l'organisme de toutes ses humeurs malsaines. Purgatifs et lavements étaient à l'honneur. Synonyme de remède, le *pharmakon* était à l'origine maléfique car vénéneux, tout en jouant son rôle purificateur. Tour à tour, drogue bénéfique et maléfice ensorceleur, remède miracle et poison fatal, le *pharmakon* soulignait l'ambivalence originelle entre le Bien et le Mal, entre la vie et la mort. Cette liaison dangereuse entre remède et poison a signé la naissance de la pharmacie. La science des poisons était une discipline florissante dès l'Antiquité égypto-sumérienne. Puis les médecins grecs et romains étudièrent l'art du contrepoison. La toxicologie était déjà sœur de la pharmacologie. Aujourd'hui encore les poisons n'en finissent pas de fasciner pharmaciens et médecins.

D'un raffinement suprême, les substances toxiques entraînent avec une rapidité étonnante les vomissements, la paralysie, l'asphyxie, l'hémorragie, la chute de la pression artérielle, etc. Autant de symptômes précis qui indiquent la manière dont les poisons agissent sur des cibles biologiques précises à l'intérieur de l'organisme. Devant tant de manières radicales, sorciers, prêtres et plus tard médecins et pharmaciens se sont vite chargés de concocter des antidotes. En même temps, ils cherchaient les moyens de faire agir ces substances nocives pour le bien de l'Homme. Faut-il croire que les hommes, impressionnés par les propriétés puissantes des poisons, ont voulu y puiser des vertus bénéfiques ? A l'image des alchimistes de l'époque, ont-ils tenté de transformer le plomb en or, le poison en médicament ? Aujourd'hui encore, la science pharmaceutique suit à la lettre le credo de la toxicologie énoncé dès la Renaissance par Paracelse : « Tout est poison, rien n'est exempt de poison. Seul compte la dose. » A très faible dose aucune substance n'est active et, a fortiori, toxique. A partir d'un certain seuil, les effets commencent à se manifester. Progressivement on arrive à une dose optimale qui permet d'obtenir le maximum d'effets thérapeutiques en conservant un minimum d'effets nocifs. Au-delà, les phénomènes toxiques l'emportent. Autrement dit, remède et poison sont les deux faces d'une même substance dont seul le passage au-delà d'un point d'équilibre entraîne vers la mort.

Naturelles mais pour autant dangereuses pour l'Homme et l'animal, ces toxines se trouvent indifféremment chez les plantes, les insectes, les reptiles, les bactéries... Autour d'elles les savants les caractérisent, évaluent leur manière d'agir ou les modifient de manière à les rendre, si ce n'est inoffensives, du moins utiles à la santé de l'Homme.

Fleurs du mal ou du bien ?

Dans la lignée de Jean-Jacques Rousseau, il est bien rassurant d'assimiler la nature, bonne et raisonnable, à une déesse mère qui distille soins et nourriture. Ce qui est qualifié de naturel obtient d'emblée une valeur émotionnelle positive. Est-ce le souvenir d'un jardin d'Eden aux mille vertus que l'Homme a malencontreusement quitté ? Hélas ! Une seule promenade dans les champs vient chambouler cette vision paradisiaque. Penchez-vous sur ces attrayants boutons d'or qui fleurissent en bordure des routes. Comment de si charmants pétales d'un jaune ensoleillé pourraient-ils recéler le moindre poison ? Ne vous fiez pas à cette innocente apparence ! Cette adorable petite fleur est toxique. Plutôt, contient-elle une substance, la protoanémonine, qui l'est. La manger fraîche entraîne des réactions allergiques fort désagréables. Des chemins vicinaux aux champs de batailles, il n'y a qu'un pas que certaines plantes redoutables ont franchi. L'une d'elles, l'hellébore, fut la première « arme biologique » utilisée par les Grecs de Delphes. Lors du siège de la ville de Krissa, ils disséminèrent des bouquets d'hellébore dans les cours d'eau alimentant la ville. Victimes de diarrhées en buvant l'eau polluée, les assiégés n'eurent d'autre choix que de se rendre. Encore une fois, le cocktail de molécules présentes dans cette plante avait provoqué de terribles empoisonnements. Quant à la mort de Socrate, elle est due à un breuvage de ciguë broyée, plante de la famille des ombellifères. La description précise qu'en fait Platon à la fin du *Phédon* évoque la rapidité d'action de ce poison qui provoque une paralysie suivie d'un arrêt cardiaque.

« Socrate alors, après avoir marché, nous dit qu'il sentait ses jambes s'alourdir. Il se coucha sur le dos, comme l'avait prescrit l'homme qui lui avait apporté le poison. Cet homme alors le palpa et examina de temps à autre et ses pieds et ses jambes. Serrant par la suite un de ses pieds avec force, il lui demanda s'il sentait quelque chose. Socrate dit que non. Le même homme alors lui pressa le bas des jambes ; et, palpant plus haut, il nous montra ainsi que le corps se glaçait et se figeait. Puis le touchant de nouveau, il nous dit que Socrate s'en irait dès que le froid lui gagnerait le cœur. »

A faible dose et sous des auspices plus favorables, la ciguë fut utilisée par les chirurgiens grecs comme anesthésique pour insensibiliser le patient lors d'une intervention. De même, aux XIIe et XIIIe siècles les médecins employaient les sucs et extraits de plantes narcotiques telles la jusquiame, la mandragore et la ciguë pour provoquer une narcose qui remplaçait l'anesthésie. Plus tard, ces moyens permettant de traiter la douleur furent méprisés par les chirurgiens qui considéraient les narcotiques issus des pratiques de sorcellerie, allant même jusqu'à les proscrire de leur pratique.

La nature apparaît sous un double visage. Bien souvent les plantes les plus dangereuses constituent par elles seules une formidable officine pharmaceutique. Les divers alcaloïdes présents dans les feuilles ou les graines des plantes peuvent être de redoutables toxiques tout en fournissant des outils remarquables à la pharmacopée. L'un des plus spectaculaires, la strychnine, extrait d'une plante indienne *Strychnos nux vomica*, a longtemps été utilisé comme stimulant et excitant du système nerveux central et de l'appétit. Attention ! A forte dose cette noix vomique est un poison mortel. Autre arme fatale, le curare a fasciné nombre de pharmaciens et de médecins d'Europe au XIXe siècle. Les Indiens d'Amazonie employaient ce curieux poison à la pointe de leurs flèches. Ils choisissaient avec soin les lianes toxiques qui les recélaient, les broyaient, les faisaient macérer à feu doux afin d'obtenir une poudre noire. Ils la plaçaient dans un entonnoir de feuilles puis versaient de l'eau bouillante dessus. Une véritable infusion empoisonnée ! Le jus mortel était ensuite stocké dans des calebasses ou des pots en argile. Gare à la prochaine proie qui passerait dans les parages. La flèche imprégnée de curare, envoyée d'un souffle de sarbacane, paralysait la bête immédiatement. Sir Walter Raleigh revint de Guyane en 1595 avec les premiers échantillons de ce noir mélange. Il fallut cependant plusieurs siècles avant d'isoler le principe actif. Claude Bernard fut le premier à analyser les effets physiologiques du curare sur une grenouille en 1844. Ce faisant, il put découvrir les mystérieux mécanismes de la transmission neuro-musculaire.

Aujourd'hui, les plantes toxiques, présentes sous nos latitudes ou sous les tropiques, fascinent encore. En observant les modalités d'action de ces molécules effrayantes, on découvre des mécanismes biologiques insoupçonnés. Ces poisons sont loin d'agir de la même façon sur toutes les espèces. La consommation d'atropine, extraite des baies noires de la belladone, a toutes les chances de faire passer un être humain normalement constitué de vie à trépas. Mais de petits rongeurs, subissant le même sort, restent en excellente santé. Mieux vaut faire infuser les feuilles de belladone et mettre quelques gouttes du liquide obtenu dans les yeux. Selon les anciens, c'est ce qui donnerait des yeux de braise aux « Belle Donne » italiennes... Mais, artifice de séduction ou poison mortel, ces phénomènes restent toujours source d'interrogation. Ce qui est toxique pour un individu au sein d'une espèce ne l'est pas forcément pour les autres membres de l'espèce. De même, ce qui est toxique pour un organe ou un tissu donné peut être totalement inoffensif pour une cible voisine.

Comme les plantes vénéneuses, les animaux venimeux ne sont pas toxiques pour tous. Du venin de serpent marin a été injecté à ce même animal. Alors que la dose serait suffisante pour tuer des milliers de souris, le serpent, lui, n'a pas bronché d'un pouce. Injustice ou loi de la jungle ? Il ne revient pas ici de juger du projet toxicologique de la Nature mais bien de le comprendre. Charge aux biologistes, aux toxicologues et aux chimistes de percer tour à tour les secrets de ces poisons d'animaux.

Dans la peau des grenouilles

« Je t'ai dans la peau », pourrait clamer la grenouille. Au cœur de son épiderme perméable, certaines d'entre elles gardent jalousement le secret de substances maléfiques. Rappelez-vous les pouvoirs étranges du crapaud, l'animal de compagnie des sorcières. Quelle est l'origine de ces substances toxiques que l'on retrouve dans le mucus qui recouvre le dos des grenouilles amazoniennes ? S'agit-il des plantes ou des insectes qu'elles mangent qui donnent naissance à ces poisons si violents ? Nul ne peut le dire actuellement.

Les biologistes s'intéressent de près aux amphibiens depuis que l'un d'entre eux a mis le doigt sur *Epipedobates tricolor*. Cachée dans les marais équatoriens, cette ravissante grenouille au costume d'Arlequin coulait des jours paisibles dans la moiteur tropicale. Sur ce terrain, John Daly, du National Institute of Diabetes, Digestive and Kidney Diseases, menait l'enquête. Il n'ignorait pas que les Indiens de Colombie récupéraient la peau des batraciens pour concocter des armes particulièrement efficaces. Lorsqu'en 1974, de retour d'une mission en Equateur, il rapporte la superbe grenouille dans son laboratoire, Daly n'en croit pas ses yeux. Il extrait de la peau du batracien une substance qu'il administre à une souris. Très vite il observe que ce composé, baptisé épibatidine, supprime les sensations douloureuses de ces animaux. Est-ce un équivalent de la morphine qui se cachait dans la peau de la grenouille ? Cette question, Daly attendra vingt ans avant d'y répondre. Impossible de chasser des milliers de batraciens pour disposer de suffisamment de matière et continuer les recherches. Il ne lui reste qu'à garder au frais les seuls 750 microgrammes qu'il possède. Le temps nécessaire pour que les outils d'analyse chimique, plus sensibles et sophistiqués, puissent faire avancer ses recherches.

Au début des années 90 seulement, il peut passer l'epibatidine à la moulinette d'un instrument hyper sophistiqué, un spectromètre à résonance magnétique nucléaire. Gagné ! l'identité de la molécule est révélée au grand jour. La ressemblance avec une substance archi-connue, la nicotine, est frappante. Cela confirme les chercheurs sur la piste de l'antalgique. Car depuis les années 30, la nicotine était connue pour son pouvoir de bloquer la transmission de la douleur vers le cerveau. L'epibatidine semble agir de même et se révèle bientôt 200 fois plus puissante que la morphine, l'analgésique de référence. Mais inutile d'ingérer de l'exsudat de la peau de grenouille pour devenir fakir ! L'epibatidine reste malheureusement trop toxique pour l'Homme. Toutefois cette piste d'études prometteuses a été lancée. Le laboratoire pharmaceutique Abbott s'est associé à ces recherches sur des molécules analogues. Aussitôt des armées de chimistes ont tenté de faire la synthèse de molécules jumelles de l'épibatidine. Plusieurs sont sorties de leur chapeau parmi lesquelles l'ABT 594 ou épiboxidine. Ce composé semble posséder de sérieux arguments pour devenir le chef de file d'une nouvelle série de médicaments utiles au traitement de la douleur. Vingt fois moins toxique que l'épibatidine, la molécule est plus puissante que la morphine apparemment sans en posséder les effets secondaires toxicomanogènes. Reste à confirmer que le composé ne provoque pas d'accoutumance. Alors seulement la petite grenouille d'Equateur pourra se targuer d'avoir résolu le casse-tête des guérisseurs de la planète : vaincre la douleur !

Après ce coup de maître, les crapauds, grenouilles et rainettes ont été projetés sur la scène pharmacologique. Parmi les espèces qui intéressent les herpétologistes, les *Phyllobates* d'Amérique du Sud trahissent par leur costume hautement coloré leur contenu en molécules en tout genre. Ces animaux dits venimeux passifs sont à étudier avec prudence comme leur nom l'indique : *Phyllobates terribilis* en Colombie, *Phyllobates lugubris* au Panama ou *Phyllobates vittatus* au Costa Rica. A l'Institut Jacques Monod (Jussieu), *Phyllomedusa bicolor* est l'objet de beaucoup d'attention. En effet, la peau de cette grenouille arboricole d'Amazonie renferme une multitude de peptides, de petites molécules formées d'un enchaînement de quelques acides aminés. Parmi ces substances, certaines bloquent la transmission de la douleur. Elles agissent comme la morphine. Décidément les batraciens ont fort à faire pour soulager la douleur !

D'autres peptides originaux garantissent la survie de la grenouille dans la jungle amazonienne lorsqu'elle est attaquée par des micro-organismes en tous genres. Grâce à ces molécules, les dermaseptines, à la surface de la peau, la grenouille bicolore provoque la mort des bactéries, des champignons ou autres germes venus l'importuner. Bref, avec ses armes chimiques sophistiquées, elle sait se défendre toute seule.

Résister aux envahisseurs

A l'instar des grenouilles, les insectes, les plantes et même les humains possèdent de minuscules armes contre les bactéries, les champignons, les virus ou les parasites intempestifs. Qualifié d'immunologie spontanée, ce système de défense passionne les chercheurs depuis peu. Moins étudiée que l'immunologie spécifique, la défense innée fait pourtant ses preuves chez... la mouche. La drosophile qui dispose de ce seul système de protection est un des insectes les plus résistants aux attaques bactériennes. Depuis 1965, L.I. Gilbert de l'université de Caroline du Nord à Chapel Hill décrypte ces secrets. En 1981 l'équipe du département d'Immunologie à Uppsala en Suède a mis en évidence le secret de la résistance du papillon *Hyalophora cecropia.* Cette substance, l'attacine, est un peptide qui élimine l'intrus — bactérie ou champignon — en dégradant la membrane des microbes comme on le ferait d'une vulgaire tache de graisse. Depuis cette découverte, 400 peptides ont été répertoriés, parmi lesquels la defensine, la drosomycine, la cecropine, chez les insectes, les plantes et l'homme. D'une façon étrangement similaire aux armes de nos amies les bêtes, la défensine humaine, découverte en 1995 dans les cellules de l'épiderme, combat les bactéries et les champignons. Ainsi, la première défense antimicrobienne se joue-t-elle à fleur de peau.

Jules Hoffmann à l'Institut de biologie moléculaire et cellulaire de Strasbourg a démarré de passionnantes recherches sur ces peptides spécifiques que sont les défensines. La drosophile, « mouche-star » des laboratoires, possède un arsenal de défensines très complet. Sécrété dans l'hémolymphe de l'insecte, chaque peptide correspond spécifiquement à un type de germe infectieux qui attaque l'insecte. Ces substances remplissent un second rôle dans la suite de la réaction immunitaire spécifique. Au-delà d'une meilleure compréhension du système immunitaire animal, les chercheurs puisent dans les défensines d'insectes des idées pour créer des substances efficaces contre les infections microbiennes et fongiques. L'industrie pharmaceutique, friande de substances antibiotiques et antifongiques, regarde de près les armes de ces insectes. Autre piste d'avenir, ce système de défense existe également chez les moustiques et les mouches tsé-tsé, vecteurs innocents des maladies parasitaires. Si on parvient à décortiquer les meilleures stratégies de défense de ces insectes contre les parasites nuisibles, cela ouvrirait une voie originale de lutte contre le paludisme, la maladie du sommeil, la dengue...

Seule contrainte de ces défensines, elles ne se trouvent qu'en faible quantité dans l'hémolymphe des insectes. Il faut 20 000 mouches pour préparer un extrait à étudier ! Une solution consiste à produire ces molécules par génie génétique via des bactéries. Les progrès des outils d'analyse vont faciliter l'étude des peptides. Au Muséum National d'Histoire Naturelle, Catherine Auvain, chimiste, démarre des recherches sur les défensines de mygales et de pseudoscorpions. Cet intérêt récent pour les armes de défense trouve un écho intéressant auprès des spécialistes des poisons. En effet, les défensines de scorpion possèdent un costume chimique (motif et arrangement des acides aminés) étrangement ressemblant aux molécules toxiques isolées dans les venins de scorpions. Des similitudes qui laissent penser que les défensines sont apparues plus tôt dans l'évolution biologique que leurs cousines, les toxines. Les premières armes de défense auraient été élaborées pour lutter contre les bactéries primitives. Face aux prédateurs plus puissants, la Nature aura concocté une stratégie de combat sophistiquée à base de venins raffinés. Décidément, les armes qui régissent la loi de la jungle sont loin d'avoir livré tous leurs secrets.

Crache ton venin

Au cœur du Jardin des Plantes à Paris, la spécialiste des mygales engage une lutte sans merci. Elle cherche à récupérer le venin de ses effrayantes protégées. Une simple stimulation électrique simule une attaque. L'araignée crache alors son venin. Les recherches sur les toxines d'araignées peuvent commencer. Ces manipulations auprès des animaux les plus venimeux de la planète rappellent des gestes amplement répétés depuis des millénaires. A l'époque égyptienne, le médecin, maître patenté des scorpions et des serpents, utilisait dans sa pharmacopée moult infusions de scorpion ou graisse de vipère. L'étude des venins dangereux passionnait les hommes de science autant qu'elle terrorisait le moindre quidam. Les Traités, les Antidotarium, véritables bibles sur les poisons et venins s'entassaient dans les bibliothèques des médecins et fournissaient les ouvrages fondateurs de la toxicologie. Le XIXe siècle, marqué par la recherche des principes actifs, apporta l'isolement de la crotaline en 1860 par Mitchell. Puis les chercheurs Fraser, Calmette, Phisalix et Bertrand inventèrent les sérums antivenimeux. Dans les années 60, les progrès de la biologie permettent d'isoler les toxines curarisantes et de se pencher sur les mécanismes d'action de ces substances à haut risque. Ce pan de recherche s'avère fabuleusement riche. Le monde des armes chimiques naturelles est d'une extrême diversité. Encore une fois Dame Nature a fait preuve de raffinement dans l'élaboration de poisons subtils et violents.

Dans ce vaste arsenal, on distingue les substances vénéneuses, issues de plantes et souvent toxiques après simple ingestion ou contact, des substances venimeuses issues d'animaux et qui, compte tenu de leur structure chimique sont toxiques par inoculation. Parmi les animaux venimeux, les scorpions ou les serpents sont actifs. Ils attaquent et injectent leur venin à l'aide de leur aiguillon, de leur crochet ou de leur stylet... Les salamandres et grenouilles sont qualifiées de passives car elles n'utilisent leur venin qu'à des fins défensives. Habituées des tropiques, les espèces réellement dangereuses sont peu nombreuses. Seule exception à la règle : les serpents. Sur 2 700 espèces recensées, 500 reptiles entraînent des empoisonnements chez l'Homme. Généralement les toxines de ces charmantes bestioles paralysent et tuent les proies animales ou humaines.

Est-ce le goût du risque, la fascination pour ces armes fatales naturelles qui a attiré les hommes à recueillir les venins les plus dangereux ? Peut-être. En fait, on n'imagine pas tout ce que cache une goutte de venin. Sec, l'extrait renferme près de 90 % de protéines diverses et variées. Au menu de ce venin, viennent en premier lieu les enzymes, des composants chargés de faciliter l'action des toxines. Mais il existe aussi des inhibiteurs d'enzymes à effet inverse. Ensuite la longue liste des toxines s'égrène : neurotoxines, cardiotoxines, myotoxines, toxines hémorragiques... Chacune de ces substances vise surtout, comme leur nom l'indique, le système nerveux, le cœur, les muscles, le sang... La liste des ingrédients d'un venin ne se limite pas aux seules toxines. Des produits coagulants et anticoagulants sont présents. Des protéines non toxiques ont également des effets originaux. Par exemple un facteur de croissance notoire, le Nerve Growth Factor. Isolée en 1956 par l'Italienne Rita Levi-Montalcini et l'Américain Stanley Cohen à partir d'un venin de naja, cette substance participe au développement du cerveau. Cet exploit leur vaudra le prix Nobel de médecine trente ans plus tard.

Zoom sur les neurones

Parmi toutes les parcelles actives d'un venin, les neurotoxines qui inhibent le fonctionnement du système nerveux et le système musculaire demeurent les plus étudiées actuellement. Physiologistes et biologistes explorent les effets de ces substances sur la transmission de l'influx nerveux. Classiquement la neurotoxine vient bloquer l'entrée des canaux ioniques, chargés de réguler le passage de l'influx nerveux entre deux neurones. Une telle perturbation dans la transmission neuronale entraîne la paralysie motrice. Les scorpions s'avèrent être les champions de ce type d'armes. Parmi les plus dangereux figurent les 20 espèces de buthidés provenant d'Amérique, d'Afrique du Nord, d'Afrique du Sud et d'Asie. Les molécules fatales, isolées par les chercheurs, répondent aux jolis noms évocateurs de scyllatoxine et charybdotoxine (extraites des scorpions *Leiurus*) ou encore kaliotoxine (issue d'*Androctonus mauritanicus*). Ce sont des protéines, de longues molécules composées d'un enchaînement d'une cinquantaine d'acides aminés. Détail important, elles ressemblent à des colliers aux perles différentes mais fabriqués sur le même modèle. Avec cette forme reconnaissable en représentation tridimensionnelle, la molécule toxique agit spécifiquement sur le récepteur avec beaucoup d'affinité. Cela explique l'action extrêmement ciblée des toxines dans l'organisme. Du côté des serpents, les protéines paralysantes ressemblent à celles des scorpions même s'il l'on ignore encore avec précision leur mode d'action. Près de 80 toxines, très bien étudiées, sont dites curarisantes car elles provoquent une paralysie flasque. Extraites des reptiles *Elapidae* et *Hydrophidae*, elles agissent sur le récepteur de l'acétylcholine des muscles et provoquent un relâchement total... Aujourd'hui on utilise ces armes toxiques comme outil de la biologie moléculaire. En observant l'action d'une toxine au niveau cellulaire, il est possible d'identifier le récepteur sur lequel elle va s'accrocher et agir. De cette manière des neurotransmetteurs inédits ont été découverts parmi lesquels, le récepteur cholinergique par l'équipe de Jean-Pierre Changeux à l'Institut Pasteur.

En plus de faire avancer les recherches en neurobiologie, ces toxines ouvrent des voies thérapeutiques inédites. Certains dérèglements neurologiques, comme l'épilepsie ou la maladie d'Alzheimer, sont caractérisés par un dysfonctionnement des canaux ioniques impliqués dans la transmission nerveuse. Or, les toxines comme la charylodotoxine de scorpion ou les dendrotoxines du mamba vert ont la faculté d'activer l'ouverture de ces canaux. Est-ce là une solution élégante pour limiter le développement de certains dérèglements neurologiques ? La seule contrainte actuelle de ce type de toxine est qu'elle ne passe pas la barrière hématoencéphalique qui s'interpose entre le sang et le liquide céphalorachidien qui baigne le cerveau. Bloquée, elle ne peut aller agir sur les neurones. Par ailleurs ces toxines, difficiles à obtenir, coûteuses et peu stables, sont de trop grosses molécules. Charge aux pharmacologues de s'inspirer de la structure de ces molécules spécifiques pour créer de futurs médicaments.

Du poison au médicament

Appréciées pour leur spécificité d'action, les mille et une molécules d'un venin conduisent donc parfois à des médicaments. Les substances naturelles détectées dans quelques microlitres de poison ouvrent des pistes vers la synthèse de composés analogues en laboratoire. Sorti de la jungle amazonienne, l'antihypertenseur Captopril® figure parmi les 20 médicaments les plus vendus dans le monde. Ce succès de pharmacie est né à l'Institut Butantan du Brésil, sous les crochets du serpent *Bothrops jararaca*. En 1965 les chercheurs isolent de ce venin un petit peptide, le téprotide composé de 9 acides aminés, et dont l'injection entraîne la dilatation des vaisseaux sanguins et une diminution de l'hypertension artérielle. Ils y voient une piste de traitement possible pour résoudre les problèmes d'hypertension dus à une diminution de l'élasticité des vaisseaux sanguins. A l'issue de ces recherches, les chimistes ont synthétisé une molécule directement inspirée de ce peptide, la Captopril®. Le chemin qui a conduit, depuis la jungle jusqu'aux officines, cet antihypertenseur fameux fut un succès.

Dans la même veine, les scientifiques ont mis au jour des molécules spécifiques, les désintégrines, chez les vipères et les crotales. Ces substances empêchent la formation de caillots sanguins en inhibant l'agrégation des plaquettes. Récemment, les laboratoires de recherche de Merck ont entrepris de mimer la nature de ces désintégrines. Le résultat de leur synthèse a donné lieu à un médicament approuvé par la Food and Drug Administration. L'Agrastat® est préconisé pour prévenir les infarctus du myocarde et limiter les risques de thrombose en cas d'angine de poitrine.

Toujours au cœur des venins de serpents, d'autres enzymes favorisent ou empêchent la coagulation sanguine à un autre niveau que l'agrégation plaquettaire. L'une d'entre elles, la batroxobine, isolée du serpent *Bothrops atrox*, a été commercialisée sous le nom Reptilase®. Cette enzyme favorise la formation de la fibrine et donc la coagulation du sang. Elle a été utilisée dans le traitement des hémorragies lors d'interventions chirurgicales. Curieusement cette enzyme possède également la propriété inverse. Elle peut aussi détruire les caillots sanguins à l'intérieur du cœur ou des vaisseaux sanguins. Cette deuxième propriété a été mise à profit dans la prévention des thromboses, des embolies pulmonaires et des maladies vasculaires.

Un scorpion dans la trousse à pharmacie

Si les toxines ont entrouvert des voies thérapeutiques prometteuses, des contraintes originelles ont empêché la naissance de plusieurs médicaments. Connaissant dans le moindre détail la forme et les caractéristiques de ces protéines, on a imaginé encore mieux : transformer ces toxines et en faire de nouvelles molécules actives sur d'autres cibles. Ou encore forcer une toxine à agir dans la direction décidée. Mis en œuvre dans le laboratoire d'ingéniérie et d'étude des protéines du CEA, sous la direction d'André Ménez, ce détournement de toxines semble extrêmement prometteur. Claudio Vita et son équipe de biochimistes ont transformé un venin de scorpion mortel en une arme efficace pour empêcher le virus du sida d'infecter les cellules de défense de l'organisme, les lymphocytes. Scorpion contre sida, il suffisait d'y penser ! Parvenu dans l'organisme, le virus VIH, responsable du sida, s'arrime aux lymphocytes à l'aide de « molécules-harpons ». Ces dernières se combinent avec des protéines CD4, de longs colliers d'acides aminés, à la surface des lymphocytes. Cela ouvre un passage au virus qui pénètre, se multiplie et détruit ainsi les moyens de défense du corps humain. Pour bloquer l'entrée du VIH, les chercheurs vont tromper le virus en le faisant s'accrocher à un leurre, une substance qui ressemble à la protéine CD4 mais n'en est pas. Ainsi le VIH, fixé par ailleurs, laissera les lymphocytes tranquilles ! Mais pas facile d'inventer de toute pièce un « trompe-virus » parmi des milliards de modèles possibles même si l'ordinateur peut y aider dans sa capacité à construire une modélisation.

Claudio Vita a préféré chercher dans la nature une molécule ressemblant un tant soit peu à la protéine CD4. Il a choisi un *Leiurus*, scorpion nord-africain, qui recélait dans son venin une molécule approchante, la Scyllatoxine. Cette minuscule arme chimique, capable de paralyser l'adversaire en quelques secondes, a été étudiée sous toutes les coutures. La forme de cette mini-protéine, composée de 31 acides aminés, intéresse le chercheur. En son cœur, elle comporte des circonvolutions reliées par de fortes liaisons chimiques. Résultat : la molécule est particulièrement stable. Indispensable quand on veut la manipuler sans la détruire à la chaleur ou dans un solvant. Autre avantage, elle reste toujours insensible même si on remplace ses acides aminés en périphérie. Du coup Claudio Vita en profite pour modifier à loisir la molécule. Il change la moitié des acides aminés et parvient à un modèle dix fois plus petit que la protéine CD4. Testée sur des cellules *in vitro*, la mini protéine mime l'action de CD4 et trompe le virus du sida qui s'accroche à elle au lieu de se fixer sur les lymphocytes. Malgré sa petite taille, elle reste encore trop grosse pour devenir un médicament, capable de traverser les membranes biologiques. Reste à fabriquer, sur le même modèle chimique, un leurre trois fois plus petit qui puisse se faufiler dans l'organisme et duper définitivement le virus fatal.

Les sciences pharmaceutiques flirtent depuis les origines avec la puissance ambiguë des venins et des poisons. Divinité de la médecine, Asclépios (Esculape) tient dans sa main droite un bâton, autour duquel s'enroule un reptile. Ce serpent d'Esculape représente la régénération de la vie, qui se manifeste lors du changement de peau à chaque mue. La vipère qui se love autour de la coupe d'Hygie demeure également le symbole de l'Ordre national des pharmaciens. D'ailleurs l'homéopathie fait grand cas de l'usage des poisons à très faible dose... Nous l'avons vu, cet attrait pour les toxines paralysantes ou mortelles a permis des avancées majeures dans les connaissances neurologiques. Encore une fois, à condition d'observer de très près ces fabuleuses armes de la nature. Claude Bernard l'avait pressenti lorsqu'il écrit : « Tous les poisons, suivant les doses, peuvent être employés comme agents de destruction de la vie ou comme moyens de guérison des maladies. » Il existe encore peu de médicaments issus des venins du fait de leurs effets toxiques puissants. Mais quand les chercheurs se mettent à transformer les toxines mortelles en molécules bénéfiques, tous les espoirs sont permis.

7.

Un remède à la mer !

« — Ah ! commandant, m'écriai-je avec conviction, c'est vraiment un merveilleux bateau que votre *Nautilus* !
— Oui, monsieur le professeur, répondit avec une véritable émotion le capitaine Nemo, et je l'aime comme la chair de ma chair ! Si tout est danger sur un de vos navires soumis aux hasards de l'océan, si, sur cette mer, la première impression est le sentiment de l'abîme comme l'a si bien dit le Hollandais Jansen, au-dessous et à bord du *Nautilus*, le cœur de l'homme n'a plus rien à redouter. »
Jules Verne, *Vingt mille lieues sous les mers*

Bactéries, amibes, microalgues et grosses méduses se prélassent seules au cœur de l'océan désert. Une catastrophe écologique, une marée noire est-elle passée par là détruisant tout sur son passage ? Pas du tout. Tel était le paysage aquatique au commencement de la vie. A la naissance de la planète Terre et pendant trois milliards d'années, les êtres vivants se sont faits très discrets. Tout à coup, c'est l'explosion. A la période du Cambrien, il y a 570 millions d'années, naissent les crustacés, les mollusques, les vers, les oursins, les étoiles de mer, les coraux, les gorgones, les poissons... En quelques millions d'années, la mer se peuple d'une nuée fantastique d'êtres aquatiques. Puis les amphibiens font leurs premiers pas sur la terre ferme, voilà 300 millions d'années. Plus tard, aux temps des légendes humaines, Vénus jaillira de l'eau et Noé sauvera sa barque. L'Homme, dès l'origine, demeure bel et bien lié à la mer.

Le milieu aquatique domine toujours la planète bleue. « La portion du globe terrestre occupée par les eaux est évaluée à 3 millions 832 mille 558 myriamètres carrés, soit plus de 38 milliards d'hectares », précise Jules Verne. Curieusement si les océans couvrent 71 % de la surface de la planète et constituent 91 % de la biosphère, ils demeurent aujourd'hui largement inconnus du point de vue scientifique. Les scientifiques connaissent seulement 220 000 espèces marines sur un million d'espèces probablement existantes. Pourtant par leur origine si lointaine, ces organismes marins représentent des miracles d'adaptation, des réservoirs de diversité génétique, des bijoux de variété biochimique...

Dans le monde du silence, les habitants de l'océan communiquent par le biais de signaux chimiques primitifs. Rivés au plancher marin, les invertébrés immobiles comme les éponges, les coraux ou les anémones ne possèdent qu'un seul langage pour se faire entendre. Grâce à des molécules hautement diversifiées, ils attirent leur nourriture, empêchent les autres de squatter leur territoire ou repoussent leurs prédateurs. Plongeant avec délice dans cet univers foisonnant, les spécialistes de biologie marine décodent ces dialogues chimiques entre voisins. Etudiant les molécules de la mer, ils y puisent des idées originales pour imaginer divers médicaments.

Sur près d'un million d'espèces marines, une infime partie — à peine 1 % — est étudiée pour ses vertus chimiques ou biologiques. Et pour cause : pratiquement aucune tradition médicinale ne s'est penchée sur les propriétés bénéfiques des organismes marins. Du coup il faut effectuer un criblage systématique et aléatoire de l'univers océanique. Dans le trio de tête des espèces dignes d'intérêt, figurent les algues, les invertébrés et les micro-organismes qui biosynthétisent des molécules originales et actives. Les premières recherches pharmaceutiques sous-marines ont démarré dans les années 60. Malgré ce départ tardif, près de 6 000 substances sont sorties des filets des scientifiques pour leur structure chimique originale. Une belle pêche en 30 ans à peine. 500 d'entre elles présentent une activité biologique notable, antitumorale, antivirale, antibiotique ou anti-inflammatoire. La majorité sont des outils pour élucider des mécanismes biologiques. D'autres servent de modèles pour l'élaboration de nouveaux médicaments. Cette recherche à mi-chemin entre l'océanographie, la biologie marine et la chimie thérapeutique, n'a donné à ce jour que trois médicaments commercialisés : un antiviral, la vidarabine, une famille d'antibiotiques, les céphalosporines, et un anticancéreux, la cytarabine.

Après ces premiers succès, tout le monde a voulu écumer le fond des mers en quête de métabolites d'intérêt pharmacologique. Avec de sérieux espoirs à la clé. Actuellement plus d'une douzaine de molécules sont sur le chemin des évaluations cliniques. Ce qui fait dire à Albert Sasson : « La moitié au moins de la prochaine génération des médicaments proviendra des recherches de biotechnologie marine. » L'engouement pour le gisement marin a culminé en 1986. Depuis, un essoufflement relatif s'est fait sentir par suite des contraintes de cette recherche et des difficultés à synthétiser les produits. Mais la prochaine sortie de médicaments d'origine marine va relancer les chimistes dans leur pêche aux molécules.

De redoutables cônes

Dissimulé dans le sable, le redoutable chasseur *Conus geographus* est aux aguets. Il fourbit son arme fatale : une magnifique trompe rétractable au bout de laquelle est accrochée une dent creuse. Véritable harpon, cette dernière contient un venin paralysant. Observons l'animal. Il vient de repérer sa proie, un minuscule poisson qui circule au-dessus du sable. Quasiment immobile, le chasseur se glisse grâce à son unique pied musclé à quelques centimètres de sa proie. Il allonge sa trompe et harponne le pauvre malheureux qui se débat. Trop tard, le venin agit en quelques secondes et paralyse l'animal. Notre chasseur n'a plus qu'à ingérer le poisson et se reposer plusieurs heures pour le digérer. Ce scénario digne des *Dents de la mer* ne compte pourtant ni requin, ni poulpe géant, ni murène vorace dans la distribution. Le seul héros, aussi beau que dangereux, mesure à peine quelques centimètres. Beaucoup se pâment pour ses couleurs magnifiques et les motifs géométriques dessinés sur sa splendide coquille. *Conus geographus*, *Conus textile* ou *Conus consors* sont les noms de baptême de ces coquillages carnivores de la famille des néogastéropodes. Ces cônes fascinent autant par leur somptueux costume que par leur redoutable technique de chasse. A l'instar de leurs cousins terrestres, les serpents et les scorpions ou leurs voisins marins, les méduses et les anémones de mer, les cônes passionnent les biologistes et les pharmaciens. Ces chasseurs émérites utilisent en effet des molécules toxiques étonnantes pour immobiliser leur proie.

Ces toxines agissent sur le système nerveux de manière spécifique. Les premières études sur le venin des cônes carnivores, habitants les eaux indo-pacifiques, ont démarré en 1962 à l'université de Queensland (Australie). Très vite, les toxines étudiées ont révélé leur action sur la transmission neuromusculaire. Le fameux *Conus geographus* recèle près de 20 toxines dans son venin mortel. L'une d'elles, la conotoxine, est actuellement testée par la firme pharmaceutique Neurex pour ses propriétés antalgiques. Comme elle bloque la transmission nerveuse de la douleur vers le cerveau, elle soulage la souffrance cent fois plus puissamment que la morphine sans développer d'accoutumance. Synthétisée en 1993, cette conotoxine, baptisée Ziconotide®, est actuellement en cours d'évaluation clinique sur l'Homme. Elle a montré des effets antalgiques auprès des patients qui ne réagissaient plus aux effets de la morphine. Par ailleurs cette même molécule est évaluée en dernière phase clinique en qualité d'hypotenseur dans la prévention des ischémies cérébrales. Cette substance bien avancée sur le chemin du médicament est la première issue des cônes à entrer dans une ultime phase d'évaluation clinique. Si sa capacité à « masquer » la douleur se confirme, elle pourrait connaître un franc succès sur le marché pharmaceutique. La richesse de ces coquillages tueurs continue de fasciner. Faisant le survol de ce potentiel, Frédéric Le Gall et Philippe Favreau, qui travaillent de concert au laboratoire de neurobiologie cellulaire de Gif-sur-Yvette et à l'université de La Rochelle, concluent enthousiastes : « 600 espèces de cônes, une centaine de peptides par espèce : une multitude de substances thérapeutiques potentielles ! »

A côté de la fabuleuse variété des cônes toxiques, bien d'autres organismes marins fourmillent de neurotoxines en tous genres. Enfermées dans de splendides anémones de mer, certaines toxines agissent comme stimulants cardiaques ou dans le traitement de la myasthénie mais leur toxicité reste un obstacle non résolu.

Les poissons-globes, poissons-hérissons, poissons-lunes, poissons-coffres, balistes et fugu sont parmi les représentants les plus toxiques de la vie marine. Ces espèces naissent dans les zones tropicales du Pacifique Ouest : Chine, Japon, Mexique, Philippines, et Taiwan. Le foie, les gonades, l'intestin, la peau du fugu contiennent un redoutable poison, la tetrodotoxine, une puissante neurotoxine qui cause la mort d'envion 60 % des personnes qui en ingèrent. La tetrodotoxine bloque en effet la conduction de l'influx nerveux et la transmission neuronale vers les muscles squelettiques. En quelques minutes vous ressentez des picotements de la langue et de la cavité buccale, puis viennent les vomissements, les éblouissements et les vertiges... Après une courte période de paralysie, la mort intervient par arrêt respiratoire en moins de 24 heures. Le diagnostic est généralement fondé sur l'interrogatoire des malades quand on peut les questionner à temps. Ils racontent généralement une histoire de restaurant... En effet, pour peu que le cuisinier qui a confectionné le fameux fugu n'ait pas été complet dans le nettoyage de l'animal, des éléments toxiques arrivent dans votre assiette et comme le plat se paye une fortune (jusqu'à 400 dollars), vous n'en laissez pas une miette... Le fugu reste une cause fréquente de décès (50 morts au Japon certaines années). Après un moment de compassion pour ces riches gourmands, il est temps de s'intéresser aux applications de la tetrodotoxine en thérapeutique. La molécule responsable, la tetrodotoxine (TTX), captive les biologistes. Objet d'études en neurophysiologiques, cette substance fut parfois employée comme anesthésique local et relaxant musculaire dans les laboratoires japonais. Extrêmement sélectives, ces molécules toxiques demeurent essentiellement de formidables outils de recherche neurologique. Mais leur toxicité et leur puissance d'action restreignent aujourd'hui encore leur application thérapeutique. Le laboratoire de J.M. Chung au Marine Biomedical Institute, de Galveston, au Texas, a montré que de très petites doses de tetrodotoxine pouvaient jouer un rôle intéressant dans le domaine des douleurs neuropathiques, en particulier le syndrome du « membre fantôme » que l'on rencontre tant chez les amputés que chez certains cancéreux. A suivre...

La mer contre le cancer

Pour survivre dans la jungle aquatique, les habitants des fonds marins ne disposent pas toujours de tels venins paralysants. Comment les invertébrés ne possédant ni carapace, ni coquille, ni moyens de locomotion font-ils pour exister ? Au sein d'un récif corallien, grouillant de prédateurs, incroyablement dense et peuplé, la compétition est rude pour garder sa place et quérir sa pitance. Le secret de ces animaux rivés à leur siège : confectionner des armes chimiques capables d'empêcher la croissance des voisins ennemis ou de repousser durablement leurs prédateurs gourmands. Cette tactique est la spécialité des éponges, des coraux mous, des ascidies — de curieux animaux en forme de petits sacs — ou des mollusques sans coquille. Parmi les armes qu'ils synthétisent, figurent des molécules cytotoxiques qui détruisent la croissance des cellules de leurs attaquants. Cette propriété est justement recherchée dans la mise au point de médicaments utilisables dans la lutte contre le cancer. On souhaite en effet stopper la prolifération des cellules tumorales. Dans l'organisme malade comme dans la mer, même combat : détruire l'ennemi.

Muni de tests de criblage adéquats, on continue d'arpenter les mers en quête de ces composés antitumoraux. D'après une étude de Lucia Bongiorni et Francesco Pietra sur les substances étudiées entre 1969 et 1995, 46 % concernent les médicaments contre le cancer, 20 % les antiviraux, 15 % les antibiotiques, 5 % les anti-inflammatoires... En nombre de brevets, plus de 60 substances sont enregistrées pour leurs vertus anticancéreuses. Parmi elles, la cytarabine, isolée d'une éponge *Thetya crypta* découverte dans les lagons couleur d'émeraude du sud de la Floride, est le seul médicament disponible. Il est devenu un élément majeur du traitement des leucémies aiguës. D'autres substances prometteuses font actuellement l'objet d'études cliniques. Elles viennent des éponges des mers tropicales comme la discodermolide ou l'halichondrine B, ou d'un gastéropode, le lièvre de mer. C'est le cas de la dolostatine 10.

Une autre famille de molécules, les ectéinascidines, extraites de l'ascidie *Ecteinascidia turbinata* est en cours d'évaluation clinique au sein d'un groupe pharmaceutique espagnol Pharmamar. Le développement laborieux de cette substance symbolise les difficultés rencontrées lors des travaux de purification et d'analyse. Découvertes au cours des années 70, les ectéinascidines étaient présentes en très faible quantité chez l'animal et leur isolement extrêmement complexe. Il aura fallu vingt ans pour que les chimistes de l'université de l'Illinois et de l'Institut océanographique Harbor Branch réussissent enfin à isoler une molécule de cette famille. Le chemin conduisant à un développement pharmaceutique put alors continuer.

Dans la recherche, le succès n'est pas toujours au rendez-vous. Les molécules jugées prometteuses aboutissent parfois à d'amères déceptions. Dans notre équipe, la girolline extraite de la « Girolle » du lagon pêchée en Nouvelle-

Calédonie n'a pas connu de suite. La molécule didemnine B, étudiée depuis 1981, vient d'être abandonnée à cause des effets neurologiques néfastes observés lors des dernières évaluations cliniques. Pourtant l'intérêt pour les éponges, les tuniciers ou autres animaux marins semble devoir rester essentiel dans la thérapeutique antitumorale. D'après William Fenical, de l'université de San Diego à La Jolla (Californie), la moitié des études autour de médicaments anticancéreux se concentreraient autour des substances d'origine marine. Parmi les meilleurs espoirs du peloton, figure la bryostatine. Elle est extraite d'un bryozoaire, un animal de 4 millimètres de long, vivant en colonies dans de minuscules niches calcaires du golfe de Californie. Elle possède une puissante action antitumorale *in vivo* sur les tumeurs solides, les mélanomes et les leucémies mais surtout elle agit de façon originale. Sous l'effet de la bryostatine, les cellules cancéreuses sont, en effet, affaiblies et finissent par mourir. En revanche les globules rouges prolifèrent et les défenses immunitaires se renforcent. Un trio de choc pour lutter contre le cancer. La molécule est en phase II d'évaluation clinique dans le traitement du cancer du rein. Seule ombre à ce tableau, la synthèse de cette molécule n'est pas encore exploitable industriellement. Reste à trouver les moyens de produire en quantités suffisantes ces médicaments venus de la mer.

Une trousse à pharmacie marine

Si la pêche aux substances marines est fortement orientée vers la chimiothérapie anticancéreuse, ce n'est pas le seul domaine où les organismes marins apportent leur généreuse contribution. Michèle Guyot, spécialiste du domaine au Muséum National d'Histoire Naturelle, cite les discodermolides, des agents immunosuppresseurs utilisés dans les transplantations d'organes ; les batzelamides qui empêchent le virus VIH de se répliquer ou encore les lissoclinotoxines A et B, qui semblent être de véritables armes antimicrobiennes. Du côté des remèdes anti-inflammatoires, les pseudoptérosines isolées de la gorgone *Pseudopterogorgia elisabethae* sont à l'étude. Découvertes par William Fenical, chimiste, et Robert Jacobs, pharmacologue à l'université de Santa Barbara California, ces substances seraient bénéfiques pour le traitement des brûlures dues aux coups de soleil ou à des caustiques chimiques. Outre les brûlures, le psoriasis et l'arthrose pourraient être des cibles intéressantes. La firme Nereus Pharmaceuticals étudie actuellement le développement pharmaceutique de ces pseudoptérosines.

Les algues aussi abritent moult propriétés étonnantes. L'algue brune, *Ascophyllum nodosum*, contient en surface des substances prometteuses, les fucanes. Etudiés à l'Ifremer de Nantes en collaboration avec les laboratoires Fournier, ces fucanes agissent sur les enzymes actives lors de la coagulation du sang. Des essais sur le lapin ont confirmé une action efficace contre la formation de caillots sanguins.

Ainsi, la liste des molécules intéressantes est-elle interminable... Le peuple de la mer commence tout juste à livrer ses secrets permettant de soigner les maux des hommes. Il y a fort à faire pour bâtir cette pharmacopée sous-marine. Dans ce milieu, les pharmacologues entament une longue quête en pays inconnu, à l'instar des premiers botanistes qui ont arpenté les forêts primaires ou les jardins tempérés à la poursuite des plantes médicinales. Seulement là, les frontières du territoire sont démesurées. Les océans couvrent les deux tiers de la planète et s'étendent à plusieurs milliers de mètres sous la surface de l'eau...

Emerveillé par la richesse d'une biodiversité marine

jusqu'ici inexplorée, je partageais avec les scientifiques de l'époque l'enthousiasme pour ce monde à découvrir. Le congrès de 1967 « Food-Drugs from the sea » à Rhode Island a marqué les esprits. A leur suite, les industriels aussi s'imaginaient déjà pêcher des médicaments à foison. La réalité sera plus lente que prévue à porter ses fruits et donnera des premiers résultats trente ans après. En 1974, les Australiens construisirent à Dee Why, près de Sidney, le Roche Research Marine Institute of Pharmacology. Près de 40 chimistes, biologistes et pharmacologues y étudiaient plusieurs centaines d'organismes marins récoltés le long des côtes australiennes. Financé par la firme suisse Hoffmann Laroche, cet institut fut dissout sept ans plus tard pour des raisons économiques. Cette fermeture prématurée limita les apports de cette recherche. A la même époque que les Australiens, j'étais plus que jamais persuadé de l'intérêt des substances marines et décidais d'aller y voir de près. En 1976, je soumis à Hubert Curien, alors délégué général à la Recherche scientifique et technique, et aux autorités de tutelle (CNRS et Orstom) un programme de recherches communes baptisé SNOM (Substances naturelles d'origine marine). S'appuyant sur le laboratoire de « produits naturels » récemment construit à Nouméa, ce projet se fondait sur la richesse du lagon néo-calédonien facilement accessible. Lors de ce programme, une centaine d'organismes marins furent étudiés aux plans chimique et biologique. Même si nombre de désillusions ont jalonné la recherche des substances marines, il faut être très patient et accepter une rentabilité intellectuelle et économique aléatoire. Cela n'a pas facilité l'action soutenue et continue de l'exploration marine.

En 1985, le programme SMIB (Substances marines d'intérêt biologique) a été créé afin de prospecter la flore et la faune du lagon de Nouméa. Quelque 300 espèces sont déjà passées au crible. Les ressources humaines et financières ne sont malheureusement pas comparables avec celles du rouleau compresseur américain. Pionnier dans la recherche de médicaments d'origine marine, le National Cancer Institute (Bethesda, Maryland) dispose de moyens gigantesques. Depuis 1986, la collection d'organismes marins de cet institut s'accroît à raison de 800 spécimens chaque année ! Ce programme de recherche sur 5 ans s'élève à 2,6 millions de dollars. Par ailleurs le NCI soutient le travail d'équipes mixtes constituées d'un laboratoire de recherche publique et d'un industriel pharmaceutique. Ainsi l'équipe de Chris Ireland à l'université de l'Utah (Salt Lake City) collabore avec Wyeth-Ayerst Pharmaceuticals ; l'équipe de Phil Crew de l'université de Santa Cruz (Californie) et celle de Bill Fenical à l'Institut océanographique de La Jolla coopèrent avec Bristol Meyers Squibb. Les équipes de recherche académiques, aidées en partie par une dotation du NCI (un demi-million de dollars par an) fournissent les extraits marins et isolent les molécules actives. De leur côté, les industriels procurent les essais biologiques « dernier cri » permettant d'évaluer l'activité pharmacologique. Si un composé actif est repéré, l'industriel s'occupe des étapes du développement en collaboration avec le NCI. Une alliance similaire existe entre l'Institution océanographique Harbor Branch et la compagnie Novartis. Entre 1989 et 1994, près de 15 000 extraits marins ont été collectés dans divers endroits de la planète et testés dans le cadre d'une vingtaine d'essais biologiques. Environ quarante nouveaux composés sont sortis de cette pêche aux molécules mais leur devenir reste encore confidentiel. En Europe, Pharmamar se concentre aussi sur la découverte de médicaments à partir de produits marins. La compagnie collecte des organismes en utilisant des sous-marins ou des submersibles robotisés mais monte également à bord des bateaux de pêche espagnols pour recueillir d'intéressants spécimens. Associé à Bristol Myers Squibb dans la recherche antitumorale, Pharmamar a isolé près de 100 molécules ayant démontré des propriétés anticancéreuses. En France, depuis 1983, l'association Ardoukoba a accompagné en mission des biologistes, zoologistes, biochimistes... dans les eaux de la Mer Rouge, au large de Djibouti (1985,1996), de la Tunisie (1991,1992), du Mozambique (1995), du Yemen (1993, 1997) et d'Oman (1999). Lors des expéditions, la quête de substances intéressant la recherche médicale et pharmaceutique est au programme. Une telle association, à but non lucratif, veut être le trait d'union entre la recherche et l'industrie. Mais Alain Couté, professeur au Muséum National d'Histoire Naturelle, explique au journaliste du *Monde* venu l'interroger lors de sa dernière expédition sur l'île de Masirah : « Nous adhérons totalement aux obligations de la convention de Rio sur la biodiversité, s'agissant notamment des profits que rapporteraient d'éventuels brevets au pays "fournisseur". »

Lors de telles expéditions, les scientifiques embarquent des mini-laboratoires sur les bateaux de prospection. Mis à part les algues que l'on peut sécher comme les plantes terrestres, les organismes marins demandent des soins nettement plus sophistiqués. Baignant dans l'eau salée, à des pressions et des températures variables, les habitants des profondeurs ne survivent pas plus de 24 heures hors de leur milieu naturel ! Récoltés par des plongeurs émérites, les organismes sont photographiés, localisés précisément et cryoconservés. Alors les premières manipulations commencent sur le bateau. Pour les éponges, on dispose de quelques heures pour séparer les échantillons pêchés en leurs principaux constituants cellulaires. La dissociation des différents tissus facilite le travail d'analyse qui consiste à identifier la cellule productrice de la ou les molécules actives.

Une fois le problème de conservation résolu, les chercheurs se retrouvent face à une contrainte majeure. Si la collecte de quelques spécimens débouche sur l'identification d'une molécule prometteuse, il n'est pas question de revenir pêcher d'innocentes éponges ou de ravissantes ascidies en grandes quantités pour la fabrication du médicament. Tout comme pour les plantes, l'approvisionnement reste un obstacle parfois insurmontable. L'aquaculture des espèces prometteuses ou de leurs cellules à titre individuel est une première solution. Les biologistes ont réussi à produire la bryostatine, molécule anticancéreuse, en cultivant artificiellement le bryozoaire dont elle est extraite.

De leur côté, les chimistes s'évertuent à synthétiser au laboratoire les molécules marines ou les substances apparentées. Mais la fabrication par synthèse totale de ces molécules extrêmement complexes n'est pas toujours rentable. Ainsi les différentes voies de synthèse pour produire le discordermolide, molécule aux propriétés antitumorales, restent irréalisables au niveau industriel. Parviendrons-nous à relever le défi ? Sans doute si nous mettons à profit les avancées des biotechnologies marines. Ainsi on peut imaginer introduire le ou les gènes responsables de la biosynthèse de la molécule utilisable au plan thérapeutique, dans des bactéries. Dans ce cas, on utilise les micro-organismes comme de minichaînes de productions pharmaceutiques. Cette voie n'est pas encore utilisée pour les métabolites secondaires produits par les éponges ou les ascidies. Car la technique est un vrai casse-tête quand on cherche à l'appliquer à de tels organismes.

Par contre on observe les micro-organismes vivants à proximité ou à l'intérieur même de ces invertébrés marins. En effet, une simple éponge marine s'apparente peu ou prou à une gigantesque cité marine où vivent, circulent et s'abritent des milliers d'hôtes minuscules. Dans cet immense gruyère spongiaire, traversé continuellement par des litres d'eau de mer, les populations bactériennes pèsent lourd : la moitié de la masse de l'éponge ! Vivant en symbiose avec leur hôte, ce sont elles qui synthétisent les molécules repérées au cœur des tissus spongieux. Toute une cuisine biochimique se trame entre les bactéries productrices et l'éponge qui tient lieu de refuge. Là, les microbiologistes retrouvent le sourire. Car la culture des micro-organismes en réacteur biologique, largement utilisée chez les espèces terrestres, devrait pouvoir être transposée aux bactéries marines. Reste à découvrir parmi les milliers de micro-organismes vivant dans l'environnement d'une éponge, celui qui fabrique la molécule recherchée afin de la reproduire en grande quantité.

Au sein du microcosme marin

Convaincus que les micro-organismes sont les véritables acteurs et fournisseurs des molécules actives, les biologistes orientent de plus en plus leur recherche vers la microfaune et la microflore. Une découverte fondamentale est venue confirmer le bien-fondé de ce choix. En 1991, Paul Jensen de la Scripps Institution of Oceanography (université La Jolla en Californie) déniche les cousines marines des actinomycètes. Sur terre ces micro-organismes donnent naissance à près de 70 % des antibiotiques naturels. Jusqu'à présent les chercheurs pensaient que ces espèces ne vivaient que sur terre. En prouvant le contraire, Paul Jensen a soulevé le couvercle d'un réservoir d'antibiotiques marins inexploré. A proximité d'îlots des Bahamas 289 colonies d'actinomycètes furent retrouvées. Parmi elles, 283 sont éligibles au titre de producteurs potentiels d'antibiotiques. Il faut simplement prévoir que les réacteurs biologiques doivent fonctionner avec de l'eau salée et qu'ils supportent la corrosion. La croissance de ces actinomycètes est grosso modo deux fois moins rapide dans l'eau douce.

Imaginez la ruée vers l'eau. Non sans mal ! Car là, plus qu'ailleurs, la profusion est un piètre euphémisme. Dans chaque millimètre cube d'eau de mer, 1 000 à 10 millions de particules vivantes (virus, cyanobactéries, prochlorophytes, picophytoplancton) gigotent. De même un seul gramme de sédiment marin peut renfermer jusqu'à 10 milliards de bactéries ! La pêche s'organise pourtant avec méthode auprès des invertébrés marins ou de poissons qui logent ces hôtes microscopiques. Au laboratoire de biotechnologies marines de l'IRD à Nouméa, la récolte des micro-organismes marins est devenue une spécialité. Les éponges sont pêchées, rincées à l'eau de mer et brossées pour récupérer une profusion de micro-organismes. Mises en culture, les différentes souches — bactéries ou champignons — sont testées pour détecter leur potentiel antibiotique, cytotoxique ou antiviral. Dans les filets de pêche, quelques spécimens semblent prometteurs : *Alteromonas*, une bactérie récupérée au cœur d'une éponge, produit une molécule cytotoxique, l'altéramide. Pharmamar commercialise une substance antitumorale, la thiocoraline, produite par une bactérie actinomycète vivant dans des coraux de l'océan Indien. Ce n'est qu'un début ! Si les bactéries terrestres sont largement analysées par les microbiologistes, leurs cousines aquatiques sont tout simplement ignorées. A peine 6 000 bactéries marines ont été identifiées sur un total de plusieurs millions d'espèces. La pêche aux micro-organismes démarre à peine.

Du côté de la microflore, les découvertes, moins

retentissantes, laissent entrevoir de belles perspectives. Mesurant entre 20 et 200 microns de diamètre, une foule de microalgues peuple les eaux en bordure des continents. Composé de diatomées et de dinoflagellés, ce phytoplancton constitue la nourriture première des animaux marins. Les biologistes observent de près l'équilibre entre « mangeur » et « mangé » qui se joue *via* des relations chimiques. Une équipe italienne vient de montrer comment les diatomées et les copépodes, de minuscules crustacés, interagissent d'une manière étonnante. La diatomée *Thalassiosira rotula* fabrique des substances qui altèrent le développement embryonnaire des copépodes. Par ce moyen chimique, les microalgues réduisent le nombre de prédateurs prêts à les ingérer. Au-delà de cette observation écologique, la substance chimique capable de freiner la reproduction cellulaire a été isolée. Elle présente un intérêt notable dans la lutte contre les tumeurs cancéreuses. Les habitants microscopiques des océans commencent tout juste à faire parler d'eux et à révéler leurs secrets. Déjà les scientifiques repoussent les frontières du monde du silence en s'enfonçant plus profondément sous l'eau...

Le trésor des abysses

Imaginez la surprise de Galilée lorsqu'il pointe sa première lunette astronomique en direction de la voûte céleste. Un monde inédit s'ouvre sous ses yeux ébahis. Le ruban de voie lactée apparaît tout à coup piqueté de millions d'étoiles. En décembre 1609, ce sont les irrégularités de la lune, ses cratères et ses vallées, qui révèlent un astre, à ses yeux, inédit. C'est ce même frisson d'émotions scientifiques que les océanographes vivent quatre siècles plus tard. Sous l'eau, ils ont découvert à leur tour l'univers insoupçonné du... picophytoplancton ! Encore une fois, les progrès de l'instrumentation ont permis d'entrer dans ce monde inconnu. Jusque-là, le mystère demeurait : présent dans les eaux continentales, le plancton était quasiment invisible en haute mer. Pourtant des mesures spechoscopiques indiquaient la présence de chlorophylle. A travers leur microscope électronique perfectionné, quelle ne fut pas la surprise des chercheurs quand ils ont observé des organismes chlorophylliens d'à peine un micron ! Baptisés picophytoplanctons et composés de picoeucaryotes, ces organismes produisent la quasi-totalité de la biomasse marine à partir d'éléments minéraux et d'énergie solaire. Encore inconnus il y a vingt ans, les deux héros de l'histoire *Synechococcus* et *Prochlorococcus* commencent juste à livrer le mystère de leurs agissements au milieu des bactéries et des virus à l'échelle du micron.

L'univers océanique n'a pas fini de déranger les océanographes dans leurs théories. Dans les années 50, la communauté scientifique admettait l'absence de vie à plus de 1 000 mètres sous la surface de l'eau. A de telles profondeurs et des pressions supérieures à 100 bars, l'absence d'énergie solaire capable de synthétiser la chlorophylle et de fournir un repas aux êtres vivants était l'argument avancé. En 1951-1952, l'expédition danoise la Galatée recueille à 10 000 mètres de profondeur des bactéries et des invertébrés des grands fonds. De quoi faire voler en éclat le dogme antérieur. Depuis, la richesse des plaines abyssales étonne par sa population diversifiée. A peine 6 000 espèces sont recensées à l'heure actuelle parmi lesquelles on reconnaît des vers nématodes, des concombres de mer, des crevettes, des étoiles de mer, des moules... Il s'agit d'une infime partie de ce peuple de l'ombre énigmatique. Dans un univers hostile à la vie, des populations entières se concentrent en d'étonnants paradis de biodiversité des profondeurs.

Inspirés par Jules Verne, des hommes de science ont entrepris l'exploration de ces lieux à l'aide d'engins submersibles, capables de descendre jusqu'à 6 000 mètres, là où se trouve 95 % de la surface des abysses. En 1977, le sous-marin américain *Alvin* découvre à 2 500 mètres sur la dorsale des Galapagos ces oasis de vie près des sources hydrothermales. Depuis, à bord du *Nautile* de l'Ifremer, les scientifiques explorent les sources hydrothermales, le long des rifts. A proximité de ces gigantesques chaînes de montagne, les paysages dans la pénombre absolue sont à couper le souffle. Champs de lave, panaches d'eau bouillante, courants chauds et brusquement glacés, cheminées de quinze mètres de haut autour des sources hydrothermales, autant de territoires extrêmes qui abritent la vie à profusion.

Comment se nourrissent les vers, les moules, les crabes et les poissons à ces profondeurs ? Les bactéries leur fournissent l'essentiel du menu. Elles synthétisent une matière organique primaire en tirant leur énergie de l'oxydation chimique du soufre et du méthane. Ces peuplements récemment découverts commencent à peine à être identifiés et étudiés. Parmi cette faune exotique, la moule *Bathymodiolus* est pour le moins étonnante. Véritable chaman des grands fonds, elle est capable de réparer quasi instantanément les altérations que ses gènes subissent dans un environnement aussi toxique. Dans le cadre du programme Bridge (British Mid-ocean Ridge initiative), le mécanisme de ces enzymes réparatrices d'ADN a été étudié. Ces moules du fond des océans apporteront-elles une solution pour traiter les cancers ou lutter contre la dure loi du vieillissement ? Minuscules mais costaudes, les bactéries de l'extrême font aussi parler d'elles. Les hyperthermophiles se développent à des températures entre 80 et 105 °C sur les sites hydrothermaux. En revanche, leurs cousines présentes sous la calotte glaciaire de l'Antarctique préfèrent les températures voisines de 0 °C. Quant aux barophiles, découvertes dans les années 80, elles n'aiment que les fortes pressions (50 à 60 MPa) des grandes profondeurs. Dans cette famille des bactéries extrêmes, certaines prolifèrent en milieu très acide ou fortement salin... Ces spécimens n'ont pas encore donné le jour à des médicaments, mais leurs propriétés sont très recherchées des industriels de la biotechnologie. Dernièrement, l'un de ces micro-organismes hyperthermophiles, *Pyrococcus abyssi*, a été « décortiqué » par les scientifiques de l'Ifremer. Dans le génome de cette souche entièrement séquencé, ils ont découvert une enzyme particulière, une ADN polymérase de type II. Exactement le type d'enzyme utilisé dans une technique phare de la biologie moléculaire, la PCR (Polymerase Chain Reaction). Sorti des abysses, le micro-organisme va sûrement apporter son grain de sel marin à l'un des outils essentiels de la génétique moléculaire.

L'huître à la rescousse

Pourvoyeur des médicaments et d'outils biologiques du futur, le milieu marin fournit aussi des biomatériaux utilisés en thérapeutique. Le chitosan, extrait de la carapace de certains crustacés comme le crabe vert, sert de pansement pour les grands brûlés grâce à ses vertus antiseptiques et sa perméabilité aux échanges gazeux. Dans une tout autre application, le corail réduit en poudre est utilisé dans la reconstitution osseuse. Sa cousine des mers du sud, la nacre, est également un biomatériau prometteur comme implant osseux. J'ai soutenu avec grand intérêt le travail d'Evelyne Lopez, professeur au Muséum National d'Histoire Naturelle, qui consistait à extraire la nacre de son écrin et lui préparer un avenir médical. La nacre, sur laquelle elle travaille, constitue la partie interne de l'huître perlière géante. *Pinctada maxima*, originaire des Philippines et du nord de l'Australie. Elle fait près de 30 cm de tour de taille et pèse jusqu'à 10 kilos. Pourquoi cette huître en particulier ? Sa matière nacrée a plusieurs vertus. Compacte et aussi résistante que le titane, elle ne se résorbe pas dans l'organisme contrairement au corail. Par ailleurs, sa composition biochimique rappelle celle de l'os humain : idéal pour assurer au matériau une biocompatibilité adéquate. En 1986, deux dentistes ont réalisé un implant dentaire en nacre. Depuis, des essais cliniques continuent pour appliquer des implants en chirurgie esthétique ou orthopédique. Utilisée aussi sous forme de poudre, la nacre peut servir de matériau de comblement et de régénération osseuse pour effectuer des greffes. Cette perle des mers du Sud doit encore livrer ses secrets de fabrication. Mais elle est désormais placée sous l'œil avisé des naturalistes. Ils ne furent pas les premiers à repérer les propriétés de la nacre. Les Mayas les ont précédés. En 1972, l'historien Amadeo Bobbio a décrit dans le détail des crânes mayas découverts dans le Honduras. Surprise, ils possédaient des dents entières en nacre, conservées à la perfection. Les Mayas nous apportent là une preuve empirique de l'intérêt de la nacre et de son exceptionnelle résistance au temps !

Au retour de cette brève plongée rafraîchissante au fond des mers, nous avons croisé en chemin des coquillages tueurs et des éponges du Pacifique, des êtres vivants microscopiques mais grandement bénéfiques, des moules réparatrices et des bactéries dures à cuire... Tout un fourmillement de vie qu'il est grand temps de scruter sérieusement. La chimie des milieux aquatiques garde encore ses secrets, ce qui rend l'exploration complexe et la synthèse difficile. Si à Gif, nous avons connu un échec avec la girolline, néanmoins nous continuons à étudier les propriétés chimiques d'une éponge pêchée en mer Rouge...

Chargés de molécules actives et de micro-organismes étonnants, les scientifiques devraient trouver la clé de la mer. L'alliance entre océanographes, microbiologistes, chimistes, biologistes marins doit fonctionner en équipe engagée dans un objectif commun : faire reculer la maladie et le handicap... A cette condition seulement, les médicaments pourront enfin surgir de l'océan.

8.

Des maladies et des plantes

> « Médecine : S'en moquer quand on se porte bien. »
>
> Gustave Flaubert,
> *Dictionnaire des idées reçues*

Vivre jusqu'à cent vingt ans, garder la vitalité et la jeunesse de ses artères, repousser l'échéance ultime, ce doux rêve d'immortalité berce encore et toujours la fin du XXe siècle. Ce siècle qui nous a déjà fait gagner vingt-cinq ans de sursis grâce, notamment, aux progrès de l'hygiène et de la médecine. En 1910, une femme anglaise pouvait espérer vivre jusqu'à cinquante-trois ans. Au Chili, au même moment, elle n'atteignait que trente-trois ans. En 1999, les femmes anglaises et chiliennes comptent bien vivre au-delà de soixante-dix-huit ans... Dans les pays industrialisés l'espérance de vie croît d'une année tous les trois à quatre ans. Bientôt, les dignes vieillards de cent vingt ans ne seront plus des exceptions. Les pays à faible ou moyen revenu connaissent cette même révolution sanitaire accompagnée d'une baisse de la mortalité.

Ces évolutions positives rendent d'autant plus aberrantes les exceptions. Des pays d'Afrique ravagés par l'épidémie du sida — deux personnes sur trois infectées par le virus sont africaines — voient leur taux de mortalité augmenter. Au Botswana et au Zimbabwe l'espérance de vie va chuter de dix-sept ans ! Un milliard de personnes demeurent toujours à l'écart de la spirale positive en terme de santé. Au cours du siècle dernier, les progrès de la santé ont fait reculer les maladies infectieuses. Du coup la part des maladies non transmissibles est devenue prédominante dans les pays industrialisés (81 %) mais aussi dans les pays à faible ou moyen revenu (39 %). Parmi ces dernières, les maladies cardiovasculaires, les troubles neuropsychiatriques et les cancers paient un lourd tribut en matière de santé publique. Si l'Organisation Mondiale de la Santé parle d'épidémies émergentes pour qualifier ces trois affections en hausse, elle garde un œil plus que préoccupé sur la persistance et l'évolution des maladies infectieuses dans une bonne partie de ce monde. Le paludisme, le sida et la tuberculose, en hausse, constituent d'inquiétantes menaces d'autant que les moyens de lutte n'existent pas encore ou ont perdu de leur efficacité. L'évolution microbienne, la résistance aux traitements expliquent cet état de fait. De plus, l'interaction entre le sida et la tuberculose ajoute une raison de s'alarmer. Selon l'OMS, 11 millions de personnes dans le monde souffrent des deux maladies. Le virus du sida, en affaiblissant le système immunitaire, est responsable de 15 % des nouveaux cas de tuberculose.

A l'échelle mondiale, les besoins médicaux demeurent insatisfaits. En France, le Syndicat national de l'industrie pharmaceutique note que, sur 30 000 maladies répertoriées, seul un tiers sont traitées efficacement. Certaines affections sont qualifiées de chroniques ou d'incurables. Parmi celles-ci figurent les pathologies auto-immunes, l'arthrite et les maladies inflammatoires, les douleurs chroniques (migraine, sciatique, mal de dos...), les maladies génétiques, les désordres neurodégénératifs (maladies d'Alzheimer et de Parkinson)... La mise au point de médicaments nouveaux et de traitements plus efficaces reste indispensable. Parmi les multiples chantiers à mettre en œuvre en terme de recherche biologique, pharmaceutique et médicale, on détaillera 4 points principaux : soigner à l'aide des polythérapies et rétablir l'équilibre pour des affections comme le sida et le cancer ; lutter contre la résistance, notamment dans de nombreuses infections microbiennes ; s'attaquer aux maladies tropicales ; et prévenir, par une meilleure connaissance biologique, les maladies de l'abondance comme le diabète et l'obésité.

Bien sûr, les stratégies thérapeutiques empruntent des voies différentes et complémentaires. La prévention et le diagnostic précoce constituent sans nul doute les premières armes. Pour le développement de nouveaux traitements, la recherche « classique » à partir des substances naturelles continue d'offrir des résultats prometteurs. Elle bénéficie de bons atouts grâce à l'efficacité décuplée des robots de criblage permettant d'étudier de nouvelles substances et aux promesses de l'exploration des gisements découverts du côté des océans. Pour autant, aucune stratégie de traitement innovant ne doit exclure l'autre. Ainsi les avancées en biotechnologie, ces dernières années, ont permis la mise sur le marché des premières protéines recombinantes, parmi lesquelles l'érythropoïétine (EPO) utilisée chez les insuffisants rénaux ou en cancérologie avant d'être hypermédiatisée dans le domaine des sports de « triche ». La production d'anticorps humains pourvus d'activités diverses (immunosuppresseurs, antitumoraux) constitue des remèdes prometteurs d'origine biotechnologique. Mais ils restent encore extrêmement coûteux.

Enfin les traitements d'avenir comme la thérapie génique ou la thérapie cellulaire sont des voies de recherche porteuses et séduisantes mais encore difficiles à maîtriser. L'idée du « gène-médicament » directement introduit au cœur de l'organisme où il fait défaut est applicable à condition de trouver le vecteur satisfaisant qui délivre le gène au bon endroit. En pratique, les essais cliniques en cours apporteront les certitudes absolues de son efficacité thérapeutique. Les premiers succès ne toucheront que des maladies rares, pour lesquelles un déficit « simple » ou au moins « unique » est mis en relation avec le développement d'une maladie bien identifiée. Cette thérapie s'appliquera au traitement des maladies monogéniques dues à la déficience d'un seul gène (mucoviscidose, hémophilie, maladie de Duchenne, myopathies, thalassémies, déficits immunitaires...) mais aussi dans le traitement des cancers.

Quant à la thérapie cellulaire, elle consiste à injecter des cellules humaines dans le but de prévenir, traiter ou atténuer une maladie. Ces cellules peuvent provenir du patient lui-même (greffe autologue) ou d'un donneur volontaire compatible (greffe allogénique). Le plus bel exemple est le développement des greffes de moelle osseuse pour le traitement des hémopathies malignes et de certains cancers ; elles s'ouvrent aujourd'hui à de nombreux domaines de la médecine. Cellules hépatiques, cellules insulinosécérétrices du pancréas ou cellules de médullosurréale, la thérapie cellulaire est déjà largement mise à profit et semble promise à un bel avenir.

Là justement, *Tolypocladium inflatum*, un minuscule champignon, vient nous rappeler la complémentarité entre les différentes approches thérapeutiques. En effet, la ciclosporine, substance naturelle extraite de ce champignon, a rendu possible le fabuleux succès des greffes d'organes. Marquant un progrès notable dans l'immunosuppression, la ciclosporine a tout simplement permis d'éviter les rejets de greffes. Preuve, s'il en est, que la recherche sur les substances naturelles et les thérapies en pointe ont tout à gagner à marcher main dans la main.

Que sont les médicaments génériques ?
Le médicament générique est une copie conforme d'un médicament existant dont le brevet est « tombé » dans le domaine public. Le prix du générique est en moyenne 30 % inférieur à l'original car le fabricant ne supporte pas les coûts de recherche et de développement qui ont été nécessaires pour mettre au point et commercialiser le médicament. Comme le médicament original, appelé « princeps », le générique est fabriqué, sous un nom différent, par un laboratoire pharmaceutique agréé par les pouvoirs publics. Il comporte le même principe actif, a les mêmes effets et il est administré de la même façon que le médicament « de marque ». Il répond aux mêmes critères de qualité, d'efficacité et de sécurité que le produit de référence et fait l'objet de contrôles identiques. Les médicaments génériques représentent 20 % à 40 % de la part de marché des médicaments dans les pays européens et moins de 5 % du marché (en valeur) en France.
Le développement des médicaments génériques doit permettre une meilleure affectation des ressources de l'assurance maladie. Environ 50 % du marché du médicament remboursable est « génériquable » à l'heure actuelle. Si des médicaments génériques remplaçaient en totalité les médicaments de référence, à un prix inférieur de 30 %, l'économie serait d'environ 4 milliards de francs pour la Sécurité sociale.
Depuis le décret du 12 juin 1999, lorsque l'assuré se rend dans une pharmacie avec une ordonnance, le pharmacien peut, sauf refus exprès du médecin, lui proposer de remplacer certains médicaments prescrits par des médicaments génériques. Le pharmacien indique alors sur l'ordonnance le nom du médicament délivré ainsi que la forme pharmaceutique et la posologie si elles diffèrent du médicament initialement prescrit. Ce droit de substitution des pharmaciens permet de remplacer le médicament de référence par un générique, moins cher, mais également les médicaments génériques entre eux.

> Un répertoire complet des médicaments génériques a été publié au Journal officiel le 7 juillet 2000. Il comprend 459 spécialités génériques, réparties au sein de 82 groupes dont pour cette dernière édition 49 nouveaux groupes de spécialités génériques et 130 nouvelles spécialités.
> L'intérêt des médicaments génériques est qu'à efficacité et sécurité strictement identiques, ils permettent de réaliser des économies susceptibles de financer des médicaments innovants.

Attaquer sur tous les fronts

Un exemple actuel témoigne de la complémentarité des traitements pharmacologiques. Il s'agit de la trithérapie, associant la prise de trois médicaments, pour soigner les malades atteints du virus du sida. La mise en œuvre de ce traitement a réduit de moitié le recours à l'hospitalisation des patients, du moins dans les pays occidentaux. L'engouement pour cette trithérapie, en attendant les quadri ou pentathérapies, ne surprend guère. Cela fait 20 ans que l'on suggère l'utilisation complémentaire et réfléchie de plus de 2 médicaments. Et ce, afin de lutter contre les phénomènes de résistance que nous aborderons plus tard.

Dans le cas du sida, les scientifiques, très mobilisés sur cette pathologie récente, connaissent de mieux en mieux les méthodes d'action du virus et trouvent des cibles de choix pour les chimistes. Le virus du sida, VIH, de la famille des rétrovirus, agit de manière détournée. Il s'installe au cœur d'une cellule de défense de l'organisme (un lymphocyte T4) et s'y multiplie très rapidement. Ainsi, progressivement, le virus envahit tous les lymphocytes T4 et laisse l'organisme sans possibilité de réagir aux infections microbiennes, virales et parasitaires. Connaissant la technique du virus, on tente de bloquer le virus à plusieurs niveaux, soit en empêchant la fixation du virus sur le lymphocyte, soit en évitant qu'il ne se réplique ou qu'il infeste les autres lymphocytes... Des recherches autour des substances naturelles tentent de découvrir d'autres molécules actives à chacune des étapes de l'infection virale. Régulièrement, les molécules naturelles issues des végétaux (herbes chinoises, indiennes, brésiliennes ou africaines), des micro-organismes, des substances marines font parler d'elles.

Les armes de la nature contre le sida

<u>Substances naturelles s'opposant à l'entrée du virus</u>

La cyanovirine-N, protéine issue d'une algue bleue.

Divers polysaccharides sulfatés extraits des algues *Nothogenia fastigiata* et *Aghardhiella tenera*.

Des extraits d'escargot géant d'Afrique, *Achatina fulica* riche en glycosaminoglycane.

Des flavanoïdes comme l'épicatéchine et son dérivé gallique.

Les flavanes, daphnodorines A, B and C, isolés de *Daphne odora*.

La glycyrrhizine, extraite de la réglisse.

Les plantes riches en lectines, issues des genres *Galanthus*, *Hippeastrum*, *Narcissus* les siamycines, peptides isolés de divers *Streptomyces spp.*, l'acide bétulinique.

Les peptides tels que la tachyplésine et la polyphémusine, extraits du crabe dit « en fer-à-cheval » *Tachypleus tridentatus* et de *Limulus polyphemus*.

<u>Substances naturelles empêchant la réplication ou la multiplication du virus</u>

La prostratine, extraite d'une plante des îles Samoa (*Homalanthus nutans*).

La baicaline, l'avarol, l'avarone, la psychotrine, les dérivés du phloroglucinol, et en particulier les calanolides (préparés à partir d'un arbre de la forêt équatoriale, *Calophyllum lanigerum*) et les inophyllums (de l'arbre malaisien *Calophyllum inophyllum*).

La chrysine, un flavonoïde, la mellitine, la cécropine et l'EM-2487, peptides antibactériens extraits respectivement du venin d'abeille, d'une larve de ver-à-soie et d'un *Streptomyces*.

L'illimaquinone, substance marine naturelle.

La curcumine (*Curcuma spp*), les acides dicafféoylquinique et

dicafféoyltartriques, et un grand nombre de métabolites fongiques (equisétine, phomasétine, otéromycine, etc.).
L'alpha-trichosanthine (extraite des racines de *Trichosanthes kirilowii*), le MAP-30 (extrait de *Momordi cacharantia*), le GAP-31 (extrait de *Gelonium multiflorum*), DAP-30 et DAP-32 (extraits de *Dianthus caryophyllus*).
La castanospermine, extraite d'une légumineuse (*Castanospermum australe*).
La 1-déoxynojirimycine et la Swainsonine, isolées de plusieurs fabacées (dont *Oxytropis sericea*) et la bellenamine (extraite de *Streptomyces nashvillensis*). L'hypéricine et la pseudohypéricine, extraites du millepertuis (*Hypericum perforatum*).
Les michellamines A et B, ou des préparations à base d'extrait de buis (*Buxus sempervirens*), étudiées notamment par Arkopharma, inhibent la réplication du VIH par des mécanismes encore mal élucidés.

Parmi les publications écrites depuis 1982, près de 70 composés et 76 extraits bruts provenant de 123 espèces de plantes ont montré une activité inhibitrice *in vitro* sur le VIH ! Gageons qu'au sein de ces substances naturelles actives, certaines fourniront une aide précieuse dans le combat contre cette maladie dévastatrice. Les molécules thérapeutiques ne manqueront pas dans les années à venir. Espérons que les pays très pauvres et fortement atteints par la pandémie accéderont à ces médicaments dans les vingt ans à venir. Depuis le début de l'histoire du sida, les conditions de soin, dans ces pays, sont malheureusement restées véritablement inacceptables.

La même énergie anime les équipes de recherche dans la lutte contre le cancer. Devenue la troisième cause de mortalité dans les pays occidentaux, les médecins butent toujours sur cette pathologie aux multiples facettes. Il n'existe pas un cancer mais de nombreuses formes de la maladie. Malgré tout, les mêmes dérèglements apparaissent au sein de l'organisme. D'abord la machine cellulaire s'emballe. Par un phénomène que l'on ne connaît pas précisément, une cellule se transforme et se divise indéfiniment de manière incontrôlée. En temps normal, le mécanisme de division cellulaire est régulé par plusieurs facteurs. Lorsque la division cellulaire ne s'arrête pas naturellement, le clone cellulaire devient un cancer potentiel. Dès que se manifeste la prolifération, la tumeur repousse et envahit les tissus alentours. Les cellules cancéreuses empruntent le flux sanguin et établissent des colonies dans d'autres sites. C'est le processus métastatique qui s'installe. Pour tenter d'éliminer ces cellules cancéreuses, les médecins appliquent une combinaison de différentes voies thérapeutiques. Première arme utilisée, la chirurgie permet d'extraire la tumeur quand elle est accessible. Ensuite pour éliminer les métastases invisibles ou éviter qu'elles ne circulent ailleurs, des séances de radiothérapie — à partir de rayons X ou de radiations ionisantes — sont nécessaires. Cette technique, qui consiste à irradier et donc détruire des cellules cancéreuses, a beaucoup progressé. Des produits radiosensibles qui se placent sur les tumeurs améliorent encore l'efficacité des rayons. Troisième stratégie de lutte : la chimiothérapie. Les médicaments agissent sur les cellules humaines comme des antibiotiques sur les bactéries. Ils éliminent les cellules cancéreuses en jouant sur le processus de division de la cellule.

L'arsenal chimiothérapeutique est relativement ancien. Une partie des produits, utilisés actuellement, existent depuis cinquante ans. Leur principe : empêcher la division d'une cellule en deux autres cellules cancéreuses.

Des substances naturelles contre le cancer
La division cellulaire met en jeu de nombreuses étapes et l'idéal,

lors d'une chimiothérapie, consiste à pouvoir associer des médicaments qui exerceront leur activité sur chacune des différentes étapes du processus. Les substances naturelles utilisées en cancérologie agissent sur l'intégrité de l'ADN. Leur mécanisme d'action consiste à endommager l'ADN et le rendre irréparable ! C'est ainsi qu'agissent la bléomycine, un antibiotique, mais aussi deux substances extraites de la podophylle, l'étoposide et le téniposide. D'autres antibiotiques comme l'actinomycine D, la daunorubicine, la doxorubicine et l'idarubicine ou bien l'ellipticine des *Ochrosia* ou la camptothécine issue d'une plante chinoise s'intercalent entre les deux brins de l'ADN et jouent un rôle inhibiteur dans la synthèse de l'ARN. Enfin, les alcaloïdes issus de la pervenche, de l'if, mais aussi des produits isolés de la podophylle, inhibent, au stade de la mitose, l'élongation des microtubules qui permettent la migration des chromosomes aux deux pôles de la cellule au moment de sa division. C'est la raison pour laquelle ces médicaments sont surnommés poisons du fuseau. Dans ce groupe figurent aussi les dérivés du Taxol® et du Taxotère®. Ces deux produits demeurent les plus récents composés actifs en chimiothérapie. Leur mode d'action original en fait des médicaments de tout premier plan.

Deux contraintes surgissent très vite lors de l'administration d'une chimiothérapie. L'emploi de doses massives de médicaments pour détruire les cellules tumorales entraîne un effet toxique sur les cellules saines. En effet, les substances agissent de manière peu sélective. Avec ce type d'armes la seule reconnaissance est liée à la vitesse de multiplication cellulaire, plus importante chez les cellules tumorales. Cependant certaines cellules saines se multiplient elles-mêmes rapidement : cellules de la moelle osseuse qui fabriquent les globules rouges, les globules blancs et les plaquettes, les cellules du tube digestif, du cuir chevelu, etc. Autant de cibles « innocentes » qu'il faut protéger dans la lutte contre les cellules cancéreuses.

Deuxième contrainte majeure, les cellules cancéreuses, attaquées par les produits cytotoxiques, réagissent et résistent. Elles utilisent pour cela un mécanisme de « pompage », vidant en permanence la cellule du médicament anticancéreux que l'on voudrait y introduire. Ce phénomène, baptisé « multi drug resistance », nuit à l'efficacité des traitements. L'emploi d'une combinaison de médicaments permet souvent de pallier la résistance. Ainsi, à l'heure actuelle, pour le cancer de l'ovaire, les médecins associent deux ou trois produits comme le Taxotère® et un dérivé du platine. On développe par ailleurs des molécules aux mécanismes inédits de manière à attaquer une cellule là où elle s'y attend le moins. D'où la recherche perpétuelle de nouvelles substances ayant une activité originale. L'exploration des fonds marins devrait nous faire découvrir des substances aux activités singulières. Côté jardin, passer au crible les espèces des forêts tropicales ne doit pas faire oublier les herbes de nos campagnes, voire les plantes psychotropes comme le chanvre indien. Récemment une équipe espagnole de l'université de Madrid a publié dans *Nature Medecine* des résultats pour le moins étonnants. Ils affirment que le composé actif du cannabis, le tetrahydrocannabinol, THC, et ses dérivés seraient capables de stopper la prolifération des gliomes, des tumeurs rares du cerveau. Reste que cette piste originale devra dépasser l'obstacle majeur à l'utilisation du THC en thérapeutique : ses effets psychotropes.

Une autre stratégie originale de lutte contre la prolifération et la résistance des tumeurs se développe. Là il ne s'agit pas de détruire les cellules cancéreuses mais d'empêcher l'angiogenèse, c'est-à-dire la croissance des vaisseaux sanguins autour de la tumeur. Si on bloque la prolifération vasculaire qui est le principal pourvoyeur de nourriture de la cellule, la tumeur, affamée, est bel et bien circonscrite puis détruite. Cette technique astucieuse semble très prometteuse. Une dizaine de médicaments, bloquant l'angiogenèse, sont en cours d'évaluation clinique. Là aussi, les substances naturelles peuvent apporter leur pierre à l'édifice.

Enfin, à mesure que la connaissance biologique du cancer s'améliore, on imagine de doter les molécules déjà connues d'armes supplémentaires. Chez Rhône-Poulenc, les spécialistes du Taxotère® ont repéré un proche parent plus « rusé ». Dans certaines tumeurs (comme le cancer du côlon), les cellules résistent au Taxotère®. Elles contiennent des gènes de résistance aux drogues (le fameux gène baptisé MDR) qui fabriquent une « protéine-vigie ». Voyant arriver le Taxotère®, la protéine le reconnaît, empêche son entrée ou le rejette. Si on emploie un dérivé « masqué », proche mais pas identique, on peut tromper le garde-barrière par ce leurre. Ce dernier laisse entrer la molécule camouflée qui peut faire son travail et éliminer la cellule cancéreuse. Une prochaine évaluation clinique de phase I devrait valider ce nouveau taxoïde.

Tous les moyens sont bons pour améliorer l'action des médicaments anticancéreux et éviter au maximum leurs effets secondaires néfastes. L'amélioration du transport des médicaments est l'un d'eux. En utilisant des véhicules adéquats minuscules (liposomes, nanocapsules...), on parvient à transporter le médicament plus rapidement sur la cible exacte où il doit agir. Ainsi il ne détruit pas les organes sains et ne se détériore pas en route. Une société anglaise, Cell Therapeutics Inc., a greffé un polymère de synthèse sur une molécule de Taxol. Muni de ce véhicule moléculaire, le Taxol est administré en quelques minutes au lieu de trois heures, directement sur le lieu de la tumeur. Un essai clinique réalisé par une équipe du Cancer Research Council sur 30 patients sévèrement atteints a démontré qu'un tel traitement était plus efficace et provoquait moins d'effets secondaires.

Au-delà de ces traitements curatifs, il convient d'agir à l'origine du processus de cancérisation. L'origine d'un cancer, multifactorielle, dépend aussi bien de facteurs génétiques que des agressions de l'environnement. Les scientifiques observent de près les dysfonctionnements et les altérations d'une combinaison de gènes. Notamment ceux qui jouent un rôle majeur dans la division cellulaire. Par exemple, le gène de la protéine *Ras*, qui, une fois muté, provoque une division cellulaire à l'infini. Ou encore le gène de la protéine P53. S'il est modifié, les cellules ne sont plus détruites automatiquement par le mécanisme de l'apoptose et deviennent tumorales. En observant ces dérives des gènes, plusieurs stratégies peuvent se combiner. On peut tenter par thérapie génique d'introduire un gène-médicament à la place du gène défaillant. Mais souvent, la synthèse d'une protéine comme la P53 est sous la dépendance de plusieurs gènes, ce qui rend cette technique aléatoire. Par ailleurs, il devrait être possible de découvrir des molécules qui miment l'action de cette protéine et agissent à sa place lorsqu'elle n'est pas disponible. Pour déceler ces substances mimétiques, on pourrait développer un « test P53 », tout comme le « test tubuline » développé dans notre laboratoire. Par ce biais, les molécules naturelles ou artificielles qui agissent à la place de P53 pourraient être détectées et donner lieu à des futurs médicaments.

En plus de ces méthodes, l'idéal serait de rétablir l'équilibre rompu au sein de l'organisme. Des cas de guérison spontanée de cancer existent parfois, à la grande surprise des médecins. Dans cette circonstance, l'organisme, seul, trouve le moyen de se débarrasser de son mal, de rétablir l'équilibre en transformant les cellules cancéreuses en cellules normales. Pourquoi ne pas revenir à cet équilibre à l'aide de médicaments naturels ? Un exemple récent existe dans le traitement d'une leucémie particulière. L'idée poursuivie par le professeur Wang Zhenyi à l'hôpital Ruijin de Shanghai relayée par l'équipe française de Laurent Degos à l'hôpital Saint-Louis (Paris) consiste à « rééduquer » les cellules anarchiques, devenues « immortelles », afin qu'elles retrouvent leur destinée normale. L'administration d'acide transrétinoïque (ATRA en anglais), un dérivé proche de la vitamine A, a permis, dès 1986, la rémission complète de la maladie. Cette magnifique réussite est tout le contraire des thérapeutiques agressives : on ne tue pas les cellules, on leur réapprend à vivre normalement. Dans certains cas de résistance, un poison, l'arsenic, améliore même le traitement ! D'après les recherches dirigées par Hugues de Thé, ces deux médicaments, l'acide rétinoïque et l'oxyde d'arsenic, agissent de concert. Le premier empêchant la prolifération tandis que le second favorise l'apoptose (mort cellulaire programmée).

Comme on le suggérait au début de ce chapitre, l'action complémentaire de deux médicaments au moins a ici encore permis le retour à l'équilibre. D'une façon générale, il faut prescrire un cocktail pharmacologique et éviter la monochimiothérapie. C'est à ce prix que la cellule tumorale éprouvera des difficultés à organiser sa résistance.

L'époque de la résistance

Le phénomène de résistance, déjà évoqué pour le cancer ou le VIH, pose actuellement un grave problème de santé publique. Les bactéries pathogènes luttent de mieux en mieux face aux antibiotiques chargés de les combattre. Plus de 90 % des souches de staphylocoques dorés (responsables de furoncles, d'abcès, de pneumonies...) et près de

50 % des souches de pneumocoques vecteurs de maladies pulmonaires sont résistantes à la pénicilline. Le colibacille *Escherichia coli*, coupable de provoquer des infections urinaires, tient tête aux antibiotiques. Quant au streptocoque, il est devenu lui aussi résistant dans 10 à 40 % des cas. Mais ce tableau gris foncé s'assombrit encore, depuis quelques années, en particulier chez les malades du sida et immunodéprimés. Pourquoi ce phénomène apparaît-il si alarmant ? Il est tout à fait naturel que les bactéries s'adaptent et trouvent des parades efficaces quand on cherche à les éliminer. Comme tout être vivant, la lutte pour la survie est leur raison d'être. D'ailleurs Fleming, lui-même à l'origine de la découverte de la pénicilline, observa ce phénomène dès 1945. Dans ses légendaires boîtes de Pétri, il nota que les bactéries sensibles à la pénicilline en début d'expérience se multipliaient ensuite en présence d'une dose plus importante d'antibiotique. Selon lui, les bactéries sensibles étaient détruites et les bactéries résistantes s'étaient multipliées. Il avait bel et bien raison !

Les bactéries ont la capacité d'acquérir des moyens de résistance contre l'attaquant. Ce phénomène, naturel, se propage aujourd'hui trop rapidement. En face, les médecins et les pharmacologues n'ont pas le temps de mettre en place des traitements de substitution. Ils disposent d'un arsenal antibiotique issu des micro-organismes : pénicillines, tétracyclines, céphalosporines, quinolones, macrolides... qui ne suffisent plus. Généralement un antibiotique dérègle le mécanisme de reproduction indispensable à la survie de la bactérie pathogène. De leur côté, les micro-organismes virulents possèdent plusieurs parades de défense : ils deviennent « imperméables » à l'antibiotique, ils l'empêchent de franchir la membrane bactérienne ou s'il réussit à pénétrer, ils le rejettent à l'extérieur à l'aide d'une pompe cellulaire. Parfois même, ils dégradent directement l'antibiotique ou le modifient afin de le rendre inoffensif.

Tout cet arsenal de lutte « anti-antibiotique » a été mis au point par des gènes de résistance que la bactérie acquiert. Ces gènes de résistance se « réveillent » lors de l'attaque par un médicament. La souche bactérienne devient alors insensible à cette famille d'antibiotiques. Par ailleurs, de banales bactéries peuvent récupérer ces gènes par contact avec d'autres bactéries résistantes. Autrement dit, différentes souches bactériennes n'ayant jamais été en contact avec un antibiotique deviennent capables de lui résister grâce à un transfert des gènes *via* des espèces voisines. Ce deuxième mécanisme explique la dissémination rapide et alarmante du phénomène. Confrontés à cette situation, le combat des médecins et des pharmaciens doit rapidement s'organiser.

La première voie consiste à prescrire de manière raisonnée et prudente des antibiotiques et à les dispenser en prodiguant d'utiles et précieux conseils. Une bactérie est rarement résistante à deux antibiotiques à la fois. Aussi des traitements associant deux médicaments peuvent permettre de déjouer l'obstacle. De plus, la recherche pharmaceutique doit mettre au point des antibiotiques agissant au cœur des tactiques de résistance. Par exemple, les bactéries résistantes aux céphalosporines sécrètent des enzymes (céphalosporinases) qui inactivent l'antibiotique. Des produits, comme l'acide clavulanique, empêchent ces enzymes de faire leur travail de sape et laissent l'antibiotique agir. De multiples idées fourmillent dans les laboratoires. Certaines molécules bloquent les pompes d'efflux, inhibent la multiplication des bactéries ou empêchent leur communication... Bref, il faut rendre les antibiotiques aussi réactifs que leurs rivales. Les chercheurs de la Wayne State University à Detroit annoncent la production d'une molécule capable de revenir à son état d'antibiotique même quand la bactérie a réussi à la désactiver. Bref la guerre entre bactéries et antibiotiques est loin d'être finie et demande de rivaliser d'idées judicieuses. Dans ce combat, une course contre la montre est engagée. Les chercheurs de l'industrie pharmaceutique qui, jusqu'ici, mettaient 10 ans à « sortir » un antibiotique innovant nous donneront-ils les moyens de lutter contre des bactéries qui jouent leur survie et inventent des parades en un temps record ?

Un effort obligatoire

Les maladies parasitaires, généralement spécifiques des régions tropicales et subtropicales, connaissent le même problème de résistance. Ces endémies menacent une part importante de la population mondiale. Le paludisme touche chaque année 500 millions de personnes et tue 2 millions d'individus, en majorité des enfants de moins de cinq ans. La bilharziose frappe 200 millions de personnes, 300 000 ne s'en relèvent pas. La leishmaniose, la maladie de Chagas, la lèpre continuent d'infecter des millions de personnes. Une telle litanie de chiffres effraie en ce début de XXIe siècle. Car ces pathologies, contre lesquelles les remèdes existent, persistent et signent. 9 malades du paludisme sur 10 vivent en Afrique. L'infection touche aussi l'Inde et d'autres pays où le paludisme avait disparu à la fin des années 40. Au point que dans les années 90, le paludisme constitue une menace plus grave que vingt ans plus tôt. De multiples facteurs expliquent la réapparition de ce fléau : la détérioration des systèmes de santé, l'absence de programme de lutte coordonnée, la résistance aux insecticides et aux médicaments... A cela s'ajoutent les conflits territoriaux et les déplacements de populations, les changements climatiques et environnementaux qui accélèrent d'autant la reprise de l'endémie.

L'affaire n'est pas neuve. Le paludisme est apparu très tôt dans l'histoire humaine comme en témoigne le papyrus Ebers en 1550 avant J.-C. Cette fièvre des marais dite aussi « mal aria » (pour mauvais air) ne sera soignée qu'au XVIIe siècle avec la poudre des jésuites. Arrivée d'Amérique du Sud, la quinine constitue le seul traitement jusqu'à la Seconde Guerre mondiale. Parallèlement l'éradication des moustiques (anophèles) porteurs du parasite pathogène complète la lutte contre le paludisme. Au temps des Etrusques et jusqu'à la période napoléonienne, les travaux d'assainissement des marécages étaient proposés pour combattre le « mauvais air » européen où se multipliaient les anophèles. Après la Seconde Guerre mondiale, les programmes de désinsectisation ont été menés par l'Organisation Mondiale de la Santé. L'usage du DDT, un insecticide puissant et bon marché a fait reculer l'épidémie dans plusieurs zones du monde. Au Sri Lanka, on est passé d'un million de cas en 1955 à moins de 20 en 1963. Mais la résistance à l'insecticide, les mises en garde quant à l'usage du DDT, ont entraîné la suspension de certains programmes de lutte chimique. D'autres insecticides, comme les pyréthrines, plus chers, sont censés prendre la relève, mais ils sont employés de manière sporadique et moins coordonnée. Aujourd'hui, cette négligence explique le retour du paludisme dans des zones autrefois assainies comme Madagascar, le Mexique, l'Inde... Par ailleurs, les malades secoués par les fièvres du paludisme s'avèrent de plus en plus difficiles à soigner.

Lorsqu'un moustique femelle pique l'Homme, il lui injecte des cellules parasitaires, les plasmodiums. Ces derniers, véhiculés par le sang, se fixent dans le foie et prolifèrent à l'intérieur des globules rouges. Complètement parasité, le globule rouge éclate. Il libère des milliers de cellules parasitaires et des substances qui provoquent des accès de fièvre à intervalles de temps réguliers. En fonction de la nature du parasite, la virulence de la maladie est différente. Or, depuis une quinzaine d'années, le parasite, *Plasmodium falciparum*, responsable de la forme de paludisme la plus grave, résiste à la chloroquine (Nivaquine®). D'autres médicaments dérivés existent, la pyriméthamine ou le chloroguanide (Proguanil®), mais commencent à présenter eux aussi des signes de résistance. Autrement dit, il est urgent de découvrir de nouveaux médicaments ou des façons innovantes de lutter contre le paludisme.

En 1972, des chercheurs chinois ont doté l'arsenal thérapeutique d'un nouvel antipaludique, l'artémisinine. Isolé d'une plante médicinale bien connue, le qinghao (*Artemisia annua*) a des vertus antipyrétique (contre la fièvre) et antimalarique. Au vu des essais cliniques réalisés en Thaïlande, en Chine, au Brésil et en Afrique, l'artémisinine a apporté de bons espoirs dans le soin des patients insensibles aux autres traitements. Par ailleurs, elle est active dans le traitement du paludisme cérébral, forme avancée et dangereuse de la maladie. Des dérivés, les artemethers alpha et béta développés par Rhône-Poulenc et l'Artesunate enregistré en Chine, complètent cette famille prometteuse d'antipaludiques puissants. Pour éviter le phénomène de résistance, l'OMS préconise l'usage de l'artémisinine en combinaison avec la méfloquine (Lariam®) qui potentialise son action. La lutte avec plusieurs médicaments favorise les chances de succès. Des chercheurs à l'Institut malgache de recherches appliquées (Madagascar) ont suivi cette piste. L'origine de leur recherche faisait suite à l'étude des usages empiriques des plantes. Pendant les années 80, devant la réapparition du paludisme et l'effondrement de l'économie, la population locale des campagnes s'était tournée vers l'usage des plantes. Parmi les recettes utilisées, l'une d'elles associait la prise d'un comprimé de chloroquine à une infusion de trois plantes, *Strychnos mostueoides*, *Strychnos myrtoides* et *Strychnos diplotricha*. Les Malgaches Philippe Rasoanaivo et Suzanne Ratsimamanga, en collaboration avec François Frappier du Muséum National d'Histoire Naturelle, se sont penchés sur cette recette étonnante. Isolant deux alcaloïdes de l'une des plantes, ils ont montré comment ces substances renforçaient l'activité de la chloroquine et détournaient le phénomène de résistance. Les résultats obtenus sur les patients lors d'une première phase d'évaluation clinique sont très encourageants. La poursuite du projet vise le développement à Madagascar de l'extrait actif à partir des plantes locales. Une telle initiative est malheureusement trop peu soutenue et développée. Depuis des années, l'OMS soutient le développement d'un vaccin encore à venir. Le célèbre SPf66 mis au point par le chercheur colombien Patarroyo donne des résultats plus que mitigés malgré une médiatisation à outrance. En 1997, trois autres vaccins demandaient à être testés. L'un est développé par l'US Navy, l'autre par l'US Army avec SmithKline Beecham et le dernier par une équipe australienne.

Dans ces recherches, les industriels de la pharmacie ne se bousculent pas au portillon. Un développement cher et un marché non solvable expliquent ce faible empressement. Parfois même, des travaux prometteurs sont laissés de côté. En collaboration avec l'équipe de Joseph Schrevel du Muséum National d'Histoire Naturelle et notre équipe de Gif-sur-Yvette, nous avons mis en évidence l'action efficace du Taxotère pour bloquer le développement du parasite dans le sang. A des doses infiniment moindres que celles employées dans les traitements anticancéreux, le Taxotère a un potentiel curatif à l'égard du paludisme. Il agit aussi sur le parasite, *Trypanosoma cruzi*, responsable de la maladie de Chagas. Ces travaux n'ont été suivis d'aucun écho pharmaceutique. De même les résultats d'Alain Fournet, ethnopharmacologue à l'IRD en Bolivie, concernant le traitement de la leishmaniose cutanée n'ont jusqu'à présent pas été suivis par les industriels. En 1987, le chercheur découvre chez les Indiens Chimanes un arbuste dont l'écorce sert de cataplasme pour soigner les plaies causées par la leishmaniose. Avec son équipe franco-bolivienne et en liaison avec les pharmaciens de la Faculté de Pharmacie de Châtenay-Malabry, ils ont tôt fait d'isoler les molécules actives. 200 fois plus actives que l'extrait brut, ces molécules baptisées chimanines n'ont toujours pas trouvé preneur. Aucun industriel n'en a voulu. Les quelques traitements existants, à base de dérivés d'antimoine assez toxiques, sont inabordables pour la population visée. Seul, le secteur vétérinaire de Novartis serait intéressé à développer ces nouveaux produits. La leishmaniose qui touche les « toutous domestiques » de nos contrées occidentales représenterait un marché bien plus juteux... Dans un monde à l'évidence tombé sur la tête, c'est la médecine vétérinaire qui suggérera les travaux (et peut-être les avancées) que la médecine humaine hésite à entreprendre. Par ailleurs, la volonté de développer ce médicament en Bolivie s'est perdue dans un imbroglio où se mêlent des problèmes de brevets et de divergence de point de vue sur le développement.

Quoi qu'il en soit, les ressources ridicules allouées à la recherche sur les maladies tropicales limitent gravement les futurs développements. Dans ce domaine, les budgets de recherche ne représentent que 1 % de celui destiné aux études sur le sida ! Les firmes pharmaceutiques devraient être obligées de consacrer un minimum de leurs ressources à ces travaux. Le plus désolant est que l'aspect économique l'emporte sur les points de vue scientifiques et humanitaires. Que le développement ne se fasse pas pour des raisons économiques est une chose, mais limiter la recherche fondamentale est proprement scandaleux. Récemment une action incitative nationale a été lancée dans le domaine des maladies infectieuses et parasitaires. Mais le financement de cette recherche ne dépasse pas 3 % du budget de la recherche biologique et médicale française. Seule une forte volonté politique pourra accompagner cet effort urgent de solidarité. Il faudrait par ailleurs inciter les actions de développement industriel. Pour que ce « mauvais air », qui tue encore une personne toutes les 12 secondes, soit relégué au rang de mauvais souvenir et soit une victoire de la recherche médicale et pharmaceutique des premières années du XXIe siècle.

Les maladies rares et des médicaments orphelins

Les maladies rares ou orphelines sont qualifiées ainsi lorsqu'elles touchent 5 individus sur 10 000. On en compte 9 000 : 80 % d'entre elles sont d'origine génétique et 20 % d'origine infectieuse. A titre d'exemple, l'insomnie fatale familiale, mais aussi le choléra (en France) sont des maladies orphelines. En Europe, 25 millions de personnes sont atteintes de maladies rares, soit 6 % de la population. Nombre de ces maladies sont graves, handicapantes et, à l'heure actuelle, incurables. La mise au point de médicaments dits « orphelins », qui demeure onéreuse et aléatoire, et l'étroitesse du marché ont jusqu'à présent dissuadé nombre d'industriels.

Dès 1994, l'Inserm avait réalisé un rapport sur les maladies orphelines dont les conclusions ont suscité l'intérêt du ministère de la Santé. En 1995, le gouvernement français s'est fait le principal avocat pour que l'Europe mette en place un système d'incitation à la production de médicaments orphelins inspiré de l'Orphan Drug Act américain.

En décembre 1999, le règlement a été adopté par le Parlement européen et le Conseil des ministres. Proposé par la Direction générale de l'industrie et adopté par la Commission européenne en juillet 1998, ce règlement incite l'industrie pharmaceutique à développer et à commercialiser les médicaments orphelins.

Les « avantages » attribués au statut de médicament orphelin semblent intéressants :

— enregistrement communautaire, éligibilité (mais non droit) aux subsides et autres incitations fiscales prévues au niveau communautaire ou national ;

— diminution, voire suppression des droits d'enregistrement ;

— collaboration technique, au cours du développement avec l'agence d'enregistrement ;

— en cas de succès, droit exclusif d'exploitation du produit pour cette indication, pour une période de 10 ans.

Les médicaments orphelins ne sont pas dispensés de l'obtention d'une autorisation de mise sur le marché (AMM). Mais les redevances qui accompagnent la demande d'AMM pourront être prises en charge totalement ou en partie par des fonds communautaires. Les candidats au statut de médicament orphelin peuvent bénéficier, en outre, d'une aide technique de l'EMEA (Agence européenne du médicament) pour élaborer leur dossier d'évaluation.

Par ailleurs, un programme de recherche « maladies rares » vise à :

— développer l'information et créer une base de données européenne sur les maladies rares ;

— soutenir les groupes d'assistance aux patients et à leur famille ;

— favoriser la création de réseaux de surveillance des maladies rares.

Depuis 1983, aux Etats-Unis, c'est sous la pression des associations de malades que l'Orphan Drug Act a réussi à séduire les industriels originellement réticents. 64 médicaments orphelins (destinés à traiter 74 maladies considérées comme rares) ont été mis sur le marché aux Etats-Unis entre 1983 et 1992, contre 34 de 1968 à 1982. En 1998, un total cumulé de plus de 170 médicaments orphelins avaient été mis sur le marché américain. Premier système mis en place, le modèle américain servit d'exemple au Japon en 1993, puis à Singapour et en Australie en 1998.

Haro sur le diabète !

L'augmentation du niveau de vie permet de se prémunir de certaines affections infectieuses liées aux conditions précaires, mais elle donne naissance à d'autres pathologies. Parmi ces maladies « de civilisation », caracolent en tête l'obésité et le diabète. Le diabète de type II dit « non insulino-dépendant » est en constante progression. Contrairement au diabète insulino-dépendant ou « maigre » caractérisé par un manque originel d'insuline, le diabète de type II s'installe insidieusement chez les personnes souvent obèses. A l'excès de poids s'associent l'hypertension et le diabète.

Cette pathologie qualifiée de « diabète gras » touche plus de 100 millions de personnes dans le monde, 5 % de la population en Occident. Dans les vingt dernières années, le nombre de cas a plus que doublé et devrait être à nouveau multiplié par 2 d'ici à 2010. Alors que le diabète « sucré » est davantage d'origine génétique (le gène qui dirige la synthèse d'insuline est mis en accusation), le diabète « gras » est d'origine très différente. De multiples facteurs contribuent à la lente apparition de la maladie, notamment l'apport excessif de calories, l'activité physique réduite et la grande sédentarité. Avec l'âge, cette maladie apporte son cortège de complications cardiovasculaires, rénales, oculaires, neurologiques... Pour traiter cette maladie, les médecins préconisent des antidiabétiques oraux tels que les sulfamides hypoglycémiants ou les biguanides. Si la situation s'aggrave, l'apport d'insuline par injection comme pour le diabète sucré de type I devient indispensable.

On tente de développer de nouveaux traitements, notamment des médicaments stimulant la production d'insuline. Là encore, les substances naturelles ont leur rôle à jouer. En l'occurrence, une petite graine n'a peut-être pas fini de faire parler d'elle. Consommée allègrement pour parfumer couscous et curry, la graine de fenugrec est une épice à l'usage trois fois millénaire. Dans cette légumineuse, *Trigonella foenum graecum*, les graines sommeillent dans des gousses. Employé comme épice depuis belle lurette, le fenugrec est connu dans les régions méditerranéennes et en Inde pour stimuler l'appétit, prendre du poids mais aussi pour réduire le diabète. Cette dernière vertu a mis la puce à l'oreille des professeurs Yves Sauvaire et Gérard Ribes du Laboratoire de recherche sur les substances naturelles végétales de Montpellier. Ils ont caractérisé les propriétés antidiabétiques de cette graine et ont recherché la molécule responsable de l'activité. Au début des années 90, ils isolent l'acide aminé en question, la 4-hydroxyisoleucine, totalement inconnu du monde animal. Leur hypothèse de départ s'est trouvée confirmée. La molécule stimule la sécrétion d'insuline et ce, seulement lorsque le taux de glucose augmente. L'hypoglycémie, effet secondaire classique dans les traitements antidiabétiques, est ainsi évitée. Cette activité observée sur les animaux demande à être confirmée par des évaluations cliniques chez l'homme. D'ores et déjà, des travaux récents réalisés dans notre laboratoire de Gif ont permis de réaliser la synthèse totale de l'acide aminé en question. Si le fenugrec tient ses promesses, une belle aventure pharmaceutique ne manquera pas de démarrer.

D'autant que les industriels de la pharmacie sont en quête de nouveaux antidiabétiques oraux. En effet l'insuline, détruite par le suc gastrique, est jusqu'à présent injectée par voie sous-cutanée. Ce qui reste fort gênant pour les malades chroniques. Dans ce contexte, la découverte du géant pharmaceutique Merck, en 1999, a fait date. L'insuline orale serait entre leurs mains ! Leur trouvaille résulte d'un criblage systématique et aléatoire à grande échelle. Pas moins de 18 chercheurs de l'équipe de Bei Zhang et David Moller ont passé au crible 50 000 substances tant naturelles que synthétiques qu'ils conservaient dans leur chimiothèque. Leur objectif : détecter les molécules qui s'accrochent à certains récepteurs dont celui de l'insuline. Une substance venue des profondes forêts zaïroises a attiré leur attention. Elle est extraite d'un champignon *Pseudomassaria*, récolté il y a plusieurs années sur les feuilles d'un arbre tropical. Avec 32 atomes de carbone, cette molécule de la famille des quinones qui répond au nom de code L-783,281 a les mêmes effets que l'insuline. Elle se fixe sur les mêmes sites récepteurs à la surface de la cellule et active une enzyme qui lui permet d'absorber le sucre présent dans le sang. En découvrant un véritable substitut de l'insuline, les pharmacologues imaginent déjà mettre cette molécule à disposition des diabétiques. Espérons que cette piste vers la « pilule du diabète » aboutira. Cela souligne une fois de plus tout le potentiel existant dans l'étude des substances naturelles liée aux recherches avancées sur les maladies.

Ce rapide survol des pathologies actuelles est évidemment loin d'être exhaustif. Il souligne la singulière actualité de la recherche sur les substances naturelles aux côtés des méthodes thérapeutiques plus conventionnelles. Au moment où les grands groupes pharmaceutiques sont davantage préoccupés par le marketing destiné à favoriser la vente de leurs molécules, les pharmacologues ont souvent l'impression d'être des laissés-pour-compte. Pourtant, sur chaque continent, beaucoup parmi eux ont des idées originales pour soigner le paludisme, vaincre le cancer ou réguler le diabète. Seront-ils écoutés et surtout auront-ils les moyens de poursuivre leurs recherches ? Si j'avais écouté les « vaticinateurs » qui ne croyaient plus à la chimiothérapie au début des années 70, je n'aurais jamais pu mener à bien mes travaux. Pourtant, aujourd'hui, des malades sont sauvés grâce à des médicaments novateurs. L'Homme possède des capacités d'invention et de création inégalées. Au lieu de regarder d'un œil suspect les idées originales avancées par un chercheur isolé, les comités de direction des centres de recherche ou des sociétés pharmaceutiques devraient encourager les initiatives.

Il est bien difficile de prédire quelles stratégies thérapeutiques donneront les meilleurs résultats à l'avenir. Ne perdons pas notre temps à décrier tel ou tel axe de recherche. La combinaison des approches apporte souvent une réponse à l'incertitude. Et comme dans toute activité, l'humilité reste de mise. La découverte de nouveaux traitements résulte d'un double processus, déjà évoqué au temps de Claude Bernard. Aux côtés des scientifiques préoccupés de connaître intimement les processus biologiques, la merveilleuse inventivité de la nature demeure. L'homme qui tente de percer ces secrets naturels de manière rationnelle y parvient souvent par le plus inattendu des hasards...

9.

Vous avez dit hasard ?

> « L'investigateur doit poursuivre ce qu'il cherche
> mais aussi voir ce qu'il ne cherchait pas. »
> Claude Bernard

L'Homme reste désemparé devant la maladie. Colère, révolte, désespoir, les émotions qui nous habitent sont bien vaines à apporter un remède à la souffrance. Souvent un regard d'incompréhension vers le ciel nous amène à chercher en vain une réponse à ce mal qui ronge ou terrasse. Pour nous, scientifiques spécialisés dans le domaine des substances naturelles, les remèdes se trouvent parfois à portée de main, dans ce que nous appelons le Magasin du Bon Dieu. Reste à les découvrir de la façon la plus rationnelle possible. Les Anciens tentaient d'apprivoiser cet univers des plantes thérapeutiques à leur manière. Pline et Dioscorides, puis Paracelse à la Renaissance, avançaient une théorie aussi étrange que poétique : la théorie des signatures.

Pour les tenants de cette philosophie thérapeutique, Dieu, regrettant d'avoir créé les maladies, donnait à l'Homme des remèdes qu'il avait placés dans les végétaux. Comment les identifier ? En s'en remettant à leur morphologie. Parmi les plus populaires, figurait la pulmonaire dont les feuilles allongées, tachées de blanc, rappellent les lobes des poumons. Elle était donc tout « indiquée » dans les affections respiratoires. La colchique, avec son bulbe en forme de gros orteil, ne pouvait qu'être destinée au traitement de la goutte... Quant à la noix, et ses cerneaux en forme de cerveaux, elle devait être bonne pour guérir les âmes. C'était là un raisonnement quelque peu simpliste, érigeant un naïf et désuet naturalisme en théorie scientifique. Cette démarche nous fait sourire, aujourd'hui où la science s'appuie sur des faits observables et reproductibles. Pourtant, au cœur même de notre époque rationaliste, le hasard fait irruption dans la recherche scientifique. Irrationnel ? Déraisonnable ? L'inattendu se conçoit mal comme faisant partie des fondements de la science. Néanmoins, les découvertes fortuites ou imprévues existent bel et bien. De nombreuses innovations thérapeutiques anciennes ou récentes doivent une fière chandelle au hasard, le mal aimé des rationalistes, et donc des scientifiques. Le hasard se présente sous de multiples facettes. Il s'agit parfois d'erreurs expérimentales, de la curiosité d'un chercheur qui s'arrête sur un fait inattendu, du dépit d'un autre qui, pensant mettre le doigt sur un fait prometteur, met en lumière une idée à laquelle il n'avait pas pensé. C'est aussi un effet « latéral », souvent indésirable ou du moins « indésiré », qui éveille l'émoi, la curiosité puis l'intérêt.

Tirer profit de ses erreurs

Les erreurs expérimentales à l'origine de découvertes inattendues sont plus nombreuses qu'on ne peut l'imaginer. Dans un laboratoire, les causes de négligence sont légion. Dans les années 1880, Adolf Küssmaul, Arnold Cahn et Paul Hepp travaillaient à Strasbourg sur l'action antiparasitaire des dérivés du naphtalène. A l'occasion d'un essai réalisé sur des patients hospitalisés, ils s'aperçoivent que la courbe de température de leurs malades baisse de manière inaccoutumée. Le naphtalène et ses dérivés seraient-ils des remèdes contre la fièvre ? En réalité, la pharmacie Kopp à laquelle ils s'étaient adressés pour leur fournir le médicament à l'essai leur avait délivré de l'acétanilide au lieu de naphtalène ! Ils avaient administré une autre poudre blanche extraite d'un flacon mal rangé sur l'étagère du pharmacien. L'erreur avait du bon : l'acétanilide, à l'époque administrée comme antalgique, devint un médicament destiné à lutter contre la fièvre... L'Antifebrin® était née et devint avec l'aspirine, pendant des décennies, un best-seller de la pharmacie. Plusieurs enseignements peuvent être tirés de cette bévue. *Primo*, les pharmaciens doivent toujours rester aux aguets. *Secundo*, une erreur peut parfois masquer une vérité. *Tertio*, l'observation doit pouvoir s'imposer au raisonnement.

1856. William Perkin, un apprenti chimiste anglais de dix-huit ans, n'a qu'une idée en tête : synthétiser la quinine dont le prix devient exorbitant. Partant d'une matière première hydrocarbonée, la toluidine, il imagina qu'il réussirait à fabriquer de toute pièce le remède antipaludique. Il ne parvint jamais à obtenir le précieux alcaloïde... En revanche, en mélangeant l'aniline et le bichromate de potassium, il aboutit à une substance poisseuse que tout chimiste averti aurait écartée. Perkin ne baissa pas les bras. Reprenant cette masse pâteuse de couleur pourpre par de l'alcool, il obtint une dissolution spectaculaire : son cristallisoir se remplit d'un liquide rouge écarlate qui macula sa chemise de taches violettes indélébiles. La mauvéine était née. Au lieu d'un médicament, Perkin avait fabriqué par erreur le premier colorant de synthèse. Dès 1857, il déposa un brevet pour son procédé et installa une fabrique de teinture près de Londres. C'est lui qui conçut l'équipement requis pour la production à grande échelle et, en moins de six mois, il fut en mesure de commercialiser sa teinture, baptisée « Pourpre d'aniline ». Sa fortune fut définitivement assurée lorsque, en 1862, à la Royal Exhibition, la reine Victoria apparut, vêtue d'une magnifique robe « mauve ». On était loin de la quinine, mais l'Empire britannique sut reconnaître les mérites du jeune chimiste, même si c'est grâce à un raté qu'il entra dans la cour des grands.

Aujourd'hui, les jeunes scientifiques doivent se rappeler l'épisode de Perkin. Bien sûr, il leur est difficile de se lancer dans une tâche aussi ambitieuse que de « synthétiser la quinine ». Pourtant la volonté de réussir, l'observation des erreurs et la curiosité à chaque changement inattendu doivent rester ancrées dans les mémoires. Claude Bernard le disait déjà : « Quand on voit un phénomène qu'on n'a pas l'habitude de voir, il faut toujours se demander à quoi il peut tenir [...] ; alors il se présente à l'esprit une réponse ou une idée qu'il s'agit de soumettre à l'expérience. »

Déchiffrer l'incompréhensible

Au cœur du Moyen Age, une étrange épidémie ravagea la province du Dauphiné. Les hommes et femmes de cette région avaient l'impression d'être brûlés vifs. Leurs membres se gangrénaient... Nul diable, nulle malédiction n'était à l'origine de ce feu de saint Antoine, ce « mal-des-ardents ». Un simple champignon en était la cause. L'ergot de seigle (*Claviceps purpurea*) est un micro-organisme qui parasite le grain de seigle et se substitue à lui au cœur de l'épi. L'ingestion de ces céréales parasitées provoque convulsions et gangrènes. Dès le milieu du XIXe siècle, les chimistes organiciens peinèrent à découvrir la substance contenue dans l'ergot à l'origine de ce « feu sacré ». La première « substance pure » active, l'ergotoxine, fut isolée par George Barger, à Londres, en 1905. C'était en fait un mélange de trois alcaloïdes : l'ergocornine, l'ergokryptine et l'ergocristine. Enfin, Arthur Stoll isola l'ergotamine à Bâle en 1920. Cette maîtrise de la structure des alcaloïdes de l'ergot de seigle permit de procéder à l'hémisynthèse de dérivés comme la méthylergométrine toujours présente en obstétrique et la dihydroergotamine dont l'emploi dans le traitement des migraines est d'actualité.

Parmi les dérivés de l'ergot du seigle accumulés dans les laboratoires de 1920 à 1940, figurait la diéthylamide de l'acide lysergique, connue pour provoquer tantôt l'excitation tantôt la catalepsie des animaux. Au printemps 1943, Albert Hofmann étudia l'effet de cette substance qui avait été préparée pour la première fois par Ernst Rothlin sous le nom de LSD 25 (25e dérivé de l'acide lysergique de la série « amide »). Au cours de ses expériences, il ressentit, au moment de la synthèse, un sentiment étrange : « Vendredi dernier le 16 avril 1943, j'ai ressenti le besoin d'interrompre mon travail dans le laboratoire et de rentrer chez moi. J'étais saisi d'une fatigue particulière associée à un léger vertige. Arrivant à la maison, je me suis allongé, comme ivre. Ce n'était pas déplaisant, car mon imagination devint extrême. J'étais allongé les yeux fermés et j'avais l'impression d'être aveuglé par la lumière. Survinrent alors une quantité incroyable d'images colorées, fantastiques, extraordinairement mouvantes, comme un kaléidoscope chromatique issu d'une palette infinie. Cette sensation disparut au bout de trois heures. »

Le LSD entrait dans l'air du temps... Hofmann savait qu'il avait été intoxiqué par un des produits qu'il avait manipulés. Il n'était pourtant pas évident de rapprocher les symptômes ressentis de ceux qui avaient été décrits plusieurs siècles plus tôt par les « ardents ». Trois jours plus tard, il absorba à nouveau du LSD 25 afin de noter minute après minute les symptômes de l'intoxication. Il n'y avait plus de doute possible. A la sixième heure, seuls les troubles de la vision persistaient : halos colorés avec prédominances vertes et bleues, coexistence d'images réalistes et fantastiques, déformations de l'environnement. La dose efficace était infime : de l'ordre de 0,03 à 0,05 mg. Le LSD était, de loin, le plus actif des hallucinogènes : 5 000 à 10 000 fois plus que la mescaline extraite d'un cactus américain. Cette expérience « vécue » scientifiquement stimula l'intérêt des neurobiologistes. Ils y virent une nouvelle approche de l'étude des maladies mentales. Le hasard venait de pousser la porte d'un des temples de l'énigme humaine : le cerveau. Expliquer les phénomènes surprenants du corps humain donne des résultats passionnants. Il arrive aussi que les scientifiques fassent de véritables découvertes du côté des animaux.

Nos amies les bêtes

Au début des années 20, une étrange épidémie décima le bétail nord-américain, dans le Dakota du Nord (Etats-Unis) et dans l'Alberta canadien. Ce qui fut étiqueté comme une septicémie hémorragique n'était qu'une intoxication due à l'ingestion de mélilot gâté, une petite plante présente dans le fourrage dont étaient nourris les bovins. L'absorption du végétal pourri perturbait fortement la coagulation sanguine.

Quelques années plus tard, en janvier 1933, Karl Paul Link du Collège d'agriculture de l'université du Wisconsin découvrit une souche de mélilot dépourvue de coumarine, soupçonnée de conférer au végétal un goût amer peu encourageant pour le bétail. A partir de cette plante, il connut quelques déboires pour isoler le « facteur hémorragique ». Six ans après, le 28 juin 1939, Campbell isola et purifia ce principe actif anticoagulant. C'était le dicoumarol. Sa structure fut étudiée par deux membres de son groupe qui devaient également mettre au jour, en avril 1940, un dérivé. Quelques jours après la publication de ce travail, H.R. Butt, E.V. Allen et J.L. Bollman, trois médecins de la Mayo Clinic de Rochester, commencèrent un premier essai clinique chez l'Homme (6 sujets hospitalisés) et plus tard... une étude expérimentale chez le chien. La découverte des premiers anticoagulants oraux était lancée. Du bétail malade à l'homme soigné, il y avait un pas auquel nul n'aurait pensé d'emblée. Encore une fois, les chimistes des substances naturelles avaient percé un secret bien gardé. Mais la curiosité expérimentale allait trouver son image la plus mythique en la personne de Fleming. Même s'il fut devancé par un jeune médecin militaire français Ernest Duchesne, c'est au flegmatique chercheur londonien que revient la gloire de la découverte de la pénicilline.

Duchesne, précurseur des antibiotiques

L'acte de naissance de l'antibiothérapie a été publié le 16 juillet 1877 à l'Académie des sciences par Louis Pasteur et Jules-Francois Joubert : « Le développement de la bactérie ne peut avoir lieu que de manière très pénible quand elle est en présence d'autres organismes microscopiques [...]. Chez les êtres inférieurs plus que dans les grandes espèces animales et végétales, la vie empêche la vie. » Vingt ans plus tard, un jeune médecin de vingt-trois ans, Ernest Duchesne (1874-1912), soutint à l'Ecole du service de santé militaire de Lyon une thèse de doctorat en médecine intitulée *Contributions à l'étude de la concurrence vitale chez les micro-organismes*. Ses expériences visaient à répondre à une question d'une grande banalité : pourquoi les moisissures ne peuvent-elles se développer dans certaines conditions ? S'inspirant d'écrits antérieurs, il mit à son tour en évidence cet antagonisme entre moisissures et bactéries. Il remarqua une habitude des palefreniers : ces derniers soignaient les blessures des chevaux avec les moisissures récupérées sur les cuirs des selles et des licols. A l'appui de cette observation, Duchesne proposa une extrapolation de nature scientifique. Il conclut sa thèse : « Certaines moisissures (*Penicillium glaucum*), inoculées à un animal en même temps que des cultures virulentes de quelques microbes pathogènes comme le colibacille ou le bacille typhoïdique, sont capables d'atténuer dans de très notables proportions la virulence de ces cultures bactériennes. On peut donc espérer qu'en poursuivant l'étude des faits de concurrence biologique entre moisissures et microbes, étude seulement ébauchée par nous et à laquelle nous n'avons d'autre prétention que d'avoir apporté une très modeste contribution, on arrivera peut-être à la découverte d'autres faits directement utiles et applicables à l'hygiène prophylactique et à la thérapeutique. » Duchesne fut le théoricien précurseur de l'antibiothérapie. Mais le perspicace scientifique, mort d'une pneumonie à 37 ans, n'aura jamais l'honneur de connaître la formidable réussite de la pénicilline.

Fleming, aveugle visionnaire ?

Fleming n'a à peu près rien découvert et pourtant, un beau jour, il a compris qu'il touchait à quelque chose d'intéressant. Ses successeurs, B. Chain et H. Florey, se chargeront de transformer cette observation en découverte géniale. Juillet 1928. Alexander Fleming, bactériologiste au

St. Mary's Hospital, à Londres, quitte son laboratoire pour quelques semaines de vacances en famille. A son retour, il observe l'aspect d'une boîte de culture, qu'il avait, par négligence, laissée sur une paillasse. Une colonie cotonneuse de moisissure *Penicillium* d'un blanc verdâtre s'était développée. Autour de celle-ci, toute présence bactérienne (il s'agissait de culture de staphylocoques) avait été éradiquée. Des circonstances favorables avaient permis la croissance du champignon. Un jeune mycologue travaillait précisément à proximité de la paillasse de Fleming sur des souches de *Penicillium*. Par chance, la colonisation avait été le fait d'un champignon, gros producteur de pénicilline. De plus, Fleming avait commis l'erreur (salutaire) de laisser ses boîtes à l'extérieur et non à l'étuve à 37 °C ; or les staphylocoques sont moins à l'aise que les champignons pour pousser à 25 °C. Coïncidence heureuse ? En 1928 l'été londonien fut exceptionnellement frais... Le hasard aida la chance. Fleming ne passa pas à côté de cette bizarre boîte de Petri. Il faut au moins lui reconnaître ce mérite.

Sa première hypothèse fut la bonne : si une mort bactérienne s'était manifestée autour de la moisissure, c'est qu'une substance sécrétée détruisait la bactérie. Il l'appela d'emblée « pénicilline ». Fleming publia ses observations mais apparemment sans en mesurer vraiment la portée. D'autres chercheurs s'intéressèrent aux travaux de Fleming, parmi lesquels Harold Raistrick, un grand spécialiste des champignons qui voulait identifier les souches productrices de *Penicillium*. A l'époque, le scepticisme l'emportait au point qu'il résuma la situation à l'occasion du XVe Congrès international de physiologie en 1935 : « La production de pénicilline à des fins thérapeutiques est vraisemblablement impossible. » Compte tenu des incertitudes relatives à la pénicilline, les sulfamides tenaient toujours le haut du pavé dans les traitements antibactériens.

Il fallut quelques années pour que la pénicilline revienne au cœur de la recherche, grâce à Boris Ernest Chain et Howard Florey qui effectuaient leurs travaux sur les substances naturelles présentant des propriétés antibactériennes. Parmi elles figuraient la pyocyanase et la pénicilline. Chain et Florey avaient compris que ce que Fleming avait observé était important. Les moyens mis en œuvre devaient être à la mesure de l'enjeu pressenti. Associés à d'autres dont Edward P. Abraham et Norman Heatley ils allaient purifier la pénicilline et définir son utilisation. En mars 1940, Chain avait produit suffisamment de pénicilline pour en injecter à des souris saines, comme à des souris infectées par des streptocoques. Le résultat ne se fit pas attendre : la pénicilline permettait de traiter l'infection expérimentale mortelle ; son activité était spectaculaire et dépendait de sa durée d'administration et de la posologie administrée. L'article, rédigé en toute hâte, passa à peu près inaperçu, et les quelques contacts que Florey tenta de nouer avec l'industrie pharmaceutique furent infructueux. Mais quelques années plus tard, dans la période troublée de la Seconde Guerre mondiale, la pénicilline devint un précieux atout pour la victoire des Alliés. Désormais, les antibiotiques allaient devenir un thème majeur de recherche pour l'industrie pharmaceutique. Aminoglycosides, tétracyclines, polypeptides, quinolones, etc. autant de familles thérapeutiques qui, en vingt ans, allaient transformer la prise en charge et le contrôle des maladies infectieuses. Contrairement aux sulfamides, dont l'avènement fut une réalité scientifiquement construite, la pénicilline fut entrevue par deux générations médicales précédentes, mais son avènement semble bien avoir été le fruit d'un heureux hasard.

Les phénomènes inattendus prennent parfois des chemins tortueux, voire désastreux, pour les pharmacologues engagés sur une voie de recherche. Ce sont les fameux effets indésirables des médicaments. Ils sont à l'origine de découvertes majeures, très récemment.

Détourner les effets indésirables

Le minoxidil fut pendant quelques années commercialisé comme médicament de l'hypertension artérielle. Dès les premières études, on observait, parmi les effets indésirables, l'apparition d'un léger hirsutisme. Les cheveux et les poils (ce qui est plutôt gênant chez la femme) voyaient leur croissance décupler. En quelques années, le médicament a vu son intérêt dans le domaine de la pharmacologie cardiovasculaire diminuer et, en revanche, devenir l'attraction des dermopharmacologues. Rapidement le minoxidil fut cantonné au seul traitement de la calvitie. Afin de limiter ses effets cardiovasculaires, il ne fut administré qu'en lotion à usage externe ! On passait du prestige de la prescription cardiologique à la banalité des « têtes de gondole » de drugstores.

La clonidine connut une aventure similaire mais en sens inverse. Elle naquit dans le bureau d'un chercheur allemand. Helmut Stahle chez Boehringer s'intéressait particulièrement à une série chimique : les imidazolines. L'un de ces composés, un dérivé de la dichlorophénylimidazoline (ultérieurement appelée clonidine), fut préparé et prit rang pour faire l'objet d'essais cliniques. L'expérimentation envisagée consistait à évaluer l'intérêt de cette molécule contre le banal rhume des foins. Indication modeste, mais marché considérable !

Le docteur M. Wolf, qui avait en charge l'organisation des essais cliniques, profita du rhume de sa secrétaire pour expérimenter les effets de cette imidazoline qui portait encore le nom de code ST-155. Il lui proposa de recevoir une instillation nasale de la solution à 0,3 %. Quelle réaction ! La pulvérisation plongea l'assistante du chercheur dans un sommeil profond : elle fit le tour du cadran... Son pouls était perceptible mais à peine... Une sévère hypotension accompagnait le sommeil de la secrétaire. Cette activité pouvait servir de point de départ à une nouvelle indication : l'hypertension artérielle ! La clonidine fut une découverte majeure réalisée sur la base de la curiosité d'un observateur médical. Elle passa du statut de simple « antirhume » à celui d'antihypertenseur majeur dont les indications n'allaient que se diversifier au cours du temps.

L'indésirable, symbole du désir ?

A ce stade de notre réflexion sur le hasard, l'histoire d'une petite pilule bleue mérite d'être contée. Sa découverte fut aussi tonitruante qu'inattendue. En 1998, la mise sur le marché du Viagra® fit l'effet d'une bombe. Pour la première fois, un médicament concernait le traitement d'un dysfonctionnement sexuel. A l'origine, le sildénafil (nom pharmacologique du Viagra®) avait tout pour faire un remarquable médicament antihypertenseur. Rien à voir avec le traitement des troubles de l'érection. Le sildénafil connut une autre destinée, mais quel chemin parcouru !

Nick Terrett prit une bonne part dans cette découverte. Lorsqu'il entra chez Pfizer en 1986, il fut associé au groupe « hypertension » du laboratoire. L'idée majeure tournait autour du renforcement de l'activité d'une protéine qui dilate les vaisseaux sanguins, abaissant ainsi la pression artérielle. L'approche des pharmacologues consistait à mimer l'action de cette protéine sur son récepteur, en utilisant des inhibiteurs de phosphodiestérase. Ceux-ci pouvaient être de bons relaxants musculaires lisses et fourniraient une nouvelle arme à l'arsenal des antihypertenseurs. Tout cela n'était que théorique. Il fallait tester la substance sur le vivant. L'équipe constituée de Terrett et des chimistes Andy Bell et David Brown fut impressionnée par les premiers résultats obtenus sur le tissu aortique de rat. Le sildénafil se profilait. Malheureusement, avec les premiers essais cliniques sur l'Homme, il apparut rapidement qu'il était peu actif. Les résultats sur la pression sanguine, le rythme cardiaque, la compliance veineuse étaient peu encourageants. Selon les mots de Michael Allen, directeur de l'essai, on n'arrivait pas à la cheville de la trinitrine... Le découragement était proche.

Le tournant intervint quand Allen reçut précisément une information de pharmacovigilance qui lui parvint de la petite ville de Merthyr Tydfil, dans le Pays de Galles. Les volontaires sains avaient reçu 3 doses quotidiennes de 25 mg pendant 10 jours. La tolérance était bonne à 25 mg, mais à une posologie plus élevée les volontaires rapportaient des « indigestions », des douleurs dans les bras et les jambes. « Certains des patients mentionnent des érections péniennes », était-il ajouté... Ce n'était qu'une observation, certes cruciale, mais dont l'importance ne fut pas mesurée. Jusqu'à présent on pensait que l'essentiel des dysfonctionnements sexuels était d'origine psychologique. Une explication biologique allait sans tarder prendre le pas avec la venue sur la scène scientifique du monoxyde d'azote (NO). Ce nouveau médiateur cellulaire faisait l'objet d'un grand nombre de recherches. Ses effets dans l'organisme sont nombreux : vasodilatation, activité antiplaquettaire, modulation de la neurotransmission, rôle dans l'immunité, etc. On apprit que le NO jouait un rôle dans l'érection. Si l'hypothèse du NO était vérifiée, un inhibiteur de phosphodiestérase comme le sildénafil permettrait à l'évidence de renforcer l'érection. Les collaborateurs de Pfizer commençaient à entrevoir cette opportunité de plus en plus clairement. La théorie pouvait expliquer le phénomène, il fallait que la clinique démontre la réalité de l'hypothèse de travail. 20 ans plus tôt, tant pour des raisons de comportement de la société que des connaissances biochimiques, rien n'aurait été tenté. Aujourd'hui, l'essai clinique était indispensable. Il fallait en particulier montrer que cette hypothèse était supérieure aux traitements disponibles.

Pour le laboratoire, ce fut un moment de vérité : fallait-il poursuivre dans la recherche cardiovasculaire ou s'engager dans la voie périlleuse de la pharmacologie sexuelle ? S'il lui fallait attendre plusieurs jours pour devenir actif... le sildénafil pouvait-il jouer ce rôle d'aphrodisiaque qui ne dit pas son nom ? Le marketing n'était pas absent de ce débat : un homme sur vingt âgé de plus de quarante ans souffre de dysfonctionnement érectile. Le marché n'était pas mince mais l'opinion publique, le corps médical, les autorités de santé étaient-ils prêts à « recevoir » cette nouvelle orientation de la pharmacologie ? Deux années (1992-1994) de réflexion furent nécessaires pour prendre la décision d'entamer les essais cliniques de grande échelle. Une étude pilote réalisée sur une douzaine de patients montra une bonne efficacité sur 10 d'entre eux. Ce qui mit la puce à l'oreille de la firme et l'encouragea à continuer, fut le grand nombre de volontaires qui souhaitèrent se prêter à l'essai. L'activité était qualitativement très appréciée et probablement supérieure à celle des traitements disponibles. Le sildénafil prit rapidement le nom de Viagra® et revêtit les traits d'un gagnant. Contrairement aux autres traitements, il n'avait aucun effet en cas d'absence de stimulation sexuelle : il n'y aurait d'érections que voulues...

Les résultats des évaluations cliniques pouvaient être ainsi résumés : « Trop beau pour être vrai. » Avec 50 mg, 88 % des patients sous Viagra® rapportaient une amélioration de leurs érections, contre 39 % dans le groupe placebo. Beaucoup des volontaires testés ne supportèrent pas d'attendre la mise sur le marché pour continuer l'utilisation de leur petit losange bleu. Viagra® reçut le feu vert de la FDA le 27 mars 1998. On enregistra 2,9 millions de prescriptions dès le premier trimestre de vente. L'Europe dut attendre le 15 septembre 1998. Jamais dans l'histoire de la médecine, un médicament n'avait connu aussi vite une telle notoriété ni bénéficié d'un tel battage médiatique avant même sa commercialisation.

Il est difficile d'ériger le hasard en système de recherche scientifique. Comme le soulignait Pasteur : « Le hasard ne peut aider que les esprits bien préparés. » Cette vérité se vérifie encore et toujours. Aujourd'hui de nouvelles armes permettent au chimiste de réduire ou plus exactement de prendre à son compte les risques et ainsi d'être aidé par le hasard. C'est le cas de la chimie combinatoire : elle met en œuvre tant l'intuition scientifique que le hasard des combinaisons chimiques. Elle consiste à faire produire par des robots de synthèse un nombre très important de substances qui diffèrent les unes des autres par quelques atomes afin d'étudier leurs propriétés biochimiques ou pharmacologiques dans le cadre d'un « screening » accéléré. Un autre instrument de la recherche contemporaine et qui semble s'opposer au rôle de l'inattendu est la réceptologie qui met à profit la diffraction X et la modélisation moléculaire. On étudie d'abord le site d'action d'un médicament afin d'en construire la géométrie spatiale. Il est ainsi aisé de calculer les caractéristiques spatiales des molécules qui pourront le mieux s'intégrer au récepteur modélisé. Les produire ensuite n'est que jeu d'organicien un peu doué... C'est ainsi que des inhibiteurs de l'enzyme de conversion (une nouvelle classe d'antihypertenseurs) ou des inhibiteurs de protéases virales (dont l'emploi fut un progrès considérable dans la lutte contre le sida) ont été mis au point.

L'observation des phénomènes inattendus et la capacité du chercheur à les interpréter demeurent un puissant argument de la vie scientifique. Cette attitude est ce qui reste de plus constant dans l'héritage millénaire de l'histoire des sciences et qu'on dénomme la curiosité scientifique. C'est une part de l'innocence qui nourrit la naïve incompréhension du monde et qui confère au chercheur une responsabilité qui mêle indistinctement le rêve et la vigilance.

10.

L'important c'est d'innover

« Certain renard Gascon, d'autres disent Normand,
Mourant presque de faim, vit en haut d'une treille
Des raisins mûrs apparemment
Et couverts d'une peau vermeille.
Le galand en eût fait volontiers un repas ;
Mais comme il n'y pouvait atteindre :
Ils sont trop verts, dit-il, et bons pour des goujats
Fit-il pas mieux que de se plaindre ? »
Jean de La Fontaine, *Fables*, « Le Renard et les Raisins »

Se placer dans un endroit propice aux bonnes récoltes ou pêcher au milieu des eaux poissonneuses, emprunter des chemins de traverse quand tout le monde suit la même route balisée sont les attitudes que j'ai privilégiées dans ma recherche. C'est la clé qui permet de découvrir notamment des médicaments innovants ! Puis on apprend à protéger ses inventions et à récolter éventuellement les fruits de ses travaux. Mon choix n'a jamais été celui du renard de La Fontaine qui dénigre les raisins qu'il ne peut atteindre. Pareil choix n'aboutit qu'à des débats stériles et peu productifs. Au contraire mon souhait est que cet effort de recherche et d'innovation se poursuive dans un pays doté de chercheurs de talent.

Français, encore un effort !

Si l'attitude pessimiste n'est pas mon fort, il faut bien se rendre à l'évidence. La France ne découvre plus de médicaments à vocation internationale. Mis à part deux exceptions récentes que je connais bien, la Navelbine® et le Taxotère®, et sans doute quelques rares autres, il n'existe aucune molécule d'origine française parmi les cinquante substances médicamenteuses les plus vendues au monde. Selon les statistiques de 1998, sur 48 molécules découvertes cette année-là, 2 sont d'origine française contre 18 d'origine américaine, 5 allemande, 5 japonaise, 5 anglaise, quelques-unes suisses... Pourtant l'effort de recherche des entreprises pharmaceutiques françaises a presque doublé passant de 8 % du chiffre d'affaire en 1970 à 14 % actuellement. Les dépenses de recherche et développement de ce secteur industriel français s'élèvent à 20 milliards de francs. En Europe l'effort est quasiment identique (13,4 %) avec des disparités entre les pays. En tête, la Suède et l'Angleterre consacrent plus de 20 % de leur chiffre d'affaires à la recherche, l'Allemagne et la Suisse 15 % et l'Italie 7 %... Autrement dit, la France se classe dans la moyenne européenne. Pourtant à effort de recherche quasi identique, les résultats diffèrent. La comparaison portant sur le nombre de brevets se passe de commentaires. La France est à l'origine de 18 % des brevets européens. L'Allemagne en dépose deux fois plus. Ce constat brut ne se veut pas définitif. Bien au contraire. Rappelons que si la France n'occupe plus ce rang aujourd'hui, elle a longtemps été considérée comme le deuxième pays découvreur de médicaments au monde. Une matière grise abondante et bien formée est l'un des atouts maîtres de notre pays qu'il faut encourager.

Mais la toile de fond économique a bel et bien changé. Si l'industrie pharmaceutique est restée peu concentrée par rapport aux secteurs de l'informatique ou de l'automobile, cette situation a totalement évolué depuis les années 90. La valse des fusions-acquisitions a démarré aux Etats-Unis. L'objectif de ces rapprochements ? Regrouper des laboratoires par spécialité thérapeutique, acquérir de nouvelles technologies, faire des économies d'échelle sur les coûts de développement. En Europe les mêmes approches ont eu lieu. L'allemand Hoechst-Marion-Roussel a convolé en justes noces avec le français Rhône-Poulenc Rorer. Aventis est le fruit de leur union. De même les deux laboratoires français Sanofi et Synthélabo se sont-ils unis. Enfin Astra et Zeneca sont alliés. Après ces premiers regroupements des années 1994-1995, voici venu le temps des mégafusions. Le mariage des britanniques Glaxo-Wellcome et Smithkline Beecham donne naissance au premier groupe mondial pharmaceutique. En février 2000, l'union arrangée à coup de plusieurs milliards de dollars, entre les Américains Pfizer et Warner Lambert aboutit au deuxième géant du secteur. Ce groupe dispose d'un budget de recherche et développement de 4 milliards de dollars par an. La course au gigantisme des industriels pharmaceutiques cache une exigence toute simple : l'innovation. Plus que nécessaire pour survivre, la mise sur le marché de nouveaux médicaments décidera de l'avenir de la pharmacie. Sur ce marché mondial qui pèse 2 000 milliards de francs, chacun s'agite fébrilement pour dénicher la molécule miracle. La « Magic bullet » d'antan destiné à éradiquer une maladie est devenue aujourd'hui le « Block Buster », capable de rapporter un milliard de dollars par an. Que se passe-t-il chez les géants ? Ils doublent la surface de leurs nouveaux laboratoires de recherche. Simple détail ? Pas si sûr. Pfizer a accru son budget des recherches de 401 à 2 280 millions de dollars. Merck investit 1 800 millions de dollars dans la recherche contre 659 auparavant.

A côté de cette fureur de la concentration qui gonfle de façon quasi-magique les budgets alloués à la recherche, de minuscules nains intéressent plus que jamais les géants. Les « start-up » biotechnologiques fleurissent au même moment aux Etats-Unis mais également en Europe (en Allemagne, Angleterre et quelque peu en France). Archi-spécialisés d'une nouvelle technique ou d'une thérapeutique originale, ce sont des concentrés de matière grise et d'innovation. Les grands font appel à ces entités très dynamiques en leur rachetant idées et nouveautés.

Dans ce contexte mondial, la France abrite de moins en moins de grands groupes pharmaceutiques et tarde à faire surgir des start-up. Pour autant le pays dispose d'une recherche publique puissante. L'Etat français y verse 55 milliards de francs chaque année. Aujourd'hui ce système public de recherche, morcelé et finalement peu efficace, connaît une crise sans précédent. Une grande partie des ressources est « absorbée » par les salaires. Du coup il est quasiment impossible à ce jour de recruter de jeunes chercheurs, obligés de s'expatrier en Suisse, en Allemagne et aux Etats-Unis. Au CNRS, que je connais particulièrement bien, plus de 85 % du budget passe dans les salaires. Sur 15 milliards de francs alloués au CNRS, il n'en reste qu'un peu plus de 2 pour le fonctionnement. Les scientifiques vont-ils se retrouver dans les laboratoires sans crédits pour continuer leur recherche ? Le CNRS, qui fait ce qu'il peut, verse à l'ICSN, hors salaires, 7,5 millions de francs pour la recherche. Lorsque les services généraux sont payés, il ne reste plus rien pour alimenter les études des équipes. Pour diriger l'Institut de chimie des substances naturelles, j'aurais été réduit à l'état de mendicité sans l'apport conséquent des redevances liées aux 2 médicaments Navelbine® et Taxotère®. Rien qu'avec ce dernier, je dispose, en 2000, de 27 millions de francs annuels pour la recherche à l'Institut de Gif.

Les liaisons dangereuses

Si chacun s'accorde à penser qu'il serait bon de découvrir davantage de médicaments à carrière internationale en France, les manières de s'y prendre sont assez divergentes. Combien de fois n'ai-je entendu dans les « Commissions Théodule », comme les appelait, avec ironie, le Général de Gaulle, certains représentants du monde industriel asséner de péremptoires doctrines : « La recherche de médicaments n'est pas du ressort de la recherche publique, c'est celui de l'industrie pharmaceutique. Contentez-vous de faire de la recherche fondamentale ! » Or, pour le pharmacien que je suis, de cœur et de formation, il n'est pas déshonorant ni scandaleux, loin de là, de mettre au point un médicament. J'ajouterais que les industriels avaient le champ libre pour découvrir, eux-mêmes, les médicaments que j'ai mis au point. L'ont-ils fait ? Parfois même, les industriels sont tellement obnubilés par les résultats économiques ou les décisions à prendre pour satisfaire leurs actionnaires, qu'ils éliminent des voies de recherche prometteuses.

Un chercheur de l'industrie, inventeur du cefotaxine,

antibiotique commercialisé sous le nom de Claforan®, avait dû continuer ses recherches en catimini contre l'avis de sa hiérarchie. Quand il est arrivé, un peu esseulé, à ce qui allait devenir un précieux médicament, tout le monde est venu voler au secours de la victoire. Ici, comme ailleurs on ne prête qu'aux riches. Avec mes collaborateurs de l'Institut de chimie des substances naturelles, nous avons réussi à coopérer de façon optimale avec nos collègues du secteur privé. Pourtant, lorsque je décidai dans les années 60 de construire des relations suivies avec les industriels, ce n'était pas courant. A l'époque on passait pour des « p... », accusés de « brader la recherche publique au grand capital ». Aux syndicats qui n'étaient pas d'accord, j'ai expliqué : « Je pense que l'avenir est aux relations bien vécues entre recherche publique et industrie. » Pour autant je ne suis pas prêt à accepter n'importe quoi, sous prétexte que cela viendrait d'un industriel. Il est indispensable de garder son indépendance. Trop souvent, quand les scientifiques subsistent grâce aux contrats de recherche extérieurs, les rapports de force sont inversés. Les industriels ont fort bien compris tout l'intérêt qu'ils ont à tirer profit de la recherche publique. Les émissaires industriels sont envoyés au CNRS, à l'INSERM comme on envoie un chasseur dans une battue en Sologne. Le calcul est vite fait. Un ingénieur de recherche dans l'industrie coûte 1,2 million par an. A la place, 5 ou 6 contrats de recherche bien ficelés vous apportent autant sinon plus. Aussi est-il important de garder toujours un équilibre dans ces relations entre partenaires.

La place de chacun est à trouver dans une juste et efficace coordination des rôles. Les acteurs, des hommes et des femmes, doivent travailler dans la confiance et partager la même foi dans un projet commun. Les relations humaines nouées au fil du temps et entretenues sont le gage d'une coopération réussie. Sans cette cohésion humaine dans le travail, qui n'empêche pas les tensions et les heurts passagers, nous n'aurions jamais abouti au développement de deux médicaments. Bien entendu le nerf de la guerre demeure l'argent. Jusqu'à présent, c'est l'industrie qui a les sous. C'est là le véritable moteur qui permet, en cas de découverte d'une molécule prometteuse, de se lancer dans l'aventure du développement. Il faut aujourd'hui au bas mot un milliard et demi de francs pour mener à bien la recherche et le développement d'une innovation thérapeutique. Il est clair que cela ne peut être du ressort des laboratoires publics. L'industrie, dont c'est le métier de lever des financements et d'en prendre le risque, s'en charge. Par ailleurs, les chimistes des laboratoires publics, s'ils tombent sur des molécules aux propriétés intéressantes, auraient tort d'en priver le plus grand nombre. Il n'existe pas de science sans applications. Quand l'adéquation réussit c'est une grande satisfaction de valoriser ses travaux. Non pas pour les revenus qui viennent récompenser les efforts, même si cela n'est pas négligeable. Les redevances des brevets sur les 2 médicaments précités s'élèvent à près de 200 millions de francs par an. 50 % de cette somme revient au CNRS, 25 % à l'Institut de Gif et 25 % aux inventeurs. Pour ma part, la plus belle récompense de mes recherches, je la vis au chevet des malades. Je suis invité permanent à l'Institut Gustave Roussy (Villejuif) pour visiter les patients soignés grâce aux médicaments pour lesquels je me suis battu.

Si la réussite n'est pas toujours au rendez-vous, les recherches démarrées sur un sujet peuvent offrir une application différée dans le temps. Dans le domaine du médicament, comme dans d'autres, la science ne peut être pensée que dans la durée. Contrairement à la logique industrielle et financière qui oblige les hommes de l'industrie à abandonner un pan de recherche si les retombées sonnantes et trébuchantes ne sont pas en vue, la recherche publique bénéficie d'une formidable continuité. On sauvegarde la flamme sur des sujets d'avenir ou très avant-gardistes. En ce sens, à côté du moteur industriel, la recherche publique ressemble davantage à l'amortisseur, à la soupape de sécurité qui maintient l'effort de recherche à long terme. Loin d'apparaître comme un comportement frileux et conservateur, c'est au contraire l'idée d'une mémoire active prête à repartir au quart de tour lorsque de nouvelles connaissances, des outils adaptés rendent l'application possible. La recherche est le lieu des allers et retours. Il est judicieux de regarder les anciens résultats à la lumière des toutes dernières avancées scientifiques.

L'expérience des laboratoires mixtes entre la recherche publique et l'industrie a démarré justement pour favoriser ces bonnes relations de travail. Disposant d'un cadre commun et de lieux collectifs, on pouvait échanger, discuter et mener ensemble des recherches valorisantes. En 1982-1983, j'ai tenté cette expérience chez Roussel-Uclaf où je fus appelé comme membre du conseil de surveillance à titre d'expert scientifique. En 1984, j'obtins le feu vert pour créer un laboratoire mixte sur le site industriel de Romainville. En France, c'était la première création de ce genre, toutes catégories de recherche confondues. A Romainville, je voulais faire travailler ensemble les équipes de chimistes et de biologistes. Je croyais à cette interpénétration des disciplines, fructueuse dans le développement thérapeutique. Malheureusement, des conflits internes ont freiné les moyens accordés au laboratoire, en particulier aux biologistes. De plus, le médicament antidépresseur sur lequel nous travaillions n'a pas abouti. Au bout de trois ans, ce laboratoire assez faiblement soutenu de la part de Roussel-Uclaf a continué de vivoter sans plus. Pourtant je considère que c'était une structure idéale. A Toulouse, un autre laboratoire mixte entre le CNRS et les laboratoires Pierre Fabre vient de se créer. Georges Massiot, un ex-Giffois, le dirige. Il s'agit de travailler, plus que jamais, sur le potentiel des substances naturelles. Ces structures mixtes qui existent maintenant dans l'électronique ou les biomatériaux ne devraient pas tarder à se banaliser. Elles allient la puissance financière de l'industriel aux acquis scientifiques de haut niveau pour relever le pari de l'innovation.

Comment garder des relations avec les industriels au beau fixe ? L'essentiel est de sauvegarder son indépendance. Il ne s'agit pas de souscrire des contrats léonins où l'industriel a droit de vie ou de mort sur vos résultats de recherche. Vos travaux vous appartiennent. Si vous découvrez quelque chose d'intéressant, l'industriel avec lequel vous coopérez a un droit de premier regard dessus. Charge à lui de décider s'il tente le développement. S'il n'ose prendre le risque, vous devez disposer du droit de faire part de vos recherches à d'autres. Attention à la politique de l'éteignoir ! On accapare vos résultats sans que vous ne connaissiez leur devenir. En attendant les concurrents ne peuvent rien en faire non plus. Au bout d'un an et demi, si vos résultats ont été mis de côté, il faut récupérer ses « billes ». Au risque de se répéter, il faut insister sur le fait que l'industrie pharmaceutique reste le plus grand cimetière des médicaments ! Trop de fois des résultats de recherche ont été oubliés, enfouis dans les cartons. Si la première clé de l'indépendance consiste à signer des contrats clairs et justes dès le départ, la seconde est évidemment ciselée dans un métal très banal : l'argent. Disposant de redevances conséquentes pour le laboratoire de Gif, j'ai pu financer des recherches qui n'étaient pas toujours situées dans l'axe des directives données par les commissions de recherche. Cette liberté d'action constitue une soupape indispensable dans le processus d'innovation. Si vous êtes constamment bloqué dans la poursuite de vos idées à cause des financements, l'envie d'innover s'épuise d'elle-même.

Innovez jeunesse !

Comment créer un lieu, un environnement, une atmosphère propice à l'innovation dans le domaine thérapeutique ? Les quelques pistes présentées ici n'ont rien de révolutionnaire mais ont, malgré tout, fait leur preuve. Bien souvent en tant que scientifiques, très spécialisés dans un domaine, nous sommes engagés dans une recherche très pointue. Nous suivons la logique d'une hypothèse originelle et restons démunis devant des résultats contradictoires. Soit nous passons notre chemin, soit au contraire nous nous acharnons à comprendre ce petit grain de sable qui enraye la machine, ce fait totalement incongru, ce résultat hors de propos. Pour cela, nous devons avoir un esprit bien préparé et ouvert à la découverte inattendue. C'est ce que j'appelle la pêche à la ligne intelligente. De bon matin, quand vous partez sur les sentes pour vous placer dans le creux d'une rivière, là où vous pressentez que les poissons fraient dans les tourbillons de l'eau, vous vous fiez ni plus ni moins à votre intuition. Vous pouvez appâter les deux premiers jours. Bien sûr, vous ignorez toujours ce qui va mordre à l'hameçon. Mais vous vous tenez prêt à ne pas rater ce qui se présente. La même attitude doit animer le chercheur. Placé sur un terrain propice aux découvertes, bien outillé intellectuellement pour assurer la prise, il persévère, attentif aux événements qui se présentent à lui. Là seulement, les découvertes inattendues et prometteuses peuvent se produire. Parfois même, le coin de pêche ne rentre pas dans les cadres habituels. En recherche, il n'est pas nécessaire d'aller sur des pistes célébrées par la multitude. Si une piste nouvelle et originale se présente, pourquoi ne pas aller voir ? Un scientifique peut avoir raison contre cent, sur ce point. Il faut laisser un espace de liberté aux chercheurs que nulle Comité Théodule n'a le droit d'enfreindre. Malheureusement, en ces temps de comités en tous genres, les axes de travail sont très souvent décidés à l'avance et dictés par des considérations pas toujours très scientifiques. On est loin d'imaginer des espaces de « recherche sauvage » où l'on aurait le droit d'aller un peu à côté de la ligne du parti quand on trouve quelque chose d'intéressant. Dans nos systèmes de recherche trop rigides, il est impossible de disposer des degrés de liberté nécessaires. Les conditions de la création restent les mêmes chez les artistes et chez les scientifiques : disposer de temps et d'un espace de liberté. La créativité intellectuelle demande une certaine tranquillité. Si des personnes ont la « trouille de se faire virer », croyez-vous qu'elles soient encore motivées dans leurs travaux ? Dans mon laboratoire de recherche, j'ai toujours favorisé le travail de mes équipiers. A l'abri des coups de vent, ils pouvaient se consacrer tout entiers à leur métier. Le reste, je m'en chargeais. Le plus grave c'est de les empêcher de s'aventurer hors des sentiers battus. A part découvrir un nouveau gène ou découvrir la séquence d'une protéine... Deux chercheuses, Mme Lenfant du CNRS et Joanna Bakala de l'Inserm, avaient mis en évidence un tétrapeptide qui contrôle la destinée des cellules-souches de la moelle osseuse. Cette découverte originale et intéressante, avec des applications éventuelles en cancérologie, n'a pas été soutenue. Joanna Bakala n'a pas été reconnue dans son parcours comme elle aurait dû l'être. Cela décourage les personnes d'entamer des projets réellement novateurs.

Mieux vaut-il, pour sa carrière, continuer dans des travaux routiniers mais soutenus par la majorité ?

Mus par l'esprit de curiosité, le désir de percer les secrets du monde chimique, biologique ou physique qui les entoure, les hommes de science n'en demeurent pas moins sensibles à l'argent. L'intéressement financier n'est pas la motivation principale mais ne doit pas être passé sous silence. Dans la recherche publique, contrairement à ce qui se passe dans l'industrie française, au demeurant en retard sur ce point, le chercheur peut être « intéressé » par des dispositions officielles. Dans les années 60, alors que la France cherchait déjà des moyens d'augmenter sa capacité d'innovation, 60 % des redevances des brevets exploités *via* le CNRS étaient alloués aux inventeurs, le laboratoire recevait 20 % et le CNRS aussi. Puis en 1978, les lois Alphandéry et Foyer ont légalisé cette incitation financière en diminuant la pression fiscale sur ces redevances. Depuis cette date, la situation s'est dégradée. En 1983, les chercheurs, auparavant agents contractuels de l'Etat, sont devenus des fonctionnaires. Les revenus d'invention se sont transformés en primes d'intéressement, déclarables en revenus et imposés à l'Impôt sur le Revenu (54 %) et non à celui des Plus-Values à long terme (16 %). Les taux ont changé. Les chercheurs reçoivent 25 % des redevances, le laboratoire 25 % et le CNRS 50 % ! La loi Foyer est tout simplement vidée de sa substance. L'Etat, devenu pingre, a démotivé les chercheurs qui ont réduit leur activité industrielle. Pourquoi l'argent n'intéresserait-il pas les chercheurs ? S'ils n'en veulent pas, ils peuvent toujours le confier à des œuvres caritatives. Il semble évident que l'incitation financière soit une disposition incontournable. Avec une partie des redevances reçues à l'ICSN, j'ai pu financer 5 bourses par an pour des jeunes pendant les 3 années de leur thèse. Depuis quatre ans, ces subsides me permettent de miser sur de jeunes recrues prometteuses. Car les pays qui réussissent à innover sont ceux qui donnent leur chance aux scientifiques qui le méritent, fussent-ils jeunes ! Avec les redevances, je peux subventionner des études qui ne sont pas dans « l'axe ». Je finance quelques jeunes équipes pendant quatre ans, le temps pour elles de démontrer ce qu'ils savent faire. En même temps je ne cherche pas à faire du « jeunisme » à tout crin. Le scientifique qui a accumulé des connaissances tout au long de sa vie professionnelle, s'il a toujours des neurones en état de marche, devient de plus en plus efficace. Aux Etats-Unis, il n'y a pas de limite d'âge pour la retraite. Je reçois plusieurs fois par an des collègues américains plus âgés que moi (soixante-six ans) mais encore très actifs ! Pour reprendre l'analogie avec la pêche à la ligne ou la chasse : les vieux chiens courent moins vite que les jeunes. Soit. Mais ils sentent mieux les truffes ! Or, qu'est-ce que l'intuition, vitale dans la recherche scientifique ? C'est la mise en relation non volontaire de connaissances lentement accumulées. Un fil ténu entre culture et science...

Dans le domaine particulier du médicament, la question de l'innovation ne date pas d'hier. Déjà en 1976, des débats surgissaient autour de la santé publique. La Sécurité sociale avait déjà creusé un trou béant, les médicaments étaient trop chers et mal considérés... Dans ce contexte, on me demanda de prendre en charge un programme de recherche interdisciplinaire. Baptisée PIRMED (Programme interdisciplinaire de recherche sur les bases scientifiques du médicament), cette aventure s'est déroulée de 1978 à 1984. En réponse à un appel d'offres sur certains domaines thérapeutiques importants, les équipes de recherche proposaient leurs projets. Quinze jours plus tard, elles obtenaient une réponse. Quinze jours après, elles avaient le financement pour leurs recherches. Au bout de dix-huit mois, les équipes rendaient un rapport sur l'avancement de leurs travaux. On prolongeait l'aide en fonction des résultats. Deux jours par an, une séance publique auprès des scientifiques et des industriels faisait le point. C'était un système ouvert aux chercheurs du CNRS, de l'INSERM, du CEA, de l'INRA, etc. Une dizaine de projets ont été soutenus. Au bout de six ans, ayant rempli ma mission, je me suis éclipsé. Je souhaitais transformer ce programme en une structure interdisciplinaire et « multi-organismes » à l'interface entre chimie et biologie. Mais elle ne vit jamais le jour. Il n'y a pas eu d'extrapolation du PIRMED qui avait été un succès. Un temps précieux fut perdu au moment où les sciences chimiques et biologiques effectuaient, souvent ensemble, des percées spectaculaires.

La recherche thérapeutique ne se fait plus avec les seuls spécialistes du médicament. Il faut au contraire ouvrir à d'autres acteurs, des chimistes, des biologistes, des embryologistes, des physiciens, des médecins, des sociologues... Les interpénétrations entre disciplines doivent être de plus en plus fortes. Comme dans un grand orchestre où chaque instrumentiste joue la partition sous la direction d'un seul guide. Dans la recherche, ce chef d'orchestre réunit les chercheurs qui mènent les travaux. On examine les problèmes à régler. On fait appel aux compétences complémentaires qui font avancer plus vite un thème. Autour d'une table, les cultures différentes, les modes de pensée synergiques permettent de progresser plus vite. Parfois, ces échanges interdisciplinaires sont spontanés. Ils sont favorisés par des lieux d'échanges, des journées de conférences, des séminaires internationaux. Avant de quitter l'ICSN, j'ai voulu construire un lieu convivial favorisant les discussions, sur la terrasse de ce bâtiment merveilleusement niché au cœur de la verdure. Une « cantine sur le toit », quelle idée saugrenue ? Et pourquoi pas, n'est-ce pas là, comme pour les orchestres de jazz, le lieu idéal de l'improvisation ?

Equipes dédiées et nouveaux acteurs

Pour inciter à la découverte de médicaments, il est essentiel de définir des objectifs à atteindre en terme de maladies humaines, animales ou végétales. Il faut ensuite rassembler des équipes compétentes et interdisciplinaires qui aient pour dessein la mise au point de traitements et conduisent ces recherches de niveau international. Si on arrive avec un premier résultat biologique et pharmacologique qui confirme le bien-fondé de nos recherches, les entrepreneurs seront friands de nos travaux. Tout récemment, j'ai encore expérimenté cette méthode avec succès.

Une petite histoire de pommade

Cet été, j'étais hospitalisé pour un bilan à l'hôpital Bichat. Analyses biologiques, régime diététique, atmosphère médicale, la routine du service de diabétologie. Mon voisin de chambre, un sacré ronfleur, avait une plaie profonde au talon. Un ulcère diabétique rongeait sa peau jusqu'à l'os. Voyant cela, lors des soins qui lui étaient prodigués, je lui fis amener un tube de pommade de son invention *via* le médecin. Quelques jours plus tard, sa plaie était guérie.

— C'est merveilleux, me dit-il. C'est grâce à votre pommade ou à l'eau de Lourdes posée sur ma table de chevet ? me demanda-t-il, dubitatif.

Je le laissai à ses réflexions. Encore une fois, le remède avait fonctionné.

Lors de mes recherches personnelles sur le mécanisme du diabète, j'eus l'idée d'incorporer un principe actif dans une pommade. Il s'agissait de soigner les ulcères diabétiques si difficiles à résorber. Sur cette aventure, je suis devenu mon propre animal d'expérience en testant le remède sur une plaie que j'avais sur la jambe. Devant les résultats excellents, j'ai fait d'autres expériences sur des personnes souffrant du même mal. A chaque fois, la guérison de la plaie était patente.

Aujourd'hui le développement industriel de la pommade est en discussion avec le laboratoire Lipha-Merck. L'aventure continue...

Toujours sur le thème du diabète, les pharmacologues montpelliérains sont partis sur l'aventure du fenugrec. Ils ont choisi d'aller le plus loin possible dans la recherche jusqu'aux premières évaluations cliniques. En 1998, ils ont créé une entreprise, Innodia, leur permettant de mener les premières études cliniques de phase I et II. Ils prennent le premier risque mais si leur produit remplit leurs espérances, ils pourront vendre un dossier complet à un grand industriel de la pharmacie. Dans la mesure où les laboratoires importants externalisent de plus en plus leur recherche, il y a de la place pour des petites entreprises innovantes. Cette tendance se vérifie aux Etats-Unis où les start-up fleurissent. L'une d'elles, Diversa, a bien compris l'intérêt thérapeutique des substances naturelles. Concluant des accords avec des universités, des parcs naturels américains ou des pays comme l'Indonésie, le Costa Rica ou l'Islande, cette entreprise fait le tour du globe à la recherche de molécules chimiques originales et aux vertus prometteuses. Au fond des océans, au cœur des volcans, dans la sécheresse des déserts et la moiteur des tropiques, jusqu'aux pôles, cette société déniche des molécules uniques et les apporte sur un plateau aux « Big Pharmas ». Une telle démarche n'est pas l'apanage des Américains. En France, de nombreux scientifiques désireux de valoriser leurs travaux se lancent dans l'aventure. Il faut les soutenir ! La start-up Proteus poursuit une voie similaire à celle de Diversa. Née en 1998, cette entreprise nîmoise collectionne les micro-organismes extrêmophiles. Pourquoi une telle passion ? Ces bestioles pêchées dans les abysses océaniques sont la source de nouvelles molécules intéressantes. Daniel Dupret, créateur de Proteus, dispose d'une technologie de criblage pour détecter dans la bactérie les protéines intéressantes. Ensuite, il modifie ces protéines sur mesure pour répondre à l'exigence d'un industriel. Démarré dans le secteur de la biocatalyse, Proteus fournit également des molécules aux vertus thérapeutiques... A l'autre bout de la France, en Alsace, des chercheurs penchés sur les admirables propriétés des défensines d'insectes ont créé leur entreprise. Entomed est née en décembre 1998 d'un quatuor mené par Jules Hoffmann, chercheur du CNRS à l'Institut de biologie cellulaire et moléculaire de Strasbourg. Encore une fois, l'objectif est clair. Il s'agit, quand on a devant soi des myriades de peptides d'insectes, de mettre le doigt sur ceux qui ont une activité antibactérienne ou antifongique. Loin de vouloir produire ou vendre des médicaments, Entomed cherche à mener suffisamment loin l'étude de ces substances naturelles jusqu'à la phase préclinique. Munie d'un dossier conséquent, elle proposera alors ses molécules les plus prometteuses aux industriels.

Cette floraison de mini-entreprises innovantes se déroule dans tous les secteurs thérapeutiques. Bio Alliance Pharma, une start-up accolée au laboratoire « physicochimie, pharmacotechnie, biopharmacie » (CNRS, Paris XI), vient de naître. Elle démarre des évaluations cliniques de phase II pour tester Transdrug. Sous ce nom de code se cache un astucieux véhicule biologique chargé de délivrer un médicament anticancéreux sur une cible précise. Dans ce cas, l'adéquation entre une recherche de pointe, les nanoparticules, et une demande médicale, vaincre la résistance aux médicaments anticancéreux, a engendré une innovation intelligente et pleine d'avenir. Il reste de la place pour d'autres créations du même genre !

A la lumière de ces exemples, nous avons balayé les voies actuelles qui mènent de la recherche publique au développement pharmaceutique. Des succès ont été possibles lorsque les chercheurs du public et du privé étaient au coude à coude. Mais cette imbrication « bien vécue » est loin d'être une spécialité nationale. Le développement de start-up bourrées de matière grise, venues du monde de la recherche, va-t-il renforcer ce trait d'union entre recherche et application thérapeutique ? Je l'espère vivement.

Breveter une invention a rarement bonne presse. Certains rejettent l'intrusion de la propriété individuelle alors que la science a une vocation universelle... Pourtant, en matière d'application médicale, cela marque le début du processus d'innovation. Aux Etats-Unis, les trois quarts des brevets des entreprises privées font référence à l'origine publique d'une invention. Encore une fois, il s'agit de promouvoir la recherche appliquée. Ce que certains tentent de faire vaillamment en France. Loin de vendre la recherche publique au premier venu, valoriser les travaux permet de dégager des redevances et financer en retour des sujets de recherche fondamentale. A ce jour, les redevances sur les brevets d'invention s'élèvent à 0,7 % du budget du CNRS. A peine une centaine de millions de francs, quand la faculté d'innovation et le potentiel de matière grise pourraient décupler cette somme. L'appel d'air qui s'ensuivrait pour le fonctionnement du CNRS serait une aubaine pour entamer de nouvelles recherches...

11.

Le médicament, scalpel de la biologie

> « Je me compare à un chiffonnier : avec mon crochet à la main et ma hotte sur le dos, je parcours le domaine de la science et je ramasse ce que je trouve. »
> Claude Bernard, Cours de médecine du Collège de France

Cette vision fugitive du génial Claude Bernard, tel un chiffonnier sur les chemins de la science, attentif aux petits faits d'importance, donne une belle leçon d'humilité aux scientifiques engagés sur les voies de la connaissance. A l'heure où des milliards de francs sont engagés sur le laborieux séquençage du génome humain, cet autoportrait du fondateur de l'observation physiologique ramène à la réalité de la recherche scientifique. Non, nous n'aurons pas de réponse miracle après avoir identifié tous les gènes. Tout au plus disposerons-nous d'un matériel nouveau, les gènes, qu'il faudra décoder, expliciter, interpréter. Mais aujourd'hui comme hier, nous ne ferons pas l'économie de l'observation pour aborder la complexité du vivant. En cela, l'étude des substances naturelles a depuis longtemps suivi des chemins de traverse. Bien souvent les molécules actives sont découvertes par hasard ou à partir d'une utilisation empirique. Ensuite les pharmacologues les sélectionnent pour donner naissance à des médicaments efficaces. Si la tâche des industriels s'arrête à la commercialisation, celle du scientifique ne fait que commencer. Il lui faut comprendre le pourquoi de cette activité, en lien avec la structure chimique de la molécule. Cette partie fondamentale de la recherche sur les substances naturelles a permis de mettre le doigt sur des mécanismes biologiques inédits. Voilà pourquoi Claude Bernard parle du médicament comme du « scalpel de la biologie ». Découvrons comment cet instrument précis améliore chaque jour la connaissance fondamentale.

Les réactifs de la vie

Tout au long de cet ouvrage, nous avons souligné la part de hasard qui accompagne la découverte de substances actives. Même si les récentes techniques de biologie moléculaire entraînent davantage de rationalisation dans la conception de médicaments, la trouvaille inattendue et parfois inexpliquée reste encore de mise. Qu'importe, direz-vous, si le médicament soigne et soulage sans déclencher d'effets secondaires. L'essentiel de sa fonction est rempli. D'ailleurs le dossier qui permet d'obtenir l'autorisation de mise sur le marché ne demande pas d'expliciter le mode de fonctionnement détaillé d'un remède. En fait, la plupart des médicaments agissent sur l'organisme sans que personne ne connaisse les mécanismes complexes qui soustendent cette activité. Regardez la DHEA, hormone découverte il y a plus de trente ans. Etienne-Emile Baulieu a repris son étude et évalue son action sur des volontaires sains de plus de soixante ans. On observe des effets sur l'organisme, en particulier chez les femmes de plus de soixante-dix ans. Il est trop tôt pour évaluer son activité et en mesurer l'intérêt. Les sciences médicales continuent de procéder par tâtonnements. Dans ce cadre, la mise au point d'un médicament précède généralement l'explication scientifique de son mode d'action.

Largement utilisée depuis le XIXe siècle, la digitaline prescrite dans les affections cardiaques est revenue sur la scène scientifique récemment. En 1965, le Danois Jens C. Skou découvre que les molécules digitaliques contractent la fibre musculaire cardiaque en agissant sur les échanges ioniques transmembranaires. Ainsi avait-il percé le secret biologique de cet « opium du cœur ». Il sera récompensé par le prestigieux Nobel de chimie en 1997. Autre molécule puissante, l'ouabaïne servait à empoisonner les flèches des guerriers Somalis. Elle est utilisée dans le traitement des insuffisances cardiaques depuis le début du XXe siècle. En 1992, seulement, la pharmacologie cellulaire a expliqué en détail le mode d'action de cette molécule. Même l'universelle aspirine a gardé caché le secret de son activité anti-inflammatoire pendant près d'un siècle. Il fallut attendre les travaux de John Vane (Nobel de médecine 1982) sur le rôle des prostaglandines dans l'inflammation pour replacer la banale aspirine dans le système complexe des régulations cellulaires les plus intimes. La plupart des principes actifs isolés entre 1817 et 1850 viennent tout juste de trouver leur justification scientifique avec les récents progrès de la biologie.

Pour ce qui est des molécules « actuelles », l'aller et retour entre la découverte pharmacologique et l'explication scientifique est devenu la norme.

Les taxoïdes livrent encore leurs secrets
Le succès des traitements antitumoraux à partir du Taxol et du Taxotère a suscité un réel engouement du côté des scientifiques pour élucider complètement le mécanisme d'action. En janvier 1999, des biologistes viennent juste de comprendre en détail comment le taxol détruisait les cellules cancéreuses. Le physiologiste Lee Makowski de l'université de Floride, en collaboration avec les chercheurs de l'université de Londres (Birkbeck College), a expliqué sa stratégie d'attaque sur les cellules cancéreuses. En plus d'empêcher la division des cellules cancéreuses — ce que Suzan Horwitz avait montré en 1979 — le Taxol « vise » une deuxième cible minuscule, la Bcl2. En temps normal, cette protéine tel un véritable ange gardien empêche la cellule de mourir de sa mort naturelle (l'apoptose). Cette action honorable devient néfaste lorsque les cellules cancéreuses prolifèrent et deviennent immortelles. Là, le Taxol arrive à la rescousse. En se liant à Bcl2, il bloque l'ange gardien et laisse la mort faire son affaire. Les cellules cancéreuses sont alors détruites pour le bien-être du patient. Cette récente publication confirme les liens étroits entre recherche appliquée et fondamentale. Les biologistes ont découvert ce double mécanisme alors qu'ils tentaient d'améliorer l'action thérapeutique du Taxol. Ce résultat conduit à une meilleure compréhension du rôle du médicament et permet de distinguer précisément les dysfonctionnements survenus au niveau de la cellule cancéreuse.

S'approcher des mécanismes pathologiques permettra d'améliorer la conception rationnelle de médicaments efficaces. Aujourd'hui, où se pose de manière urgente la question du « service médical rendu » pour toute une liste de médicaments placés sur la sellette, les études scientifiques sérieuses permettant de prouver l'action thérapeutique d'un remède sont plus que jamais nécessaires. Ces recherches permettront d'éliminer les médicaments-placebo de la pharmacopée actuelle, ce qui ne manquera pas d'apporter d'agréables surprises. Un exemple récent concerne les flavones, décrites comme des « produits de confort ». Ces médicaments « anti-jambes lourdes » sont appelés à disparaître car ils n'apportent pas la preuve d'un service médical rendu suffisant. Or, des études récentes viennent de montrer que les flavones possédaient un effet bénéfique lors des accidents vasculaires cérébraux. Est-ce l'occasion d'une seconde vie pour ces produits ? Cet exemple souligne l'utilité d'étudier à la lumière des avancées scientifiques actuelles, les vices et vertus de certaines substances naturelles. Se pencher sur des « vieux produits », des plantes « anciennes », alors que l'heure est au gène superstar, n'a pas bonne presse auprès des chercheurs, des décideurs ou des industriels. Pourtant, je reste intimement persuadé que relire les grands « classiques » de la phytochimie et de la pharmacologie à la lueur des sciences actuelles n'a rien d'un retour en arrière.

Au contraire c'est souvent l'occasion d'une avancée majeure dans la compréhension du vivant. Une plante fétiche de la médecine ayurvédique, une modeste herbe indienne, *Coleus forskholii*, a ravi les chimistes de notre laboratoire penchés sur ses propriétés. Le principe actif isolé de cette panacée indienne, la forskoline, est malheureusement trop vertueux pour devenir un médicament. Il possède nombre d'activités aussi bien sur la circulation sanguine (effet hypotenseur), sur les bronches (effet relaxant) que sur l'œil (effet antiglaucomateux). D'autres études évoquent une action antimétastasique, une fonction sur les nerfs et une potentialisation de l'effet de la morphine... Avec autant de vertus, cette forskoline a peu d'avenir en pharmacologie. Néanmoins, son zèle s'explique par la façon dont elle agit au cœur de la communication entre les cellules. C'est la seule molécule naturelle qui active une enzyme (l'adénylate cyclase) par un chemin inconnu jusqu'à présent. Cette fois encore, une substance naturelle a levé le voile sur un mécanisme cellulaire capital.

Les toxines naturelles, comme nous l'avons déjà vu, sont aussi d'excellents scalpels pour fouiller à travers la matière grise cérébrale. Par ce biais, Jean-Pierre Changeux, neurobiologiste à l'Institut Pasteur, a mis en évidence une classe de macromolécules responsables de la communication cérébrale, les récepteurs à l'acétylcholine ; et ce, grâce à une substance isolée du venin de cobra. « Cette toxine se fixe d'une manière pratiquement irréversible et très sélective sur le site synaptique où se lie l'acétylcholine. C'est en quelque sorte, la fausse clé qui entre dans la bonne serrure », explique Jean-Pierre Changeux. Il rend cette toxine radioactive et la suit là où elle se fixe. De cette manière, il détecte la localisation des serrures-récepteurs à l'acétylcholine.

Récemment les fondements de l'immunologie ont été bouleversés par l'entrée en lice d'une moisissure. En 1970, un chimiste du laboratoire pharmaceutique Sandoz revient de ses vacances en Norvège avec quelques échantillons de terre dans ses valises. Confiées à ses collègues microbiologistes, ces moisissures terreuses révèlent la présence de substances actives. Mais point d'antibiotique ni d'antifongique comme on pouvait s'attendre à en trouver dans un tel champignon microscopique. Non, l'activité mise au jour est d'une autre nature. La molécule isolée, la ciclosporine, est immunosuppressive. Autrement dit, elle bloque l'action des cellules du système immunitaire, chargées de défendre l'organisme en cas d'attaque par des agresseurs étrangers. Ce moyen de défense vital est indispensable pour lutter contre les virus ou les bactéries. Mais dans certains cas, notre propre système immunitaire se comporte lui-même en agresseur à l'égard de notre organisme. Il est par ailleurs responsable du rejet des greffes d'organes, considérés à juste titre comme des pièces rapportées. Grâce à la ciclosporine qui bloque temporairement les défenses de l'organisme sans induire d'effets secondaires majeurs, les greffes d'organe sont devenues possibles. Cette molécule est étudiée également pour son rôle dans le traitement des maladies auto-immunes, comme la polyarthrite rhumatoïde, certaines formes du psoriasis, le diabète... Dans ces circonstances pathologiques, l'organisme dirige contre ses propres tissus des anticorps destructeurs, comme s'il ne reconnaissait plus sa propre identité ! D'un point de vue fondamental, l'arrivée fortuite de la ciclosporine et d'autres substances ayant les mêmes vertus a ouvert un champ entier de recherches autour de l'immunosuppression. Son mode d'action continue d'être étudié car il se révèle extrêmement complexe. Il semble que la cible biologique de la ciclosporine soit un type de lymphocytes particuliers. La molécule agit en bloquant la production de lymphokines ce qui suspend la poursuite de la réaction immunitaire.

Un tel succès pharmacologique et biologique ne se présente pas tous les jours. Parfois même, les « anciennes » plantes gardent bien des surprises en réserve. Observons donc quelques instants la vieille dame illustre de la pharmacologie, celle qui encore aujourd'hui se charge d'endormir autant que possible nos douleurs : la morphine.

Du végétal à l'animal

Quel homme, le premier, s'est-il approché de la fleur de pavot ? Poussé par quelle curiosité en a-t-il incisé la capsule verdâtre et léché le suc laiteux qui s'en écoulait ? Il donnait naissance à la pharmacologie de l'opium. Ses douleurs se sont-elles calmées, a-t-il ressenti une sensation de bien-être dans son corps meurtri ? Nul ne le saura jamais.

La vieille dame de la pharmacie

Les archéologues nous éclairent un peu sur l'origine de l'usage du pavot. Au début des années 20, Campbell Thompson découvre 800 tablettes médicales sumériennes parmi les 32 000 tablettes d'argile de la « bibliothèque d'Assurbanipal » située à Ninive (VIIe siècle avant J.-C.). Il s'agit d'un traité de matière médicale, gravé sur des tablettes de 16 centimètres de long sur 9 centimètres de large. Conservées à Philadelphie (Pennsylvania University Museum), elles ne seront traduites qu'en 1953. En caractères cunéiformes, figurent les noms de 250 drogues d'origine végétale dont l'opium. Les Sumériens en faisaient usage, les Egyptiens étendront ce commerce à tout le bassin méditerranéen. La ville de Thèbes semble avoir été la région de culture la plus dense au point qu'elle donna son nom à une préparation d'opium où les principes actifs sont très concentrés, l'extrait thébaïque. Le pavot était-il cultivé ou simplement cueilli ? Rien ne l'indique. Les médecins arabes popularisent l'opium et ses différents usages jusqu'en Chine et au Siam. Pendant plus d'un millénaire, l'opium devient une thérapeutique asiatique bien avant qu'il ne devienne l'objet diabolique des fumeries de Shanghai au XVIIIe siècle. Pendant des milliers d'années, l'opium, par ses vertus sédative et antalgique, a constitué l'élément universel de la thérapeutique. Son emploi sera codifié par l'Anglais Thomas Sydenham qui donne son nom au « laudanum », une teinture d'opium concentrée et subtilement parfumée de safran, de cannelle et de girofle. Au XIXe siècle, l'opium devient « la noire idole » — comme le dit Thomas de Quincey — des poètes. Aussi fascinés que les artistes par le noir breuvage, les chimistes de l'époque s'attaquent très vite à identifier le principe actif de l'opium. L'Allemand Friedrich Sertürner publie en 1817 ses travaux relatifs à l'isolement du « morphium ». Cette substance qui « endort » la douleur fait joliment penser à Morphée, le dieu grec des songes. Le chimiste Gay-Lussac propose le suffixe -ine pour les substances alcalines extraites de plantes. La morphine, également soupçonnée en 1803 et 1804 par les Français Jean-François Derosne et Armand Seguin, vient de naître. Disponible sous forme de sirop ou de gouttes, la morphine était préconisée dans le traitement des douleurs chroniques, des états d'agitation et en psychiatrie. Jusqu'en 1860, la morphine conserve sa bonne réputation. Les choses se compliquent quand on parvient à l'injecter grâce aux seringues mises au point par Pravaz et Wood. Ceci est à l'origine de conduites déviantes notamment observées sur les champs de bataille : Etats-Unis, Crimée, guerre franco-prussienne. L'accoutumance qu'elle induit et son passé sulfureux la font mettre au ban des médicaments « politiquement corrects » dans les années 1914-1920, tant aux Etats-Unis qu'en France. Toutes les recherches s'engagent alors pour découvrir des analogues de la morphine ne présentant pas d'effets secondaires et d'accoutumance gênante.

La morphine allait-elle finir oubliée par le XXe siècle ? Là encore, les sciences pharmacologiques ont réservé à leurs acteurs une surprise de taille. En analysant le mécanisme d'action de la morphine, plusieurs équipes de recherche découvrent, en 1973, les sites de liaison de la morphine dans le cerveau. Le lieu exact se situe dans le système limbique, zone primitive du cerveau associée aux perceptions et aux émotions. Ces serrures-récepteurs qui accueillent la clé morphine sont appelées les « récepteurs morphiniques ». Lorsque la morphine se lie à ces récepteurs, elle coupe la transmission de l'influx nerveux. Comme si une coupure téléphonique empêchait le message « J'ai mal » de parvenir jusqu'au cerveau. La sensation de douleur n'est plus perçue par le patient. Ce mécanisme d'action de la morphine mis au jour, deux Ecossais, John Hugues et Hans Kosterlitz, ont isolé dans les cerveaux d'animaux deux familles de substances endogènes qui ont la même action que la morphine. Elles furent baptisées enképhalines et endorphines et présentent des analogies structurales avec la morphine extraite de l'opium qui s'écoule de la capsule du pavot ! La surprise est de taille pour les physiologistes. Cette morphine « endogène », produite par l'organisme des mammifères, préserve naturellement l'Homme de la douleur. Pour les chimistes des substances naturelles, cette convergence entre une molécule du règne végétal et une substance présente chez les vertébrés tient du miracle (au sens quasi religieux !). Elle explique comment les plantes peuvent avoir une action efficace contre des maladies affectant les mammifères. Est-ce le fait d'apprendre que nous fabriquions notre propre morphine à usage personnel qui rendit ses lettres de noblesse à la vieille dame de la pharmacologie ? Toujours est-il que l'usage de la morphine a été remis au goût du jour dans les unités de soins palliatifs. En France, la consommation de morphine a été multipliée par 10 entre 1983 et 1993. Si la sensation de douleur est un signal normal de survie informant l'organisme que quelque chose ne va pas, il n'est pas nécessaire de souffrir pour hâter la guérison ! Cette réticence à prendre en compte la douleur est en train de s'évanouir dans les oubliettes de la médecine. Des progrès restent à faire pour comprendre exactement le mécanisme biologique de la dépendance qui est exceptionnelle chez les « vrais » malades mais demeure un problème majeur de santé publique pour les utilisateurs parallèles d'opioïdes que sont les toxicomanes à l'héroïne. Peut-être cela se fera-t-il à l'occasion de la découverte d'un miraculeux antalgique, pur et sans accoutumance ? On sait maintenant que les petites grenouilles d'Amazonie nous mettront peut-être sur la piste.

A côté de l'opium célébré par les poètes du XIXe siècle, le cannabis a passionné l'Europe à la même époque. C'est le temps des Haschischins et des Paradis Artificiels chantés par Baudelaire et Théophile Gautier. Les médecins aussi s'y intéressent de près. Jacques-Joseph Moreau de Tours, médecin à Bicêtre, en préconise l'usage régulier pour connaître et parler en vérité des effets psychotropes du haschisch ! Le cannabis possède d'autres effets que ceux observés sur le cerveau. En 1848 le médecin anglais Robert Christinson écrit : « Dans mon expérience professionnelle, le cannabis a provoqué le sommeil, soulagé la douleur et arrêté les spasmes musculaires [...]. Dans l'ensemble, il s'agit d'un médicament qui mérite des études plus approfondies. » Si l'isolement de la morphine et de la cocaïne n'a pas posé trop de problèmes aux chimistes, le composé actif du chanvre se révèle plus complexe à isoler. Un siècle plus tard, les études de Roger Adams en 1940 et de Raphaël Mechoulam dans les années 60 permettront enfin de caractériser sa molécule active originale, le THC (Tetrahydrocannabinol). Reste à élucider, comme pour la morphine, le mécanisme d'action biologique. Là encore, les scientifiques ont dû attendre l'apport des dernières techniques de biologie moléculaire. En 1990, Lisa Matsuda, du département de psychiatrie et sciences du comportement à l'université de Caroline du Sud, travaille sur un sujet scientifique complètement différent. Au cours de ses recherches, elle isole un récepteur sans connaître sa fonction. Sans jeter ce dernier au panier, elle décide de trouver la clé qui active ce récepteur. L'histoire raconte que Lisa Matsuda serait passée devant la porte du neuroanatomiste Miles Herkenham. Elle y voit affichée la représentation du cerveau d'un rat avec les sites où se lie la fameuse molécule de THC. Cette localisation colle parfaitement à la distribution des fameux récepteurs orphelins. Eurêka ! La serrure-récepteur avait enfin trouvé sa clé qui n'était autre que le THC. Ces récepteurs cannabinoïdes suscitèrent aussitôt d'innombrables questions. Pourquoi de tels récepteurs sont-ils capables de se lier aux métabolites issues d'une plante ? Se trompent-ils de clé ? Il devait se trouver, comme pour la morphine, des substances endogènes proches de la molécule THC. William Devane, chercheur américain, a voulu en avoir le cœur net. Au bout de deux ans de recherches, en 1992, il isole avec des biologistes de l'université hébraïque de Jérusalem quelques milligrammes d'une substance qui s'associe parfaitement au récepteur cannabinoïde. En hommage à la culture indienne, il baptise sa trouvaille l'anandamide (« félicité » en Sanskrit). Comme pour les morphiniques endogènes, ces cannabinoïdes non moins endogènes, produits par l'organisme humain, miment l'action du THC isolé du haschisch. Avec le pavot, le chanvre est donc une nouvelle plante capable de synthétiser des substances qui agissent à l'identique de celles fabriquées par l'organisme humain. Pure coïncidence ou convergence du règne végétal et animal ? Utiliser le chanvre, herbacée millénaire et dont la « beat generation » a souligné les propriétés psychodysleptiques, pour mettre au jour de nouveaux intermédiaires biologiques, il fallait le faire. Véritable scalpel de la biologie humaine, les substances naturelles sont une nouvelle fois restées fidèles à leur vocation.

Primum observare

Jeune thésard en 1960, je consacrais l'essentiel de mes heures de travail à un sujet original : les alcaloïdes contenus dans les graines de la monnaie-du-pape. Je découvris qu'une de ces substances, la lunarine, se dégradait en une molécule tout à fait caractéristique du monde animal, la spermidine. Comme son nom l'indique, cette substance est présente dans le sperme des mammifères. C'était la première fois que l'on trouvait de la spermidine au sein du règne végétal. En fait, cette convergence entre les substances végétales et animales, comme pour l'opium et le chanvre précédemment, n'a rien d'extraordinaire. Comme si la nature utilisait les mêmes matières premières à sa disposition, le carbone, l'hydrogène, l'oxygène et l'azote, pour faire fonctionner des machines différentes à savoir les hommes, les animaux ou les plantes. A l'origine de ces créations de la biologie végétale et de la biologie animale, il n'existe qu'un seul alphabet, qu'un langage universel : la chimie. Filant la métaphore musicale, on peut dire que la chimie est à la biologie ce que le solfège est à la musique. Si certains peuvent composer de la musique harmonieuse sans connaître le solfège, aucun musicien de renom n'ignore le langage des notes pour transmettre son savoir. Le langage de la chimie assure la transcription de tous les phénomènes biologiques au fur et à mesure qu'ils sont compris. Tels sont les liens particuliers qui unissent deux disciplines : la chimie et la biologie. A cela j'ajouterais une troisième, la physique, pour compléter ce « point triple ». L'arrangement des notes obéit à certaines lois physiques, au rang desquelles figure la thermodynamique. L'énergie est au centre des arrangements d'atomes et des réactions entre molécules. De plus, les méthodes que nous ont apprises les physiciens comme l'analyse structurale par résonance magnétique nucléaire, tellement indispensable aux chimistes, ont formidablement contribué au progrès des sciences biologiques et pharmacologiques. La recherche thérapeutique gagnerait beaucoup à cette interpénétration des disciplines. Les substances chimiques, naturelles ou pas, conduisent à élucider certains phénomènes biologiques. En retour, une fois le site actif d'un processus biologique connu, les chercheurs parviennent à dessiner sur mesure la molécule qui pourrait remplacer ou seconder le ligand naturel. Aujourd'hui, il semble essentiel de travailler à l'interface entre chimie et biologie. Hélas les disciplines peinent à se défaire de leur spécialisation. Les spécialistes sont indispensables dans la recherche. Mais attention, à force de trop creuser un sujet, on peut s'y enterrer. La solution ? Qu'une personne reste toujours sur la margelle du puits pendant que d'autres creusent plus profond.

Charge à cette vigie de faire des allers-retours du général au spécifique et de faire surgir les éléments en périphérie, les vues latérales. Le dialogue interdisciplinaire, tel qu'il existait au temps où le physiologiste Claude Bernard dialoguait avec les chimistes du Muséum ou du Collège de France, a du mal à s'instaurer. A l'Institut de chimie des substances naturelles de Gif, je me suis battu pour accueillir des ingénieurs, des pharmaciens, des chimistes et des biologistes.

Homéopathie et allopathie, enfin un dialogue pluridisciplinaire ?

Ce n'est pas le lieu pour ouvrir un débat sur l'homéopathie. Dans cette question, le raisonnable côtoie l'irraisonnable de manière trop passionnelle à ce jour. Néanmoins beaucoup de nos contemporains ont recours à l'homéopathie et disent en tirer un bénéfice. Revenons à des définitions étymologiques. Le médecin « classique » est formé à l'allopathie (du grec, *allos* : autre et *pathos* : malade). Il emploie des médicaments produisant des effets contraires à ceux de la maladie à combattre. Un staphylocoque doré vous attaque. L'antibiotique est là, en principe, pour lutter contre. L'approche homéopathique (du grec, *homoios* : semblable) est fondée sur le « traitement par les semblables », selon la loi des similitudes. Cette méthode fut instaurée sur des données empiriques et conceptuelles mises en œuvre par un médecin allemand, Samuel Hahnemann (1755-1843). Pour ce dernier, il existe une similitude entre la maladie et le mal provoqué par une substance curative. Autrement dit, si vous ingérez, à des doses extrêmement faibles, une substance « nocive » qui cause les mêmes symptômes que la maladie, cela neutralise cette affection. Voilà pourquoi, parmi les remèdes homéopathiques, préparés par trituration et dilutions successives, de nombreux venins et poisons sont utilisés. Sans prendre parti pour l'une ou l'autre des approches, je pense qu'il est grand temps que les spécialistes se rencontrent, se parlent sur ces sujets en manque de légitimation scientifique. L'évaluation des diverses approches pourrait se faire sur un mode rationnel, à condition de le vouloir de part et d'autre. En tout cas, l'ouverture à des phénomènes inédits, voire incompréhensibles à l'heure actuelle, doit demeurer la ligne de conduite de chaque scientifique, curieux de nature. Il n'en demeure pas moins que toute hypothèse nécessite une validation scientifique avant d'être légitimée, qu'elle soit homéopathique ou non.

L'atout de la pluridisciplinarité implique de commencer dès la formation universitaire. Là encore le cloisonnement est de règle. Et ne date pas d'hier. Jeune bachelier, je commençai mes études supérieures par le SPCN (Sciences physiques chimiques et naturelles) dans les bâtiments de la rue Cuvier à Paris. A l'époque (1952) cet enseignement pluridisciplinaire de mathématiques, chimie et sciences naturelles me convenait parfaitement. Je poursuivis en licence par un certificat de botanique et de physiologie végétale à la Sorbonne. La même année, je décidai de m'inscrire en pharmacie. Ce « cumul » des études, strictement interdit à l'époque, n'était pas pour me faire peur. J'ajoutai à mon tableau de chasse les certificats de chimie générale et de chimie approfondie. Bref je me concoctais une formation interdisciplinaire sur mesure. Qui plus est, j'avais un métier, celui de pharmacien, qui me délivra bien souvent des craintes de me retrouver sans travail. Aujourd'hui, à l'heure où chacun parle d'une réforme de l'enseignement médical, cela pourrait être l'occasion d'élargir la réflexion. Biologistes, pharmaciens, vétérinaires, agronomes et médecins vont tous s'occuper de près ou de loin de la santé des hommes, des animaux ou des plantes. Les enseignements sont trop séparés. Les discussions entre biologistes et pharmaciens, les essais thérapeutiques avec des médecins seraient sûrement facilités si les étudiants partageaient des cours en commun. Pourquoi ne pas imaginer les deux premières années d'enseignement supérieur conjointes pour les biologistes, les médecins, les pharmaciens et les vétérinaires ? Ensuite seulement les étudiants bifurqueraient vers leur spécialité respective avec un bagage standard en sciences de base.

Enseigner dans ces premières années universitaires demeure extrêmement difficile. Les connaissances élémentaires doivent être organisées en réseau, en un tout cohérent pour faciliter la mémorisation. Une suite de connaissances savantes sans lien entre elles n'a pas grand sens. C'est paradoxalement dans les amphithéâtres des années de Deug, c'est là que vous faites naître des vocations.

La formation idéale reste celle que chacun définit sur mesure en fonction de ses goûts et de ses capacités. Au-delà de l'acquisition intelligente des connaissances, le secret de l'attitude scientifique reste l'observation. « *Primum observare* », ai-je l'habitude de dire, pastichant le « *Primum purgare* » de Molière et le « *Primum non nocere* » d'Hippocrate. Ce don d'observation demeure réellement la clé de l'esprit scientifique. Prenez le jeune Ernest Duchesne. A vingt-trois ans, il avait pressenti, trente ans avant Fleming, la splendide efficacité des champignons producteurs d'antibiotiques. Cet exemple démontre, si l'on en doutait encore, que le sens de l'observation n'attend pas le nombre des années. Je dirais même que cette capacité se développe très tôt. Aiguiser, réveiller ce talent d'observateur doit constituer un pilier de l'éducation dans les classes primaires. Je garde encore en mémoire les premières observations faites à l'école. Le professeur prenait un morceau de marbre ou de calcaire, faisait couler du vinaigre dessus. Pshhht... le gaz qui s'en échappait n'était autre que du CO_2, mais je trouvais ça bouleversant ! La rafraîchissante leçon de choses a encore de l'avenir.

Dans la droite ligne des premiers observateurs de la nature, les scientifiques des substances naturelles gardent indéfiniment l'œil ouvert sur ces merveilles. Ce faisant, ils découvrent le langage des molécules à l'œuvre à l'intérieur du Magasin du Bon Dieu. Tout naturellement ce chemin les mène à explorer le devenir de ces composés chimiques à l'intérieur du corps humain. Surprise ! Le paysage extérieur des plantes dialogue de très près avec la réalité interne de l'organisme. Cette convergence vous étonne ? Elle n'est qu'un exemple des futurs liens à découvrir. Nous ne sommes qu'aux prémisses de cette découverte des relations nouées au cœur du monde vivant. L'esprit scientifique, fait de rigueur et d'objectivité, doit rester curieux et friand de ces entrelacs étonnants du vivant. Aristote, le philosope grec contemplateur de la nature, soulignait fort à propos : « La nature ne fait rien en vain. » Plusieurs siècles plus tard, nous avons encore beaucoup à découvrir de ce formidable jardin naturel. Garderons-nous le temps et les ressources nécessaires à cette entreprise ? Une ombre plane au-dessus de la forêt en danger. Alerte autour du globe, la biodiversité est menacée...

12.

Péril en la demeure des substances naturelles

> « Mais aux lieux du péril croît
> aussi ce qui sauve. »
> Hölderlin, *Odes, Élégies, Hymnes*

Au terme de cette balade au cœur des substances naturelles, il est grand temps de regarder vers l'avenir. L'intérêt pour les remèdes issus de la nature ne cesse de croître. Autant du côté des scientifiques que du public, soucieux de mieux se nourrir et de mieux se soigner. Ces perspectives sont encourageantes. Pourtant, le paysage s'assombrit tout à coup. Et si l'Homme, à peine conscient des bienfaits de la nature, était tout simplement en train de détruire irrémédiablement son bien le plus cher ? Les risques existent en effet de voir cette biodiversité largement amputée de ses territoires. Faut-il pour autant hurler avec les loups ? Ce n'est pas mon habitude. Regardons plutôt les obstacles qui se dressent avec rigueur et optimisme. Que ce soit pour conserver la biodiversité, pour poser calmement les termes du partage des ressources, mieux vaut souligner les expériences qui vont dans le bon sens. Une manière sans doute de distiller un peu d'espoir.

Le renouveau des plantes vertueuses

Aromathérapie, huiles essentielles, tisanes des quatre saisons... Toute l'industrie du bien-être et de la pharmacie de confort est touchée par cette « vague verte ». Au-delà de l'aspect marketing de la chose, l'intérêt renaissant pour des remèdes et des soins issus du monde naturel est patent dans les sociétés occidentales. Aux Etats-Unis comme dans la Chine post-maoiste, la médecine par les plantes (*herbal medicine*) trouve un regain de popularité, même dans les médias scientifiques. Ce phénomène s'est développé sous la triple influence de la médecine des « Native Americans » (les Indiens d'Amériques), de la médecine ayurvédique (celle des Indiens de l'Inde) et de la médecine chinoise. Signe que cette « mode » diffuse dans les esprits de chacun : les pharmacologues acceptent d'y regarder d'un peu plus près.

Des pharmaciens et des plantes

Depuis 1996, la pharmacopée américaine (United States Pharmacopœia-USP) publie des monographies consacrées aux plantes. Au sujet des racines de valériane (*Valeriana officinalis*), elle conclut que les bases scientifiques de son utilisation comme sédatif de première intention sont modestes. Cependant, la Commission européenne a validé l'emploi de la valériane pour le traitement des insomnies. L'USP définit l'intérêt limité de l'emploi du gingembre (*Zingiber officinale*) pour la prévention des nausées post-opératoires ou des vomissements liés au mal des transports. En 1998, un numéro spécial du *JAMA*, le journal de l'American Medical Association, a été consacré à la « médecine alternative », avec de nombreux articles pour plaider l'introduction de la médecine par les plantes dans l'enseignement de

la pharmacologie. « Nous ouvrons une porte », commentait de manière un peu sibylline George Lundberg, le rédacteur en chef de la prestigieuse revue.
Des essais randomisés et contrôlés ont évalué le traitement du côlon irritable par les ressources thérapeutiques chinoises. L'auteur y compare « en aveugle » deux types de préparations à un placebo. Les deux traitements sont jugés supérieurs au placebo. Un autre exemple est celui du traitement de l'hyperplasie bénigne de la prostate par des extraits de saw palmetto, utilisé comme aphrodisiaque dans les régions qui bordent le Rio Bravo à la frontière mexicaine. Les auteurs rapportent les données de 18 essais réalisés sur 2 939 hommes. Ainsi, les extraits de *S. repens* ont-ils montré leur efficacité.

Il apparaît clairement que si la médecine et la thérapeutique ne peuvent pas être divisées en « naturelle » et « conventionnelle », seules l'efficacité et la sécurité d'utilisation doivent peser dans l'évaluation. Pour autant, les dépenses engagées pour la médecine alternative ont considérablement augmenté dans les années 90. Récemment, majoritairement en Europe, c'est le mouvement écologiste qui est devenu le fer de lance de ce retour aux « valeurs naturelles ».

Les plantes médicinales trouvent une nouvelle place dans le quotidien des Européens. Ce regain d'intérêt ne doit pas cacher une réalité plus sombre. Les ressources naturelles qui ont fait ou font notre bonheur, loin d'être éternelles, sont gravement menacées.

Biodiversité en danger

Pas besoin d'être *Homo sapiens sapiens* pour utiliser des plantes en guise de médicament ! Notre cousin, l'homme de Neandertal, garnissait déjà ses tombes creusées dans la pierre avec des offrandes végétales... Des fouilles réalisées à Shanidar, au cœur de l'Irak, attestent de cette pratique il y a plus de 50 000 ans. Aujourd'hui ces mêmes végétaux sont encore en usage dans les traditions médicinales. Mais combien d'espèces, utilisées au cours de la Préhistoire et de l'Antiquité, sont-elles tout simplement rayées de la surface terrestre ? Ces essences ont disparu, éteintes à tout jamais. « Pas grave », clament les uns, « nous en découvrirons d'autres » ! Effectivement avec les robots de criblage à destination des chimistes, il va être possible de mettre au jour rapidement plus de molécules potentiellement actives qu'au cours des derniers millénaires. Soit. Pourtant toutes les heures, trois espèces disparaissent sans un bruit ! Chaque organisme est perdu pour des millions d'années. Combien renfermaient un futur médicament ? Nul pharmacien ne le saura jamais.

Observons objectivement ces phénomènes d'extinction de masse. Toutes les espèces naissent, vivent et meurent un jour disent les biologistes de l'évolution. « La demi-vie moyenne d'une espèce à la surface de la planète est de l'ordre du million d'années », explique Jean-Claude Mounolou, directeur honoraire du Centre de génétique moléculaire à Gif-sur-Yvette. Depuis que les êtres vivants ont colonisé la planète, il y a 3,5 milliards d'années, 30 à 90 % d'entre eux se sont éteints tout simplement. Adieu veau, vache, cochon d'une autre ère, bienvenue aux nouvelles recrues. Près de 17 épisodes d'extinction de masse se sont déroulés sur des millions d'années, suivis par des périodes de reconstitution et de foisonnement de la biodiversité. La fin des dinosaures, fort débattue, ne s'est pas faite en un seul jour — un soir de pleine lune — mais en 15 millions d'années. Pourquoi donc s'alarmer aujourd'hui alors que chaque espèce est bel et bien destinée à disparaître un jour ?

Tout est une question de rythme. « Nous vivons à un rythme beaucoup plus rapide que celui de la biodiversité, nous accélérons les choses », enchérit Jean-Claude Mounolou. C'est précisément la vitesse d'extinction qui pose problème. Elle serait de 1 000 à 10 000 fois supérieure à celle des précédents épisodes sur la planète, avant l'apparition de l'Homme ! Du coup, les disparitions s'enchaînent à une cadence effrénée sans laisser le temps d'adaptation nécessaire à l'écosystème. Les processus de sélection naturelle s'effectuent trop lentement pour contrebalancer des extinctions trop rapides. Il faut en moyenne 10 millions d'années pour reconstruire un écosystème après une période d'extinction. Auparavant la mort de certaines espèces concernait principalement les espèces endémiques, fragilisées par leur appartenance à une seule région, parfois à une seule île. Aujourd'hui la menace s'étend sur de vastes étendues. La diminution de 90 % de la surface des forêts tropicales au cours du prochain demi-siècle s'accompagnerait de la disparition de 50 % des espèces qu'elles renferment. Quand on sait que ces zones tropicales sont des temples de biodiversité, à peine explorés... Le danger est réel que ces coffres-forts se vident de leurs richesses.

Le décompte macabre des disparitions en chaîne est difficile à estimer. Comment considérer comme perdus les êtres vivants qui n'ont pas encore été recensés ? Rappelons que l'inventaire du vivant par les scientifiques atteint à peine 10 % des spécimens existants. Les données sur les disparus ne concernent que les organismes bien connus. Directeur du Missouri Botanical Garden, Peter Raven estime qu'environ 20 % des espèces du globe seront éteintes d'ici l'année 2050, à savoir 50 000 espèces de plantes, 1 800 espèces d'oiseaux, 900 espèces de mammifères et un million d'insectes. Les estimations de l'Union mondiale pour la nature (UICN) sont aussi accablantes.

Un cinquième des espèces de reptiles, un quart des amphibiens et un tiers des poissons courent le même danger d'extinction. Certaines disparitions sont plus médiatiques que d'autres. Au point de susciter un récent rapport de l'Association for the Advancement of Sciences (AAAS), sur le cas des amphibiens. Les grenouilles sont effectivement menacées sur tous les continents. 14 espèces ont disparu en Australie, aux Etats-Unis 5 espèces sont en voie d'extinction et en France, 7 espèces sont devenues très rares. Le sonneur à ventre jaune, habitué des mares et des ornières, n'en a plus pour longtemps à faire ses vocalises dans nos contrées... Ces recensements mettent le doigt sur un phénomène massif d'extinction. Comme le disait Jean de La Fontaine dans *Les Animaux malades de la peste :* « Ils n'en mouraient pas tous, mais tous étaient frappés. » Du plus chétif insecte au lion, roi des animaux, le péril touche tous les organismes vivants dont l'habitat est saccagé avant d'être détruit. Les océans ne sont point épargnés, loin de là. Et les espèces marines sont largement exposées aux risques et malheureusement aux réalités de la pollution, au changement climatique et à la surexploitation des écosystèmes. L'introduction d'espèces exotiques comme la tristement célèbre algue *Caulerpa taxifolia* n'est pas la moindre des menaces qui pèsent sur la mer. Parmi les facteurs principaux de cette extinction accélérée, l'Homme porte une lourde responsabilité. L'accroissement de la population, la surexploitation de certaines espèces et la destruction de vastes zones pour l'agriculture et l'élevage sont montrés du doigt. En même temps qu'il colonise la planète, l'Homme détruit inexorablement le poumon de verdure qui le fait vivre. 17 millions d'hectares de forêt tropicale (quatre fois la Suisse) sont détruits chaque année. Seul un quart de la forêt primaire subsiste. A l'échelle d'un pays, ces chiffres sont effrayants.

Alerte sur l'île rouge
L'île-continent de Madagascar n'était qu'une immense jungle avant l'arrivée de l'Homme. 500 000 km² de surface boisée représentaient 95 % du territoire. Actuellement une mince bande de 40 000 km² de forêt pluvieuse tropicale subsiste. Jusque quand ? L'extinction finale est prévue pour 2025...
Des scientifiques de l'Institut de recherche pour le développement (IRD) et du Centre national de recherche sur l'environnement de Madagascar (CNRE) ont étudié les possibilités de régénération de la forêt après l'abandon des cultures. Or, contrairement à ce que l'on observe souvent en zone tropicale humide, le processus de déforestation semble irréversible dans la partie sud de la Grande Ile. Selon une estimation réalisée dans la forêt des Mikea (au sud, sud-ouest), la disparition de la surface boisée s'accompagne de l'extinction de 75 % des espèces végétales d'origine. Madagascar aurait-il le triste privilège de devenir le cas le plus alarmant de la déforestation dans le monde tropical ?

Le même drame couve en Nouvelle-Calédonie. A l'origine entièrement recouverte d'arbres tropicaux, l'île ne possède plus que 9 % de sa surface boisée. Or, rappelle Peter Raven : « Quand vous détruisez une forêt tropicale, vous perdez une communauté de micro-organismes dans laquelle vous connaissez moins de 5 % des espèces... »

Miss Wadron's red colobus était une espèce de primate africain originaire de Côte d'ivoire et du Ghana. Elle n'est plus. Les anthropologues de la Wildlife Conservation Society de New York viennent d'annoncer tristement son extinction. Cette annonce récente dans nos journaux quotidiens tient lieu de faire-part funèbre. A l'inverse des grands mammifères en péril, l'extinction des plantes inconnues ou des champignons immobiles se déroule encore plus silencieusement. Personne, ou presque, ne les connaissait. Or, ces espèces disparaissent à jamais du champ de nos recherches, notamment thérapeutiques. D'autres plantes, déjà connues pour leurs vertus médicinales, ne sont pas mieux loties. Leur potentiel les met à la merci des pilleurs de tout poil. Tel est le cas du *Prunus africanus* largement menacé. Il contient des substances actives dans l'adénome de la prostate. Résultat : la cueillette sauvage met l'espèce en danger. Au dernier colloque du Cites (Convention sur le commerce des espèces en danger), 20 plantes médicinales dont ce *Prunus africanus* ont été placées sous protection rapprochée.

Le recul de la forêt dans certaines régions, fatal pour les espèces les plus fragiles, touche de plein fouet les hommes et les femmes de ces lieux. En 1940, Don Eligio Panti, un guérisseur de la région de Belize, mettait 10 minutes pour pénétrer au cœur de la forêt et récolter les plantes médicinales dont il avait besoin. En 1988, il devait compter 1 h 30 de marche avant d'atteindre le même site forestier... Les peuples autochtones disparaissent sans un bruit. Au Brésil, 90 tribus se sont éteintes au cours du XXe siècle. Quant aux peuples encore présents, ils perdent peu à peu la langue et la culture de leurs ancêtres. Avec eux, c'est un savoir lentement accumulé autour des plantes médicinales qui s'évanouit...

Ironie du sort, au moment où l'Homme prend pleinement conscience de la richesse et du potentiel de la diversité génétique, il devient hautement responsable de sa destruction. Coupables aussi, les optimistes rétorqueront : « Oui, mais l'homme est également créateur de biodiversité ! » Effectivement, nous avons, depuis les débuts de l'agriculture sélectionné, modifié par hybridation et amélioré les espèces les plus rentables. Mais la création de ces nouvelles espèces, génétiquement modifiées, s'est faite au détriment de la disparition de variétés locales moins productives. Encore une fois, cet appauvrissement de la variété génétique va à l'encontre de l'équilibre du milieu. Allons-nous laisser disparaître sous nos yeux un trésor dont nous avons à peine entraperçu la richesse ?

Biodiversité sous contrôle

A la fin des années 80, les scientifiques ont alerté les autorités internationales sur cette alarmante érosion des ressources naturelles. Au même moment, les économistes évaluaient en monnaie sonnante et trébuchante la valeur de cette biodiversité en train de s'éteindre doucement. En 1988, l'UNEP (United Nation Environment Program) réunit un groupe d'experts chargés de plancher sur un accord international qui devait s'établir autour de la biodiversité. A la suite de leurs travaux, le texte de la Convention sur la biodiversité prit forme. Il sera ratifié en juin 1992 au Sommet de la Terre à Rio de Janeiro. Aujourd'hui, 177 pays, mais malheureusement pas les Etats-Unis, ont signé ce traité international. Il comprend 3 volets : la conservation de la biodiversité, son utilisation de façon durable et le partage équitable des bénéfices issus de l'utilisation des ressources génétiques. Il y a désormais un avant, et un après Rio.

Le Sommet de la Terre

A Rio de Janeiro, les Nations-Unies ont organisé en juin 1992 la Conférence sur l'environnement et le développement (CNUED) rassemblant les représentants de 178 pays. Ce sommet s'est fixé comme objectif d'établir une compatibilité entre le développement et la protection de l'environnement.

Comment obtenir un consensus sur le concept du développement durable ? Les résultats de la CNUED, baptisée Sommet de la Terre, ont déçu les observateurs. Il fallait concilier des revendications aussi différentes que celles des pays du tiers-monde, qui souhaitent considérer leur objectif de croissance et celles des pays développés qui mettent en avant les impératifs de l'écologie, domaine perçu par certains comme un luxe de riches. Les pressions exercées par les mouvements écologistes dans les pays riches et leur cri d'alarme à l'égard du défrichement extensif dans le bassin amazonien, en Afrique subsaharienne, dans l'Asie du Sud-Est, y compris l'Indonésie, ont suscité de vives critiques de la part des pays pauvres. Ceux-ci ont vécu la critique comme une ingérence dans leurs affaires intérieures.

Outre les prises de position sur le développement durable, la déclaration de Rio a adopté une convention sur la biodiversité, une convention sur le changement climatique, une convention pour la protection des espèces, un agenda permettant de prendre en compte, au cours du siècle prochain, les exigences du développement économique et de la protection du milieu naturel. Malheureusement, la mise en œuvre de ces principes a été laissée à la bonne volonté des pays signataires, ce qui a été l'un des points faibles de la conférence.

La convention sur la biodiversité souhaitait rendre plus cohérents les divers traités sur la protection de la nature (flore, faune, espaces naturels). Un des objectifs était d'établir de nouvelles règles de « partage » des ressources naturelles entre le Nord et le Sud.

Quatre principes fondamentaux ont été retenus :
— la liberté d'accès aux ressources biologiques ;
— l'accessibilité aux recherches les concernant ;
— les transferts de technologie ;
— le droit à la coopération.

Dans ce cadre, les pays industrialisés se sont vu confirmer le droit d'exploiter la flore, la faune et les micro-organismes qui sont une part de la richesse des pays du Sud. La conférence a également confirmé la possibilité pour les pays du Nord de breveter toutes ces espèces et leurs dérivés génétiques. Les pays du Sud pourront théoriquement en tirer des contreparties financières (redevances) et intellectuelles : acquisition des connaissances nécessaires à la transformation des produits vivants du patrimoine naturel.

Deux méthodes complémentaires pour conserver les ressources naturelles ont été adoptées depuis plus de vingt ans. La première *in situ* favorise la préservation d'écosystèmes forestiers, littoraux ou marécageux. Elle est loin d'être une solution nouvelle. Dès 1861, les 600 hectares protégés de la forêt de Fontainebleau constituaient la première réserve naturelle française ! Il existe aujourd'hui plus de 1 500 parcs nationaux dans le monde, près de 200 en Europe, 7 en France : les parcs nationaux forment un réseau mondial d'espaces consacrés à la nature, lieux privilégiés pour des activités scientifiques et pédagogiques. Le premier parc mondial, celui de Yellowstone, est créé en 1872 aux USA. La Suède suit cet exemple en 1909. Après la Seconde Guerre mondiale, une prise de conscience voit le jour en France : La Vanoise et Port-Cros sont préservés en 1963, La Guadeloupe, le dernier-né, en 1989 complète celui des Cévennes, du Mercantour, des Pyrénées et des Ecrins. Aujourd'hui ce concept s'étend aux « points chauds » du globe. Depuis dix ans, Norman Myers préconise de placer sous surveillance rapprochée 25 « temples de la nature » prioritaires. Dans ces sanctuaires, situés en majorité dans la zone intertropicale, l'essentiel de la biodiversité serait sous bonne garde. Cette approche ne doit pas faire oublier les déserts, la toundra, les forêts tempérées, les lacs et les prairies moins riches mais tout aussi vitales. A l'opposé de ce bol d'air, la conservation *ex situ* se joue dans de gigantesques banques... de graines. Mais elle existe aussi dans les arboretums, les jardins botaniques, les collections de cultures de cellules ou les zoos. L'objectif : garder un morceau de biodiversité à l'abri. Néanmoins malgré ces efforts continuels pour conserver les ressources, la majorité des espèces présentes dans les pays de riche biodiversité demeure mal protégée. Or, ce devoir de conservation est passé sous la responsabilité de chaque pays.

Avant 1992, la biodiversité, considérée comme un patrimoine commun de l'humanité, était d'accès libre et gratuit. Après Rio, « la Convention reconnaît la souveraineté des États sur la diversité biologique qui est sur leur territoire ». Deux conséquences directes découlent de cette nouvelle disposition. La biodiversité est devenue une ressource, tout comme le pétrole ou les richesses minières. L'accès au fonds biologique doit être autorisé par le pays d'accueil. Cela donne lieu à la rédaction d'un contrat entre le prospecteur et le pays « fournisseur » pour fixer les conditions de la collecte et du partage des bénéfices. Seuls la haute mer et les abysses, au-delà des territoires nationaux, échappent à ce droit de souveraineté. On comprend que des chercheurs et des industriels y puisent en toute liberté et que les convoitises y soient exacerbées.

La convention s'est accompagnée de conflits nouveaux sur le partage des bénéfices. Une partie des profits doit revenir aux pays d'origine pour aider à la conservation de la biodiversité et aux communautés locales. L'opposition s'est exacerbée entre les pays du Sud, détenteurs d'une partie des ressources, et leurs voisins du Nord, possédant davantage de moyens scientifiques pour les exploiter. Tout le monde souhaitant néanmoins bénéficier d'une part substantielle de ce « gâteau » alléchant. Entre la plante cueillie au cœur de la jungle et la molécule en train de devenir un médicament, il existe tout le travail des chercheurs fondé sur la créativité. Ce dernier doit être protégé. Par ailleurs, les populations locales qui préservent l'environnement et donnent des indications précieuses sur des espèces médicinales ont aussi leur part dans l'innovation. Comment rétribuer leur savoir ? Ce sont toutes les règles de propriété intellectuelle qui s'entrechoquent. Elles sont actuellement en cours de révision dans le cadre de l'Accord sur les aspects des droits de propriété intellectuelle qui touchent au commerce (ADPIC). Jusqu'à aujourd'hui, le régime en vigueur était inapte à protéger les connaissances collectives traditionnelles des autochtones.

Au-delà de ces questions de droit, les désillusions sont légion car le jackpot est loin d'être automatique. Une seule molécule sur 10 000 ou 100 000 substances évaluées ne devient réellement source de profits. Par ailleurs comment faire le partage ? Sous forme de redevances ? D'aide technique et scientifique ? D'infrastructure locale ? Qui va bénéficier du partage ? L'Etat ? Les communautés locales ayant rendu possible la protection de la plante ou la découverte ? Les questions à résoudre sont multiples. Les législations de chaque pays étant très diverses, chaque contrat définit ses propres accords. Une deuxième difficulté surgit concernant le contrôle des prospections. Il est impossible de mettre un gendarme derrière chaque arbre de la forêt. Un échantillon, quel qu'il soit, est bien facile à ramener dans ses valises. Faut-il demander aux inventeurs sollicitant un brevet d'indiquer l'origine de la substance naturelle pour s'assurer d'une collecte légale ? Derrière les bonnes intentions de Rio, il est grand temps de mobiliser les moyens adéquats. Sinon Rio deviendra le symbole d'une vaste hypocrisie.

De telles questions juridiques devront, dans les prochaines années, être résolues pour ne pas limiter l'intérêt de la recherche sur les substances naturelles. Sinon nous ferons les frais de ces batailles plus économiques ou géopolitiques que scientifiques. Le récent exemple de l'ethnopharmacologue Alain Fournet illustre cette tension. En Bolivie, il a comme on l'a appris dans un précédent chapitre, découvert chez les Indiens Chimanes des molécules efficaces contre la leishmaniose. En 1991, un brevet est déposé associant trois chercheurs français et deux biochimistes boliviens. Par ailleurs l'IRD offre à la Bolivie le partage en parts égales des royalties éventuelles en cas de commercialisation. Or la polémique s'enflamme. Au motif que les Indiens Chimanes ne sont pas mentionnés sur le brevet. Côté français, il est impossible de mentionner un peuple — qui n'est pas une personne morale — sur un brevet. Aujourd'hui l'IRD propose de reverser à la Bolivie l'intégralité des dividendes en faisant référence aux Indiens Chimanes. Mais le dossier reste aujourd'hui bloqué de part et d'autre. En attendant, ce médicament « miracle » contre la leishmaniose ne sert à personne... De telles mésaventures surviennent au détriment de chacune des parties. Il est urgent qu'un code de bonne conduite se mette en place pour intégrer progressivement la nouvelle donne après Rio.

Biodiversité partagée

L'essentiel avant toute recherche est d'établir des relations de confiance, avec des correspondants sérieux, dans le pays d'accueil. Les termes du contrat doivent être clairs et précis dès le départ. Au sein de l'ICSN, nous avons établi une règle immuable. Le partage des redevances éventuelles se fait à parts égales entre le pays « fournisseur » et le pays « prospecteur ». Par exemple, un brevet déposé par des chercheurs du CNRS donne lieu à des redevances de l'ordre de 3 % en cas d'exploitation. Soit 1,5 % pour le pays fournisseur et 1,5 % pour l'organisme de recherche et les inventeurs.

Des contrats récents proposent des arrangements en incluant un volet sur la conservation de la biodiversité. Ainsi le célèbre accord entre la firme pharmaceutique Merck et l'INBIO (Istituto Nacional de Biodiversidad) au Costa Rica a-t-il marqué les esprits. Fort de ces soutiens industriels, l'institut de recherche costaricain a, depuis dix ans, formé des naturalistes locaux à la récolte et à l'identification des espèces naturelles. L'effort d'inventaire est titanesque. Près de 50 000 espèces de plantes, d'insectes et d'animaux vivent sur ce minuscule eldorado de la nature. Mais le secret demeure bien gardé quant aux substances naturelles prometteuses découvertes sur ce territoire. Autrement dit, rien ne filtre des médicaments en cours de développement. Dans un monde idéal, les contrats de coopération signés avec les industriels permettraient de valoriser la richesse génétique tout en préservant le patrimoine national. Est-ce pour autant l'accord parfait ? Ce cas particulier doit-il être répliqué à d'autres contrées ? Doit-on risquer la mainmise des géants pharmaceutiques sur les pays du Sud ? D'ores et déjà des pays comme les Philippines et le Venezuela ont interdit leurs frontières au laboratoire Merck.

A l'ICSN, nous préférons tisser des liens de coopération entre les pays qui mettent l'accent sur la formation à la recherche scientifique. C'est peut-être l'un des moyens les plus réalistes de combler le déséquilibre des forces et d'aboutir à un vrai partage des richesses. 6 % des scientifiques et des ingénieurs vivent dans les pays en voie de développement. La majorité sont chinois, indiens, brésiliens ou mexicains. A l'heure où la Convention sur la biodiversité propose aux pays du Sud de réfléchir à un développement durable et à la conservation de la richesse biologique, il est grand temps de former des hommes de science sensibilisés à ces questions. Dans nos travaux de coopération en Malaisie, au Vietnam ou à Madagascar, nous participons à la formation sur place. De plus, sur le campus de Gif-sur-Yvette, nous accueillons des scientifiques et des étudiants du monde entier. Au point que l'annuaire des anciens de Gif constitue une véritable « Gif connection ». C'est un moyen utile pour prendre contact avec pratiquement tous les pays du monde. Dans certaines régions, les ex-giffois ont aujourd'hui des responsabilités scientifiques et même politiques.

Ancien directeur de recherche au CNRS, le professeur Ratsimamanga a créé, en 1957, l'Institut malgache de recherches appliquées à Madagascar (IMRA). Biochimiste et physiologiste de formation, Ratsimamanga n'a eu de cesse de développer de nouveaux médicaments à partir de plantes médicinales malgaches. Des molécules dans divers domaines thérapeutiques ont été découvertes, notamment un antidiabétique (le madeglucyl) et un traitement contre la lèpre. Par ailleurs des recherches se poursuivent autour de substances contre le paludisme, le cancer ou l'asthme. Aujourd'hui, ce centre de recherche prolonge son action autour de la flore locale. Des zones de culture de plantes médicinales et aromatiques sont développées afin de préserver les ressources et garantir un approvisionnement régulier. Malgré des difficultés quotidiennes, ce centre apporte la preuve qu'une telle recherche a bel et bien sa place dans tous les coins du globe. Elle est l'occasion d'un échange international Nord-Sud trop souvent dédaigné. Et la coopération régulière avec des chercheurs français du Muséum et du CNRS y devient une réalité. François Lavelle, ancien chercheur chez Rhône-Poulenc, avec lequel nous avons développé le Taxotère, a ainsi opté pour une retraite active. Il va intervenir au sein de l'IMRA pour former des pharmacologues sur les substances antitumorales. Pour ce spécialiste de chimiothérapie, partir sur le terrain à la recherche de plantes actives contre le cancer représente une magnifique continuité dans sa belle carrière.

A la lumière de ces quelques exemples « positifs », on comprend à quel point la recherche sur les substances naturelles se veut fédératrice. Loin d'être une science confisquée par les grands industriels, elle est par essence le creuset de plusieurs disciplines et de nombreux pays. A la fois recherche fondamentale et appliquée, science de la nature et chimie thérapeutique pour l'homme, elle a un rôle à jouer dans le rapprochement, plutôt que l'affrontement, entre les pays du Sud et ceux du Nord. A une condition : établir des règles de bonne conduite comprises par tous. Chacun d'entre nous, scientifiques, représentants d'ONG, industriels et politiques doit réfléchir pour demain aux fondements d'un accord équitable. Sans une véritable éthique du vivant, c'est l'ensemble des recherches sur les substances naturelles qui sera sacrifié à l'intérêt d'un seul groupe.

Aujourd'hui, cette chimie thérapeutique issue des substances naturelles doit, plus que jamais, puiser des idées et des molécules au sein du Magasin du Bon Dieu. Avec une exigence supplémentaire : intégrer la préservation et la conservation de ces richesses. Nous ignorons la majeure partie de ce trésor et déjà nous le malmenons au lieu de le protéger en lieu sûr. A la place, les hommes jouent aux apprentis sorciers et tentent de créer davantage de diversité génétique. Cela fait seulement quinze ans que les scientifiques ont effectué des transferts de gènes sur les plantes. Quel est le devenir de ces modifications génétiques ? Aucun généticien ne peut réellement prédire le meilleur ou le pire. A côté de ces manipulations d'avant-garde, nous laissons mourir sous nos yeux une nature à la diversité génétique inégalée. Des milliards d'années ont rendu possibles ces sélections successives afin d'aboutir à des organismes infiniment adaptés et diversifiés. L'Homme voudrait imiter cette fabuleuse entreprise en une génération ! Prométhée, aussi, souhaitait voler le feu et Icare se rapprocher du soleil. Allons-nous continuer à nous brûler les ailes ? La nature est là, elle a encore bien des secrets à nous révéler et des remèdes à nous fournir... Ouvrons les yeux !

Conclusion

> « On arrange et on compose
> les mots de tant de façons,
> mais comment arriverait-on
> à égaler une rose ? »
> Rainer Maria Rilke, *Vergers*

Égaler une rose... Le rêve du poète n'est pas éloigné de celui du chimiste. Imiter la nature, découvrir le foisonnement de molécules odorantes ou colorées qui constituent une rose. La science est remplie de songes et d'imagination créatrice ! Parfois le chimiste, manipulateur de molécules en tous genres, se figure doué du même pouvoir créatif. Il voudrait faire mieux que la nature. Quelle présomption ! Si je reste attaché à découvrir les secrets cachés de l'if ou de la pervenche dans les innombrables allées du *Magasin du Bon Dieu*, c'est pour m'en inspirer. Observer avec délicatesse les us et coutumes du métabolisme végétal en lien avec notre propre organisme animal. Devant une telle diversité de mécanismes et de substances, l'humilité reste de mise. Car nous autres, êtres de langage et de raison, sommes bien peu avertis de toutes ces merveilles. A chacun d'ouvrir les yeux sur ce monde infini !

Nos laboratoires pourront-ils donner aux jeunes chercheurs la capacité à aller de l'avant, un espace de liberté indispensable à la création ? Je le souhaite car le travail à accomplir demeure important.

La santé est la première des aspirations de l'Homme. Il n'y a rien de possible sans une bonne santé, surtout, quand la douleur liée à la maladie vous tenaille. Le plus puissant de ce monde, alité, malade, a les yeux fixés sur la porte de sa chambre pour voir entrer le médecin qui lui procurera, peut-être, le soulagement ou la guérison. C'est ainsi ! Manifester de l'enthou siasme et de l'énergie dans la recherche de nouveaux médicaments représente un des moteurs de ma vie. Dans l'aventure scientifique menée avec mes collègues de l'ICSN, nous avons mis en œuvre notre savoir — souvent fragmentaire — et surtout notre volonté de réussir. Il y eut des joies, il y eut des peines, car la science est faite du même bois émotionnel que la vie. Mais aujourd'hui deux nouveaux médicaments aident les malades dans leur combat pour vivre. D'autres vont arriver.

L'apport des substances naturelles dans la mise au point de remèdes reste majoritaire. Il le demeurera pour des années encore. Pas besoin d'aller très loin pour découvrir ce que nous réserve le *Magasin du Bon Dieu*. Encore faut-il savoir regarder. A cette heure, le génome et le « post-génome » sont sur toutes les lèvres. L'avenir est évidemment radieux pour la recherche génétique. Mais quand on aura séquencé l'ensemble des 24 chromosomes humains, que fera-t-on des plus de 90 % des séquences génomiques découvertes dont on ne connaît pas la destinée ? Loin d'être démodée, l'étude des petites molécules que nous offre la nature permettra sûrement de remonter des pistes biologiques inédites. A condition de favoriser les complémentarités entre la chimie des substances naturelles et les sciences du vivant. L'heure n'est plus à l'affrontement mais à la coopération interdisciplinaire pour mettre au point des traitements thérapeutiques novateurs. Ce choix du décloisonnement des disciplines doit devenir une réalité dès la formation universitaire. Plus le dialogue démarrera tôt entre les étudiants, meilleure sera la capacité à créer des liens entre les champs de recherche. Les instances scientifiques ont fort à faire pour promouvoir ces relations entre disciplines et entre pays. Elles devront être soutenues dans leur action par l'influence politique. En France, les sciences et les techniques sont souvent auréolées d'un halo lumineux ou au contraire vouées aux gémonies. L'équilibre se trouve quelque part entre ces deux extrêmes. La science est un acte social et politique. Ce n'est pas le moment de l'exclure du dialogue public. En revanche, nul besoin d'y faire jouer des considérations politiciennes. La recherche n'est ni de droite, ni de gauche, elle va de l'avant. A cette seule condition, la France retrouvera une place de choix dans le contexte scientifique mondial.

Dans le domaine des substances naturelles, des start-up fleurissent un peu partout dans le monde. Cette tendance à créer des passerelles entre la recherche fondamentale et les géants industriels devrait se poursuivre. Ces petites entités, riches de matière grise et d'idées innovantes, prennent les risques de l'aventure scientifique et industrielle. Qu'elles soient encouragées et qu'elles se multiplient... Les scientifiques n'ont plus à rougir d'appliquer leurs travaux et d'être récompensés comme il se doit. Si cela va dans le sens d'une amélioration de la vie de chacun, dans le respect de l'éthique, il faut applaudir ces réussites. On se réjouit de la victoire de notre équipe de football ou de nos médaillés olympiques. Pourquoi faudrait-il ignorer ou mépriser le succès des chercheurs ?

Ce plaidoyer pour l'étude des substances naturelles et de la science en général ne doit pas faire oublier la planète où nous vivons. Nous sommes loin d'avoir identifié l'ensemble des espèces végétales utiles au développement de nouveaux médicaments. Encore plus loin de découvrir les innombrables structures chimiques que ces espèces peuvent abriter. La nature a mis des milliards d'années pour exister. Créer de nouvelles molécules, elle semble s'en occuper à longueurs de jours. Nous autres, hommes, cherchons à faire la même chose mais sans les millions d'années nécessaires à la mise à l'épreuve du règne vivant. Plutôt que de jouer les apprentis sorciers, contentons-nous d'extraire la quintessence de ce qui nous entoure. A condition encore une fois de protéger ce capital. Le *Magasin du Bon Dieu* n'est pas une caverne d'Ali Baba où l'on puise sans foi ni loi. L'extinction des espèces doit nous rappeler que ce trésor lentement constitué demande à être résolument et ardemment protégé.

Bibliographie

Ouvrages

Honoré de Balzac, *La Recherche de l'Absolu,* GF Flammarion, 1993.

Charles Baudelaire, *Les Fleurs du mal,* Gallimard, 1999.

Claude Bernard, Cours de médecine du Collège de France, in *Leçons sur les effets des substances toxiques et médicamenteuses,* J.-B. Baillière, 1883.

Apollinaire Bouchardat, *Annuaire de thérapeutique,* Paris, 1852.

Blaise Cendrars, *Au cœur du monde,* Gallimard, 1995.

Jean-Pierre Changeux, *L'Homme neuronal,* Fayard, 1983.

François Chast, *Histoire contemporaine des médicaments,* La Découverte, 1995.

Ebbell, B., *The Papyrus Ebers,* Oxford University Press, 1937.

Gustave Flaubert, *Dictionnaire des idées reçues,* Mille et une nuits, 1994.

Jean de La Fontaine, *Fables,* GF Flammarion, 1995.

Gunther, R.T., *The Greek Herbal of Dioscorides,* Oxford University Press, 1934.

Hervé Harant et Alix Delage, *Les Médicaments,* « Que sais-je », PUF, 1982.

Hölderlin, *Odes, Elégies, Hymnes,* Gallimard, 1996.

Pierre Laszlo, *La Chimie nouvelle,* Flammarion, 1995.

Pierre Laszlo, *Le Savoir des plantes,* Ellipses, 1999.

Claude Lévi-Strauss, *La Pensée sauvage,* Plon, 1962.

Platon, *Phédon,* Albin Michel, 1994.

Pierre POTIER et Emile NOËL, *12 clés pour le médicament,* Belin, 1996.

François RAMADE, *Le Grand Massacre,* Hachette, 1999.

Thierry SÉVENET, *Plantes, molécules et médicaments,* CNRS Editions, 1994.

Beryl SIMPSON, *Economic Botany, Plants in Our World,* McGraw-Hill, 1995.

Albert SASSON, *Biotechnologies in developping countries : present and future,* Tomes 1 et 2, Unesco, 1998.

Jules VERNE, *Vingt mille lieues sous les mers,* Hachette, 1966.

Edward O. WILSON, *The Diversity of Life,* Harvard University Press, 1992.

Ciba Foundation Symposium, *Bioactive compounds from plants,* John Wiley & sons, 1990.

World Resources Institute, *Stratégie mondiale de la biodiversité,* Bureau des Ressources Génétiques, 1994.

Catalogue de l'exposition présentée au musée de l'Assistance publique : *De l'élixir au génie génétique, deux siècles de sciences pharmaceutiques hospitalières,* 1996.

Organisation mondiale de la santé, *Rapport sur la santé dans le monde,* 1999.

Presse

Biofutur (juin 1998).

Courrier de l'Unesco (mai 2000).

Terre sauvage (janvier 2000 ; juillet-août 1999).

La Recherche (novembre 1998 ; septembre 1999).

Le Monde (11 janvier 2000, 19 janvier 2000).

Publications scientifiques

Barth J.H., « Alopecia and hirsuties. Current concepts in pathogenesis and management », *Drugs,* 1988 Jan.

Lucia Bongiorni & Francesco Pietra, « Marine natural products for industrial applications », *Chemistry & Industry,* 1996.

Boolell M., Allen M.J., Ballard S.A., Gepi-Attee S., Muirhead G.J., Naylor A.M., Osterloh I.H., Gingell C., « Sildenafil : an orally active type 5 cyclic GMP-specific phosphodiesterase inhibitor for the treatment of penile erectile dysfunction », *Int J Impot Res* 1996 Jun.

A. Cahn et P. Hepp, « Sur l'action de l'antifébrine (acétanilide) et de quelques corps analogues », *Progr. méd.,* 1887.

E.B. Chain, H.W. Florey, A.D. Gardner, N.G. Heatley, M.A. Jennings, J. Orr-Ewing, A.G. Sanders, « Penicillin as a Chemotherapeutic agent », *Lancet,* 1940. Cette publication du 24 août 1940 fut complétée le 16 août 1941 : E.P. Abraham, E.B. Chain, C.M. Fletcher, H.W. Florey, A.D. Gardner, N.G. Heatley, M.A. Jennings, « Further observations on penicillin, detail and its further development to the stage of human therapy is described »...

McChesney J.A., Amend W.J. Jr, « Minoxidil in the treatment of refractory hypertension due to a spectrum of causes », *J Cardiovasc Pharmacol,* 1980.

Danilewicz J.C., Barclay P.L., Barnish I.T., Brown D., Campbell S.F., James K., Samuels G.M., Terrett N.K., Wythes M.J., « UK-69,578, a novel inhibitor of EC 3.4.24.11 which increases endogenous ANF levels and is natriuretic and diuretic », *Biochem Biophys Res Commun,* 1989 Oct 16.

William Fenical, « Marine biodiversity and the medecine cabinet », *Oceanography,* 1996.

A. Fleming, « On the antibacterial action of cultures of a penicillium with special reference to their use in isolation of B influenzae », *Brit J Exp Path,* 1929.

Gerhardt C.F., « Untersuchungen über die wasserfrei organischen Saüren », *Ann Chem Pharm,* 1853.

Michèle Guyot, « Substances d'origine marine pharmacologiquement actives », *Océanis,* 1997.

Henderson J.W., « The yellow brick road to penicillin : a story of serendipity », *Mayo Clin Proc,* 1997 Jul.

Hofmann A., « Notes and documents concerning the discovery of LSD. 1970 », *Agents Actions,* 1994 Dec.

A. Miralto and co, « The insidious effect of diatoms on copepod reproduction », *Nature,* 1999.

Morales A., Gingell C., Collins M., Wicker P.A., Osterloh

I.H., « Clinical safety of oral sildenafil citrate (VIAGRA) in the treatment of erectile dysfunction », *Int J Impot Res,* 1998 Jun.

Myers N. and co, « Biodiversity Hotspots for conservation priorities », *Nature,* 24 février 2000.

A. Niemann, *Ueber eine neue organische Base in den Cocablättern,* Göttingen, E.A., Huth, 1860.

L. Pasteur et J. Joubert, « Charbon et septicémie », *C R Acad Sci,* Paris, 1877.

Odile Poncey et Jean-Noël Labat, « Etat actuel de l'inventaire des flores tropicales », *Courrier de l'environnement,* avril 1996.

Claudio Vita and co, « Rational engineering of a miniprotein that reproduces the core of the CD4 site interacting with HIV1 envelope glycoprotein », *Proceedings of the National Academy of Sciences of the United States of America,* 9 novembre 1999.

Riddle, J.M., « Folk Tradition and Folk Medicine : Recognition of Drugs in Classical Antiquity », in *Folklore and Folk Medicines,* J. Scarborough, ed. Madison, WI : American Institute of the History of Pharmacy, 1987.

P.B. Schiff, J. Fant, S.B. Horwtiz, *Nature,* 1979.

M.C. Wani, H.L. Taylor, M.E. Wall, *J Amer Chem Soc,* 1971.

Index

Remerciements

Lucile Allorge, Catherine Auvain, Richard Besselièvre, Bernard Bodo, Pierre Cabalion, Alain Fournet, François Frappier, Daniel Guénard, Françoise Guéritte, Michèle Guyot, Nicole Langlois, François Lavelle, Catherine Lopez, Georges Massiot, André Ménez, Bernard Meunier, Christiane Mongé, Bernard Pau, Jean-Louis Pousset, Gérard Ribes, Thierry Sévenet, Mme Tyssier, Talal Younes.

Table des matières

Impression réalisée sur CAMERON par

BUSSIÈRE CAMEDAN IMPRIMERIES

GROUPE CPI

à Saint-Amand-Montrond (Cher)
en mai 2004

N° d'édition : 54640. — N° d'impression : 042412/4.
Dépôt légal : mai 2004.

Imprimé en France